Kurt Biedenkopf
Ein politisches Porträt

Alexander Wendt

Kurt Biedenkopf
Ein politisches Porträt

SCHWARZKOPF

Alexander Wendt
Kurt Biedenkopf – Ein politisches Porträt
Schwarzkopf bei Edition Monade. Band 1
Herausgegeben von Oliver Schwarzkopf
Lektorat Frank Goyke
ISBN 3-929139-50-2
© 1994 by Edition Monade, Berlin

Schutzumschlag- und Einbandgestaltung: Morten Heise, Berlin
Satz und Herstellung: Monade Konzept und Kommunikation, Leipzig
Gesetzt aus der Sabon

INHALT

Vorwort 7

Von Schkopau nach Bonn 1930 – 1973 9
    Die frühen Jahre   10
    Die Zeit der Universitäten   14
    Zwischenspiel in der Wirtschaft   21

Der Partei-Manager 1973 – 1977 25
    Die Union in der Krise   26
    Der Organisator   44
    Der Programmatiker   50
    Der Wahlkampf 1976   56

Politiker ohne Hausmacht 1977 – 1989 79
    Liaison mit Strauß   80
    Der Abstieg   92

Ministerpräsident von Sachsen 1990 – 1994 97
    Der Kandidat   98
    Die Landtagswahl   123
    Der Ministerpräsident   127
    Das Kabinett   132
    Die Opposition   140
    Der Steuerstreit   145
    Finanzdebatte und Solidarpakt   151
    Der Landesvorsitzende   166
    Der Landesvater   176
    Der Industriepolitiker   180

Der ideelle Gegenkanzler 185

Dokumentation 193
    Mannheimer Erklärung   194
    Rede »Forum für Deutschland«   235

Anhang 261
    Quellen   262
    Personenregister   263
    Bibliographisches Verzeichnis   267

VORWORT

Kurt Biedenkopf ist ein Sonderfall in der deutschen Politik. Erst mit 43 Jahren trat er, ein eminent politischer Mensch, 1973 ein politisches Amt an, das des Generalsekretärs der CDU. In den vier Jahren, in denen er zum intellektuellen Beweger seiner Partei wurde, konnte er bereits auf eine bemerkenswerte Karriere zurückblicken. Er war Wissenschaftler gewesen – und er blieb es im Grunde bis heute – ein »politischer Wissenschaftler« im Sinne seines Lehrers Franz Böhm, einem der geistigen Väter der sozialen Marktwirtschaft. Er hatte die Überschneidungen zwischen Wissenschaft und Politik gesucht, als er 1968 den Vorsitz der Mitbestimmungskommission übernahm, und die Theorie mit der Praxis verbunden, als er 1971 Personalvorstand des Henkel-Konzerns wurde.

In den vier Jahren als Generalsekretär der Union hatte er schon die Summe der vorangegangenen Lebensstationen gezogen, als Politiker, Wissenschaftler und Manager.

Zwischen 1973 und 1977 erlebte seine Partei ihre bis dahin tiefste Zäsur; sie wandelte sich von einer unzeitgemäßen und überalterten Honoratiorenpartei zu einer modernen Volkspartei mit einem scharfen programmatischen Profil. Die »Mannheimer Erklärung« von 1975, die deutlicher als alle politischen Schriften dieser Jahre Kurt Biedenkopfs Handschrift trägt, liest sich heute, nach 19 Jahren, stellenweise wie ein revolutionäres Manifest.

Erst mit sechzig Jahren, in einem Alter, in dem andere Politiker ihre Karriere allmählich beenden, begann für Kurt Biedenkopf der wichtigste Abschnitt seiner politischen Biographie: Als mit absoluter Mehrheit regierender Ministerpräsident in Sachsen besitzt er endlich die Gestaltungsmöglichkeiten, die ihm im Westen der Republik gefehlt hatten. Was macht er daraus?

Kurt Biedenkopf ist nicht nur ein Sonderfall, weil er spät in die Politik und noch später in sein erstes öffentliches Amt kam, sondern auch, weil ihm die typische Karriere des Anpassens und Empordienens erspart geblieben ist. Seine Vorstellung von Politik ist deshalb eine grundlegend andere als die seiner meisten Kollegen. Er stellt das Zustandekommen einer politischen Idee wieder vom Kopf auf die Füße: Seine Gedanken passen sich nicht Stimmungen und Forderungen der organisierten Interessen an und laufen ihnen nicht hinterher; sie entstehen als Angebot jenseits der täglichen Nachfrage und versuchen, durch Argumente zu überzeugen – auch, wenn das möglicherweise sehr lange dauern kann.

Daß er ein Mitgestalter in der Bundespolitik sein kann, hat sein Engagement für das Zustandekommen des Solidarpakts gezeigt.

Seit 1990 regiert Kurt Biedenkopf in Sachsen und genießt die Zustimmung von 80 Prozent der Menschen im Land zu seiner Politik. Möglicherweise ist das der Politikstil, auf den sehr viele Menschen in der Bundesrepublik warten: Sich nicht an Partikularinteressen einer immer weiter zerfasernden Gesellschaft ständig neu auszurichten, sondern Ideen über den Tag hinaus anzubieten.

Alexander Wendt

Berlin und Leipzig, im Februar 1994

VON SCHKOPAU NACH BONN
1930 – 1973

DIE FRÜHEN JAHRE
1930 – 1949

Der Geruch der Chemie gehört für Kurt Hans Biedenkopf, geboren am 28. Januar 1930 im rheinischen Ludwigshafen in seinem Elternhaus in der Leopoldstraße 2, zu den prägenden Kindheitserinnerungen; eine Erfahrung, die er mit einem anderen, gleichaltrigen Ludwigshafener teilt – dem Finanzbeamtensohn Helmut Kohl. Ihm begegnete er damals allerdings noch nicht, sondern erst 1969, als beide schon zu den Prominenten der Republik zählten.

Anders als die Familie Kohl, die im Rheinland verwurzelt blieb, siedelte die Familie Biedenkopf 1938 nach Schkopau im Kreis Merseburg-Halle über, wo der Vater Wilhelm Biedenkopf, ein Chefingenieur der IG Farben, die Stellung des Technischen Direktors der dortigen Buna-Werke antrat.

Der Vater empfand den Umzug aus der katholisch geprägten Pfalz in das unbekannte, protestantische Mitteldeutschland nicht als tiefen Einschnitt, zumal er – 1900 – in Chemnitz geboren wurde. Zwar hatte er nie in Sachsen gelebt, sein Vater jedoch, Kurts Großvater Hermann Biedenkopf, unterrichtete an der Höheren Landwirtschaftsschule in Chemnitz und hatte dort auch seine Dissertation über die Auswirkung der Industriealisierung auf die Landwirtschaft im Chemnitzer Raum geschrieben.

Für Kurt Biedenkopfs Mutter, eine gebürtige Bonnerin, war der Umzug nach Schkopau eine weit stärkere Umstellung. Sie war davon überzeugt, sich mit dem Wechsel in die ehemals preußische Provinz Sachsen »Sibirien auf gefährliche Weise genähert« zu haben.

Dem achtjährigen Kurt dagegen fiel die Anpassung an seine neue Umgebung offensichtlich nicht sonderlich schwer; er besuchte bis 1940 die Volksschule und danach bis neun Monate vor Kriegsende das Realgymnasium in Merseburg. Der gutbürgerliche Lebensstil der Chefingenieurs-Familie sicherte ihm auch in den Kriegsjahren eine behütete und im Vergleich zu den meisten Klassenkameraden privilegierte Kindheit – so war er etwa stolzer Besitzer einer dreißigbändigen Karl-May-Ausgabe.

Für den Chemiker Wilhelm Biedenkopf bedeutete die Übernahme der neuen Arbeit in Schkopau einen Aufstieg, der sich nicht nur auf den Antritt des Direktorenpostens gründete. Hier, in Sachsen und Sachsen-Anhalt, lag damals das wirtschaftliche Herz des Deutschen Reiches; Sachsen galt bis in die dreißiger Jahre als die höchstindustrialisierte Region der Welt. In den Regionen, die einmal das Staatsgebiet der DDR bilden sollten, war das durchschnittliche Pro-Kopf-Einkommen um rund 10 Prozent höher als im Westen Deutschlands. Aus Magdeburg und Chemnitz wurden Maschinen in alle Industrieländer geliefert, in Genthin befand sich die Zentrale des Waschmittelkonzerns Henkel, in Buna stellte die IG Farben den ersten Synthesekautschuk der Welt her, in Dessau baute Hugo Junkers erstmals Ganzmetallflugzeuge – ein revolutionäres Verfahren, das dem höchsten Stand der Technik entsprach.

Für den jetzt über sechzigjährigen Politiker Kurt Biedenkopf dürften diese Jahre, in denen er die Mitte und den späteren Osten Deutschlands als wirtschaftlichen Kern des Reiches erlebte, eine nicht zu unterschätzende Rolle gespielt haben.

Er verweist heute bei Gelegenheit gern darauf, »Sachse« zu sein, wenn auch Schkopau und Merseburg damals schon längere Zeit staatsrechtlich nicht mehr zu Sachsen gehörten. Als er 1990 nach Sachsen, nach Leipzig kam, fiel ihm der Zugang zu dieser Region, und als Ministerpräsident die Identifikation mit den Bürgern offenbar leichter als anderen westdeutsch geprägten Politikern. In einem Gespräch mit Friedrich Schorlemmer sagte Kurt Biedenkopf 1992: »Heute bin ich Ostdeutscher.«

Zu den Erfahrungen, die er in Mitteldeutschland machte, gehörte seine erste Begegnung mit der Arbeitswelt: Ein Dreivierteljahr vor Kriegsende, als die Schule in Merseburg schloß, begann er eine

Elektriker- und Feinmechanikerlehre zu absolvieren. Ihr verdankte er einen lebenslangen und echten Respekt vor Facharbeitern und handwerklicher Fähigkeit, den er später häufig in die Worte kleidete, ein Meister sei ebenso wertvoll für die Gesellschaft wie ein Professor.

In Schkopau machte er auch die Bekanntschaft von Ingrid Ries, der Tochter des Leipziger »Pelugan«-Linoleumfabrikanten Fritz Ries, nach Biedenkopfs Bekenntnis »das erste Mädchen, für das ich schwärmte«. Sie zog mit ihrer Familie allerdings schon 1943 nach Bayern, um den häufiger werdenden Bombenangriffen auf Leipzig und das mitteldeutsche Industrierevier zu entgehen. Er sollte sie erst viel später wiedertreffen: bei einer Wahlkampfveranstaltung im Jahre 1978. Helmut Kohl, der sie und vor allem den alten Ries gut kannte, brachte sie mit Kurt Biedenkopf zusammen. 1980 wurde Ingrid Ries dessen zweite Ehefrau.

Im Mai 1945 stießen US-Truppen in das Gebiet des heutigen Sachsen-Anhalts, Sachsens und Thüringens vor und besetzten auch Schkopau. Wilhelm Biedenkopf stand entweder auf einer Liste deutscher Wissenschaftler und Konstrukteure, an deren Kenntnissen die amerikanischen Geheimdienste interessiert waren, oder man verdächtigte ihn der Beteiligung an Kriegsverbrechen. Die Familie des IG-Farben-Ingenieurs wurde samt eilig zusammengepacktem Hausrat auf einen Militär-LKW verfrachtet und ins oberhessische Rosenthal deportiert, wo auch eine Reihe anderer Führungskräfte aus der Industrie zwangsweise untergebracht waren.

Nach einer vierteljährigen Quarantäne konnte sich die Familie wieder frei bewegen; sie teilte sich vorübergehend, weil alle gemeinsam nicht an einem Ort unterkommen konnten. Mit seinem jüngeren Bruder zog Kurt ins südhessische Groß-Umstadt, wo sein Großvater lebte. Dort besuchte der Fünfzehnjährige das Gymnasium und bestand 1949 das Abitur mit guten Noten.

In den vier Jahren nach Kriegsende hatte er sich zwar keiner politischen Bewegung angeschlossen und war nicht im klassischen Sinn politisiert worden; am Gymnasium zeigte er allerdings ein großes Interesse an Diskussionen, auch über Themen, die über den Bereich der Schule hinausgingen. Seine erste Auseinandersetzung, in der er mit politischen Dingen überhaupt in Berührung kam, erlebte er 1946 als Sechzehnjähriger auf einer Wahlkampfveranstaltung in Südhessen, als er einem kommunistischen Agitator in einem Streit über Firmenenteignung widersprach, allerdings eher instinktiv als mit genauen Argumenten. Für den Jugendlichen, der bislang nur das totalitäre System erlebt hatte, war die Erfahrung einer offenen Debatte ungemein erregend.

In der Isolationszeit in Rosenthal hatte Kurt Biedenkopf, der ein relativ gutes Schulenglisch sprach, gelegentlich für das US-Militär als Dolmetscher gearbeitet und 600 Reichsmark verdient, für den Sechzehnjährigen ein kleines Vermögen. Als Schüler des Gymnasiums in Groß-Umstadt kam er nun wieder mit der Besatzungsmacht in Berührung: 1948, in der Untersekunda, versuchte er, gemeinsam mit Mitschülern eine Diskussion an der Schule in Gang zu bringen und eine Schulverfassung auszuarbeiten. Als Ergebnis dieser Bemühungen entstand die Schülerzeitschrift *discipulus*, die der Achtzehnjährige leitete und zunächst auch aus eigener Tasche finanzierte.* Um sie jedoch überhaupt herausgeben zu können, benötigte er eine Lizenz der US-Militärregierung. Kurt Biedenkopf fuhr nach Wiesbaden, um dort mit dem verantwortlichen Offizier zu sprechen, der von dem aufgeweckten Gymnasiasten offenbar angetan war.

---

* Die erste *discipulus*-Nummer gab er einige Wochen vor der Währungsunion zum Druck, die Rechnung kam jedoch erst nach dem Stichtag. Der Gymnasiast Biedenkopf stand nun plötzlich, in einer Zeit, als alle Westdeutschen ein »Kopfgeld« von 50 DM erhalten hatten, mit 123 DM Schulden da. Er und seine Freunde mußten einen Schülerball organisieren, um das Geld wieder hereinzubekommen.

Dieser schlug ihm vor, sich um ein Stipendium an einem amerikanischen College zu bewerben, und Biedenkopf folgte diesem Ratschlag nach seiner Schulzeit.

DIE ZEIT DER UNIVERSITÄTEN
1950 – 1971

Kurt Biedenkopfs akademische Karriere begann 1949 nach dem Abitur am presbyterianischen Davidson College, Davidson, North Carolina, wo er sich für politische Wissenschaften einschrieb. In der kurzen Zeit in den USA – er blieb nur ein Jahr – faszinierten ihn das College-Klima und das Land, das sich so sehr von dem zerstörten, in seinem Selbstbewußtsein erschütterten und zerissenen Deutschland unterschied. In die Staaten war er als junger Mann gekommen, der sich über seinen künftigen Lebensweg noch unsicher war. Biedenkopf überlegte anfangs, ein Studium in seinen einstigen Lieblingsfächern der Gymnasialzeit, Mathematik und Physik, zu beginnen. In den USA entschloß er sich jedoch, möglicherweise auf den Rat von Lehrern, Jura zu studieren, ein Fach, daß ihm in seinen Augen die besten Ausgangsmöglichkeiten für eine ganze Reihe von Berufen von der Politik bis zur Wirtschaft versprach.

Mit diesem festen Vorsatz brach er das Studium der Politikwissenschaften in den USA nach einem Jahr ab und nahm 1950 in München, ab 1951 in Frankfurt ein Studium der Rechtswissenschaften und der Volkswirtschaft auf. Vier Jahre später hatte Biedenkopf das erste juristische Staatsexamen in der Tasche, 1958 schloß er das Studium mit der Promotion zum Dr. jur. ab, und nach weiteren zwei Jahren absolvierte er das Assessorexamen. 1962 erwarb er zusätzlich an der Georgetown University in Washington D.C. den Master of Law. Der gerade dreißigjährige Diplomjurist, dem alle Wege offenstanden, entschied sich, an der Universität in Frankfurt zu bleiben. Den Ausschlag dafür gaben zwei Wissenschaftler, die ihn als Lehrer tief beeinflußten und faszinierten: Heinrich Kronstein und Franz Böhm.

Mit dem Wirtschaftsrechtler Heinrich Kronstein, der 1937 wegen seiner jüdischen Herkunft in die USA emigriert war und an eben jener Washingtoner Georgetown University lehrte, an der Biedenkopf den Doktorgrad erwarb und später, 1978, den Ehrendoktortitel verliehen bekam, focht Biedenkopf in Frankfurt einen akademischen Disput über Probleme der Preisbindung aus; Kronstein wurde auf den eloquenten jungen Juristen aufmerksam und engagierte ihn 1955 als Assistenten. Mitarbeiter Kronsteins blieb Biedenkopf acht Jahre lang bis zu seiner Habilitierung 1963 über »Die Grenzen der Tarifautonomie«.

Mehr noch als Heinrich Kronstein prägte ihn der Jurist Franz Böhm, der als Begründer der ordnungspolitischen Lehre ORDO* gilt. Da Böhms Ideen Biedenkopf durch alle Lebensstationen – als Wissenschaftler, Manager, Politiker – bis heute begleiten, ist es unerläßlich, Leben und Wirken Böhms und seine ORDO-Lehre genauer zu betrachten. Der Wirtschaftsjurist Franz Böhm, geboren 1895, war in den zwanziger Jahren Referent in der Kartellabteilung des Reichswirtschaftsministeriums und zwischen 1933 und '35 Dozent an der Universität Freiburg, wo er zu den Begründern der »Freiburger Schule« zählte, jener wirtschaftspolitischen Denkrichtung, auf deren theoretische Ansätze Ludwig Erhards Konzept der sozialen Marktwirtschaft zurückgreifen sollte. Von 1936 bis '38 nahm Böhm den Lehrstuhl für Bürgerliches, Handels- und Arbeitsrecht an der Universität Jena wahr und hielt Vorlesungen als Privatdozent an der

---

* Der Begriff ORDO diente auch als Titel für ein von Franz Böhm und Walter Eucken herausgegebenes Jahrbuch.

Leipziger Handelshochschule, bis er in Jena in einen Streit mit einem SS-Sturmbannführer geriet. Er hatte dessen rhetorischen Ausfällen gegen die Juden widersprochen und damit die Kritik am Dritten Reich geübt, die die Machthaber auch bei Mitgliedern der Funktionselite am unnachsichtigsten verfolgten. In einem dienstrechtlichen Verfahren wurde er gezwungen, sowohl das Lehramt in Jena als auch die Vorlesungen in Leipzig niederzulegen. Ende der dreißiger Jahre begegnete Böhm zum erstenmal dem ehemaligen Leipziger Oberbürgermeister Carl Goerdeler, der mit dem Rücktritt von seinem Amt ebenfalls gegen die Rassenpolitik des Dritten Reiches protestiert hatte – ein HJ-Trupp hatte gegen seinen ausdrücklichen Protest die Mendelssohn-Bartholdy-Büste vor dem Gewandhaus demontiert.

Franz Böhm gehörte fortan zu den regelmäßigen Gästen in Goerdelers Haus, die wiederum Verbindungen zu anderen Hitlergegnern hielten und darüber nachdachten, wie dem NS-Terror ein Ende bereitet werden könnte. Böhm, der keine öffentlichen Vorlesungen mehr halten durfte und seine Zeit im Wartestand verbrachte, lehnte auch den Ratschlag Goerdelers ab, eine Stellung in Görings Vierjahresplan-Behörde anzutreten, und entwickelte vielmehr Ideen einer wirtschaftlichen Ordnung für die Zeit nach dem erwarteten Zusammenbruch der Diktatur. Wenn die Verschwörer des 20. Juli Erfolg gehabt hätten, wäre Böhm möglicherweise als Wirtschaftsminister der neuen Reichsregierung oder als deren Berater in Frage gekommen. Nach dem Ende des Dritten Reiches engagierte er sich sofort als Wissenschaftler und Politiker, nach seinem Verständnis als politischer Wissenschaftler. Er wurde zum Prorektor der Universität Freiburg berufen, arbeitete als Berater des US-Headquarters zu Fragen der Kartellgesetzgebung, trat ebenfalls 1945 in die gerade gegründete CDU ein und übernahm das Amt des Ministers für Kultus und Unterricht in Hessen. Im Wirtschaftsausschuß der CDU in der britischen Zone gehörte er schließlich 1949 in Königswinter zu der Gruppe, die jenes ordnungspolitische Konzept formulierte, das den Düsseldorfer Leitsätzen der CDU zugrunde lag und später zur geistigen Grundlage der sozialen Marktwirtschaft wurde.

Seit seiner ersten Freiburger Zeit in den dreißiger Jahren hatte sich Böhm mit der Frage beschäftigt, wie man wirtschaftliche Macht »sozial domestizieren« und einen Interessenaustausch zwischen den unterschiedlichen Gesellschaftsgruppen erreichen könnte, ohne dafür einen übermächtigen Staat in Anspruch zu nehmen. In seiner Auseinandersetzung mit dem Marxschen Werk stieß er sehr schnell zu dessen entscheidender Schwäche und damit zum eigentlichen Problemkern vor: Während nach Böhm »der Irrtum von Marx darin bestand, daß er den Marktmechanismus unterschätzte«, arbeitete ihn Böhm als kulturelle Leistung heraus, die weit über die Sphäre der Wirtschaft hinausreichte – so, wie er mit seinen Ideen auch keine klassische Wirtschafts-, sondern eine Gesellschaftstheorie entwarf.

Sein Gedanke war, daß die Austauschverhältnisse einer Gesellschaft am besten bei diesem »autonom arbeitenden Signal- und Kontrollverfahren, dem Marktsystem«[1], aufgehoben waren, und dieses System zugleich eines ordnungspolitischen Rahmens durch den Staat bedürfe. Diese Bindung war seiner Ansicht nach notwendig, um zum einen eine starke Machtverschiebung im Marktsystem zu verhindern, etwa durch eine Monopolbildung – Böhm war nach 1945 einer der entschiedensten Verfechter eines strengen Kartellrechtes –, zum anderen, um die Gesellschaft dort organisieren zu können, wo der Markt es nicht oder nicht allein tun konnte – vorrangig im sozialen Bereich. Böhms Kollege Walter Eucken faßte diese Sicht einmal mit den Worten zusammen: »Staatliche Planung der Formen – ja, staatliche Planung und Lenkung des Wirtschaftsprozesses – nein.«

Dieses Gedankengebäude, eine der wenigen ganzheitlichen, auf die Formung einer »Civil society« hinauslaufenden Theorien des Westens, das als bewußter Gegenentwurf zu der marxistischen Denkschule konzipiert war, übte auf Kurt Biedenkopf eine Faszination aus, die ihn nicht mehr loslassen sollte. Als Jurist hatte Biedenkopf nie einen wissenschaftlichen Anspruch entwickelt; hier jedoch, in dieser ordnungspolitischen Theorie, fand er eine Art Lebensthema – das übergreifende, nicht an ein klassisches Wissenschaftsressort gebundene Denken. Franz Böhm prägte ihn in mehrerer Hinsicht: Wie er verstand sich Biedenkopf immer als politischer Wissenschaftler, und wie Böhm schätzte er die persönliche Freiheit und Unabhängigkeit über alles.*

Von allen Karrieren, die dem Böhm-Schüler Biedenkopf nach dem zügigen Studium und der Assistentenzeit bei dem renommierten Heinrich Kronstein möglich gewesen wären, entschied er sich trotz gelegentlicher Gedankenspiele, eine Laufbahn im Auswärtigen Dienst zu beginnen, für die Wissenschaft. Ein Jahr lang lehrte er als Privatdozent an den Universitäten Frankfurt und Tübingen. 1964 erhielt er seinen ersten Ruf an die gerade gegründete Ruhr-Universität Bochum. Hier stellte sich zum erstenmal der rasche und unerwartete Aufstieg ein, der ihn durch seine Biographie begleiten sollte: Der Gründungsrektor der Ruhr-Universität, Heinrich Greeven, erkrankte kurz nach seinem Wechsel nach Bochum, und so wurde der junge Professor für Bürgerliches, Handels-, Wirtschafts- und Arbeitsrecht unerwartet schnell und unter Umgehung der klassischen Karriereleiter zunächst de facto einer der Manager der Universität und 1967 schließlich ihr gewählter Rektor. In der gleichen Zeit und in diesem Alter wäre ihm wohl weder in der Wirtschaft noch in der Politik ein solcher Aufstieg gelungen. Als Siebenunddreißigjähriger war Kurt Biedenkopf der jüngste Universitätsrektor Deutschlands.

---

* Franz Böhm, der 1952 Leiter der Verhandlungsdelegation für den Wiedergutmachungsvertrag mit Israel war und von 1953 bis '63 dem Bundestag angehörte, lehnte ab, als ihm der Posten des ersten deutschen Botschafters in Israel angetragen wurde.
Es liege ihm nicht, begründete er seine Haltung, sich als Angestellter des Auswärtigen Amtes dessen Vorgaben unterzuordnen.

Ex officio nahm er zwischen 1967 und '68 auch den Vorsitz der Landesrektorenkonferenz in Nordrhein-Westfalen wahr; zudem gestaltete er die 1969 beschlossene Verfassung der Ruhr-Universität federführend mit, die – damals ein bemerkenswerter Fortschritt gegenüber dem konservativen Universitätsmodell – eine Drittelparität zwischen Studentenvertretung, akademischem Mittelbau und Professoren festschrieb.

Die Universitäten waren gewissermaßen das Urstromtal für Biedenkopfs Ansichten und seinen Stil zu denken. Hier wurde er zum überzeugten Anhänger der ordoliberalen Anschauung nach dem Vorbild Franz Böhms, hier entwickelte er die Ideen, die in seinen späteren Jahren immer wieder periodisch auftauchen sollten und die immer wieder um die Organisation der Gesellschaft kreisten: Sozialstaat, Sozialpflichtigkeit von Verbänden und gesellschaftlichen Gruppen, Funktion der sozialen Sicherungssysteme – allesamt Themen, die noch den vierundsechzigjährigen Biedenkopf des Jahres 1994 umtreiben.

Beispielhaft für diese ständige Wiederaufnahme derselben Grundfragen mag seine Beschäftigung mit der Rolle der Gewerkschaften stehen, die als Tarifparteien enormen Einfluß auf die Stabilität der Gesellschaft nehmen können. 1963 habilitierte Biedenkopf bei seinem Lehrer Heinrich Kronstein über »Die Grenzen der Tarifautonomie«, durch die siebziger und achziger Jahre hindurch sprach er in zahlreichen Publikationen mit der These von der »Sozialpflichtigkeit der Verbände« auch die Gewerkschaften an. Schließlich verfolgte ihn dieses Leitmotiv bis nach Sachsen, wo er sich 1993 mit dem heftigen Arbeitskampf in der Metallindustrie konfrontiert sah und für die Tarifparteien ein zwölfseitiges wirtschaftsjuristisches Gutachten niederschrieb, in dem er ausführte, daß die einseitige Kündigung des Stufentarifvertrags durch die Unternehmer vor Gericht kaum Bestand haben würde.

Immer wieder in seiner späteren Karriere, wenn er sich in seinen Handlungen eingeengt fühlte, erinnerte er sich mit einer gewissen Sehnsucht an seine Universitätszeit, wo er ein so zwangloses und liberales geistiges Klima erlebte wie zu keinem späteren Zeitpunkt. Hier bildeten nicht nur seine Grundüberzeugungen aus und die Art, sie vorzutragen; Biedenkopf erlebte die Universität, um mit Thomas Mann zu sprechen, als »geistige Lebensform«, die seinem Naturell am nächsten kam. Noch in Frankfurt lernte er auch Meinhard Miegel kennen, damals ebenfalls ein Schüler Heinrich Kronsteins und Franz Böhms, der für ihn zum lebenslangen Partner und Freund, zu einem »Running mate« wurde.

Für den noch nicht einmal vierzigjährigen Kurt Biedenkopf gab es nach dieser Blitzkarriere in Bochum nicht den geringsten inneren Anlaß, die Universitätslaufbahn wieder zu verlassen. Er hätte die Zeit bis heute auch ebensogut als Wissenschaftler verbringen können.

Bundesweit bekannt wurde der Bochumer Professor als Vorsitzender der »Sachverständigenkommission zur Auswertung der bisherigen Erfahrungen bei der Mitbestimmung«, für die sich schnell der Begriff »Biedenkopf-Kommission« einbürgerte.

Als möglichen Vorsitzenden für diese Mitbestimmungskommission brachte ihn zum erstenmal der damalige Vorsitzende der westfälischen CDU Josef Hermann Dufhues ins Gespräch, dem der begabte junge CDU-Wirtschaftsprofessor aufgefallen war. Dufhues schlug ihn Kurt Georg Kiesinger, dem Kanzler der Großen Koalition vor, der ihn ebenfalls für einen geeigneten Mann hielt, um diese prekäre Rolle zu übernehmen. Den Ausschlag gab dabei weniger Biedenkopfs Parteimitgliedschaft – in Bonn regierten schließlich die Sozialdemokraten unter Brandt und Wehner mit –, sondern der Umstand, daß der Bochumer Rektor zwar ein gestandener Wissenschaftler, aber noch relativ jung war. Er hatte einfach zu wenig Gelegenheit gehabt, in politische Debatten verwickelt zu werden und sich in der Öffentlichkeit ausführlich zum umstrittenen Thema der Mitbestimmung zu äußern; deshalb konnte weder die Arbeitgeber- noch die Arbeitnehmerseite einen vernünftigen Grund haben, ihn als Vorsitzenden der Kommission abzulehnen.

Das unter seiner Leitung von neun Professoren ausgearbeitete und am 21. Januar 1970 vorgelegte Gutachten sprach sich zwar für eine Erweiterung der betrieblichen Mitbestimmung aus, lehnte allerdings eine paritätische Besetzung der Aufsichtsräte ab. Dieses Modell wurde in den wesentlichen Zügen sowohl von der Unternehmer- als auch von der Gewerkschaftsseite akzeptiert.

ZWISCHENSPIEL IN DER WIRTSCHAFT
1971 – 1973

Im gleichen Jahr, als Kurt Biedenkopf den Vorsitz der Mitbestimmungskommission übernahm, machte er die folgenreiche Bekanntschaft von Konrad Henkel, damals Chef des Henkel-Waschmittelkonzerns.

Henkel lud Biedenkopf zum Abendessen in seine Düsseldorfer Villa ein. Ob er sich schon damals mit dem Gedanken trug, den Universitätsdirektor und Kommissions-Vorsitzenden für eine Mitarbeit in seinem Konzern zu gewinnen, ist nicht bekannt. Mit Sicherheit interessierte sich Henkel jedoch für die Ansichten des Wirtschaftsjuristen, der offensichtlich geschickt sowohl mit dem Unternehmerlager als auch mit der Gewerkschaftsseite umgehen konnte. Ein Jahr später, 1969, bot Konrad Henkel ihm an, in den Vorstand seines Unternehmens einzutreten und dort das Personalressort zu übernehmen. Biedenkopf zögerte vor dem Sprung aus der von ihm so geschätzten Welt der Universität in die Wirtschaft, mit der er sich bislang nur theoretisch beschäftigt hatte.

21

Das Angebot von dem Chef eines Weltkonzerns stärkte zweifellos sein ohnehin nicht eben schwach ausgeprägtes Selbstwertgefühl, und dieses Muster sollte sich noch öfter in seinem Leben wiederholen: Für alle seine wichtigen Lebenspositionen – Vorstand bei Henkel, CDU-Generalsekretär unter Kohl, Spitzenkandidat der Union in Sachsen – hatte er sich nicht beworben; sie waren ihm angeboten worden. Daß ihm in allen Bereichen, der Universität, der Wirtschaft und vor allem der Politik, das mühselige Empordienen und Trommeln in eigener Sache, die Ochsentour erspart blieb, prägte ihn durch und durch und ließ ihn so anders werden als die meisten seiner Kollegen. Damals formulierte er auch den selbstsicheren Spruch, der ihn als ein Lebensmotto begleiten sollte: »Entweder man wird gefragt, ohne daß man sich darum kümmert, oder man sollte besser nicht gefragt werden.«

Schon 1969 fühlte er sich immerhin selbstbewußt genug, um Konrad Henkel zu sich nach Bochum einzuladen und sich in einem halbstündigen Gespräch dessen Argumente für einen Wechsel in die Wirtschaft anzuhören. Anschließend bat er sich Bedenkzeit aus – auch das sollte bei Entscheidungen typisch für ihn werden –, um sich mit denen zu beraten, die ihm nahestanden. Biedenkopf war nie ein Mann einsamer Entschlüsse.

Zwar ermutigte ihn sein Lehrer Heinrich Kronstein, nach der Theorie auch die Praxis der Wirtschaft kennenzulernen, und er selbst betrachtete das Angebot als »sehr interessante Alternative zur wissenschaftlichen Arbeit als Hochschullehrer«. Das Angebot reizte ihn wegen der Herausforderung, wegen der Aneignung neuer Fähigkeiten und Sehweisen, wegen des »Lernzwangs«, dem er sich gern aussetzen wollte.

Allerdings sah Biedenkopf einen sehr praktischen Grund, das Angebot Henkels vorerst nicht anzunehmen: Ein Wechsel in die Vorstandsetage von Henkel hätte seine Arbeit in der Mitbestimmungskommission gefährdet, die schließlich von ihm eine gewisse Neutralität verlangte. Er nutzte den Sommerurlaub 1970, um die Argumente noch einmal abzuwägen, sagte zuvor Konrad Henkel weder zu noch grundsätzlich ab und verschob den Schritt auf einen für ihn günstigeren Zeitpunkt, mit der Gewißheit, daß das Angebot auch dann noch gelten würde.

Es galt ja auch noch. Am 21. Januar 1970 legte die Mitbestimmungskommission ihren Bericht Willy Brandt vor; im Juli sagte Biedenkopf Henkel endgültig zu.

Biedenkopf hielt seinen Gang in die Wirtschaft offenbar für eine Lebensentscheidung. Dem Journalisten Hans Mundorf vom Düsseldorfer *Handelsblatt* sagte er 1970, gut sechs Monate, bevor er die Henkel-Stellung antreten sollte, halb, aber eben nicht ganz im Scherz: »Nach zehn Jahren Wissenschaft und zehn Jahren Wirtschaft« könne er sich auch noch »zehn Jahre Politik« vorstellen. Mit einem 5-Jahres-Vertrag begann er am 1. Januar 1971 als für Personalfragen zuständiges Mitglied der zentralen Geschäftsleitung bei Henkel in Düsseldorf.

Die zweieinhalb Jahre als Manager, die es dann tatsächlich wurden, verliefen jedoch ganz anders, als Biedenkopf es für sich erwartet oder geplant hatte. Zwar fand er auch hier reichlich Ansatzpunkte für sein übergreifendes Denken; auf seine Initiative wurde beispielsweise 1972 das erste »Universitätsseminar der Wirtschaft« bei Henkel durchgeführt, in dem mit Führungskräften vor allem moderne Management-Methoden diskutiert wurden. Doch der Wirtschaftsjurist aus der Welt der Universitäten, der freies Debattieren und Abwägen ohne äußeren Druck gewohnt war, erlebte in dem Unternehmen, wie er selbst einmal rückblickend beschrieb, einen »Praxisschock«. Hier mußte er sich nicht nur in einer ganz anders geordneten hierarchischen Welt zurechtfinden;* hier mußten Entscheidungen bisweilen auch sehr schnell gefällt werden.

»Nur mit der Hilfe Konrad Henkels«, schrieb Biedenkopf später, überstand er die Einarbeitungszeit als Vorstandsmitglied, die ihm rückblickend als »die schwersten Monate meines Lebens erschienen«[2].

Dieses Verdikt gilt auch aus heutiger Sicht noch: Obwohl er zeitlebens nicht einmal Minister eines Landeskabinetts gewesen war, fiel dem Sechzigjährigen der Aufbau einer Landesregierung in Sachsen alles in allem leichter als dem Einundvierzigjährigen der Sprung in die Führungsposition eines Großunternehmens. Trotz dieser unerwarteten Schwierigkeiten war die Arbeit bei Henkel aus zwei Gründen wertvoll für ihn: Zum einen zählte er fortan zu den wenigen Politikern in Deutschland, die die Funktion eines Unternehmens im Inneren kennengelernt hatte; niemand konnte dem Professor in seinen späteren Ämtern vorwerfen, er theoretisiere nur, wenn er über Wirtschaft sprach. Zum anderen knüpfte der neue Henkel-Geschäftsführer in dieser Zeit auch neue Kontakte. Biedenkopf stieß zu einen Kreis aus Politikern und Wirtschaftsvertretern, zu dem Hanns-Martin Schleyer, der später von der RAF ermordete Vorsitzende des Arbeitgeberverbandes, Richard von Weizsäcker und der Journalist Peter Scholl-Latour gehörten.

Einen anderen Politiker, der sein Leben ein gutes Stück mitbestimmen sollte, als berechnender Partner und Mitspieler im doppelten Sinn, hatte er schon im Sommer 1970 kennengelernt, noch bevor er nach Düsseldorf ging: Helmut Kohl.

---

* So ging es bei seinem ersten Gespräch mit einer Gruppe leitender Angestellter des Konzerns nicht, wie er annahm, um Fragen der Organisation, sondern, zu Biedenkopfs herber Überraschung, darum, welcher Hierarchiestufe welche Dienstwagen zustünden.

24

DER PARTEI-MANAGER
1973 – 1977

DIE UNION IN DER KRISE

Im Februar 1973 rief Helmut Kohl Kurt Biedenkopf in Düsseldorf an und fragte ihn, ob er – unter ihm als zukünftigem Parteivorsitzenden – für den Posten des Generalsekretärs zur Verfügung stünde. Die plötzliche Offerte, der keine Andeutungen oder Sondierungen vorausgegangen waren, überraschte aus zwei Gründen:

Erstens schwang die Zuversicht des rheinland-pfälzischen Ministerpräsidenten Helmut Kohl unüberhörbar mit, Vorsitzender der Partei zu werden, obwohl er zwei Jahre zuvor auf dem CDU-Parteitag in Saarbrücken bei einer Kampfkandidatur gegen Rainer Barzel um den Führungsposten eine vernichtende Niederlage einstecken mußte. Andererseits richtete sich das Angebot für das zweitwichtigste CDU-Amt an einen zwar erfolgreichen Wissenschaftler, aber zugleich an einen Parteineuling und Außenseiter.

Kurt Biedenkopf war 1965 in die CDU eingetreten und bis 1973 eher durch den Vorsitz in der Mitbestimmungskommission bekannt, obwohl ihn Heinrich Köppler, der CDU-Vorsitzende des Verbandes Rheinland in Nordrhein-Westfalen, schon 1970 in seine Wahlkampfmannschaft geholt hatte. Seit 1971 gehörte er auch zur gerade gegründeten Grundsatzkommission der Partei. Einen größeren Auftritt hatte er auf dem Saarbrücker Parteitag 1971, wo er mit einer vehementen Rede gegen eine Zusammenlegung von Fraktions- und Parteivorsitz, den Rainer Barzel vorgeschlagen hatte, den Delegierten und vor allem Helmut Kohl aufgefallen war.

Daß Biedenkopf Mitglied der Union wurde, lag sicherlich an seiner grundsätzlichen ordoliberalen Wirtschafts- und Weltsicht, die er in der Bundesrepublik der sechziger Jahre am ehesten bei dem Wirtschaftsminister und CDU-Kanzler Ludwig Erhard wiederfand. Zum unmittelbaren Parteieintritt mögen ihn zwei Personen bewogen haben: sein Lehrer Franz Böhm, der von 1953 bis '65 Bundestagsabgeordneter der CDU war, und Josef Hermann Dufhues, seit 1962

26

Geschäftsführender Vorsitzender der Union, der in Biedenkopfs Düsseldorfer Nachbarschaft wohnte.

So verlockend Kohls Angebot auch war, Kurt Biedenkopf zögerte und hielt einen Wechsel in die Politik zu diesem Zeitpunkt für verfrüht. Schließlich hatte er gerade im Henkel-Vorstand seinen »Praxisschock« überwunden und Tritt gefaßt. Wie vor seinem Wechsel von der Universität in die Industrie sagte er weder zu noch ab, sondern bat sich Bedenkzeit aus und beriet sich mit Bekannten. Daß er den Generalsekretärsposten, wenn er gewählt werden sollte, nicht mit seiner Stellung bei Henkel verbinden konnte, war Biedenkopf klar. Eine solche Doppelfunktion wäre, wie Konrad Henkel feststellte, auf ein »Leave of absence« in Düsseldorf hinausgelaufen. Biedenkopfs Freunde, vor allem sein Bekannter Wilhelm Schulte zur Hausen, ermutigten ihn, nach seinem kurzen Gastspiel in der Industrie die Rolle des Managers der CDU zu übernehmen: Das sei vielleicht kein Schritt, den sein Arbeitgeber gern sähe, der aber der desolaten und orientierungslosen CDU helfen würde. Biedenkopf selbst nannte später als Motiv für die Zusage, die er Kohl schließlich nach einigen Wochen des Überlegens gab, den »Zustand der Partei«. Was auf den ersten Blick so selbstlos wirkte, schloß allerdings noch einen anderen Gedanken ein: Nach 20jährigem Machtbesitz bis 1969 hatte die Union auch im vierten Jahr der Opposition noch keinen festen Grund unter den Füßen und suchte verzweifelt nach unverbrauchten Führungsfiguren. Dieser Zustand der personellen und inhaltlichen Erschöpfung, an dem die Partei litt, bot gerade Außenseitern wie Biedenkopf eine einmalige Chance.

Auch Konrad Henkel erleichterte ihm den Weggang, indem er ihn zwar halb enttäuscht, aber auch halb scherzhaft als »teuersten Lehrling, den Henkel je hatte«, verabschiedete. Gleichzeitig sicherte er Biedenkopf zu, er könne jederzeit in den Konzern zurückkehren, falls ihm der Aufstieg an die CDU-Spitze wider Erwarten doch nicht gelingen sollte.

Zwar stimmte Biedenkopfs private Rechnung der drei Jahrzehnte nicht, aber die Reihenfolge der Lebensstationen: Nach Wissenschaft und Wirtschaft kam nun die Politik.

Welche CDU fand Kurt Biedenkopf 1973 vor, als er, der Außenseiter und Blitzaufsteiger, das Management dieser Partei übernahm? Wie so oft in der Geschichte erschienen auch bei der CDU im Zenit der Macht schon die ersten Vorboten des Abstiegs.

1957 hatte die Union mit 50,2 Prozent der Stimmen die absolute Mehrheit erreicht, ein Ergebnis, das einmalig in der deutschen Nachkriegsgeschichte bleiben sollte. Die Eroberung der ungeteilten Macht markierte den Gipfelpunkt und damit auch das Ende des Aufstiegs, den die CDU/CSU mit Konrad Adenauer in der Westrepublik erlebte.

Die innere Gestalt der Bundesrepublik Deutschland war wesentlich dadurch geprägt worden, daß sich in den westlichen Besatzungszonen, vor allem im katholischen Rheinland, die einstigen Hochburgen der Zentrumspartei befanden, an deren Stammwähler sich die CDU vorrangig wandte, während die Traditionsgebiete der Sozialdemokratie in der sowjetischen Besatzungszone verblieben. Trotz dieser grundsätzlichen Verschiebung der Gewichte, die diese Teilung bewirkte, erreichte die CDU bei den ersten Bundestagswahlen nur 31 Prozent der Stimmen. Konrad Adenauer wurde von einer Koalition aus Union, FDP und der Deutschen Partei mit der Mehrheit von einer Stimme – seiner eigenen – zum Kanzler gewählt.

In den folgenden Jahren verlief der Aufstieg der Bundesrepublik – die wirtschaftliche Konsolidierung, der Wohnungsbau, die Integration der Aussiedler aus den ehemaligen Ostgebieten Deutschlands, die Wiedererlangung einer selbständigen Außenvertretung, die Montanunion mit Frankreich und die Westintegration des jungen Staates einschließlich Wiederbewaffnung – parallel mit dem Aufstieg der CDU/CSU. Daß sich der Westen Deutschlands in einer bemerkenswerten Mischung aus Restauration und Modernisierung so schnell stabilisierte, war ohne Zweifel ein wesentliches Verdienst Adenauers, Ludwig Erhards und der übrigen Regierungsmannschaft. Die Wähler honorierten diese nach der Kriegsniederlage von 1945 unerwartet rasche Konsolidierung sehr eindeutig. Von ihren 31 Prozent 1949 stieg die Union auf 45,2 Prozent der Stimmen 1953 und schließlich zur absoluten Mehrheit 1957 auf.

Ende der sechziger Jahre war jedoch auch eine Periode der deutschen Nachkriegsgeschichte abgeschlossen, eben jener erfolgreiche Wiederaufbau, der der CDU/CSU die ungeteilte Macht beschert hatte. Jetzt, da es nicht mehr vordringlich darum ging, die Zerstörungen des Krieges zu überwinden und die Republik gegen den erbitterten Widerstand der SPD militärisch und wirtschaftlich im Westen zu verankern, wurde die Kehrseite des Erfolgs offenbar: Die Union, die das erste Jahrzehnt der Bundesrepublik und damit ihre grundlegenden Koordinaten geprägt hatte, war kaum in der Lage, das Land zu gestalten, als diese Koordinaten nun feststanden.

Die CDU war unübersehbar die Partei des Kanzlers, einer politisch übermächtigen Figur (von 1951 bis '55 war Adenauer auch Außenminister der Bundesrepublik), die den Parteivorsitz selbstverständlich innehatte und wie nebenher wahrnahm. Bezeichnend ist, daß Adenauer schon regierte, bevor sich die CDU überhaupt bundesweit konstituiert hatte – das geschah erst 1950. Die Wahlen zum ersten deutschen Bundestag im Jahr zuvor hatte er im Grunde genommen mit der CDU der britischen Besatzungszone gewonnen, deren dominierender Mittelpunkt der ehemalige Kölner Oberbürgermeister Adenauer war.

Diese äußeren Verhältnisse bestimmten auch die inneren: Die führende Regierungsbeteiligung war der Kern der CDU-Macht, das Parteivolk lediglich ihr Annex. Adenauer war zunächst Kanzler, erst in zweiter Linie patriarchalischer Herrscher über die Partei. Die Planung und Formulierung der Politik wie der Parteiziele – beides war unauflöslich miteinander versintert – fand im Kanzleramt und, schon mit gebührendem Abstand, in der Bundestagsfraktion statt.

Die Partei hatte für Adenauer, wie der spätere CDU-Generalsekretär Bruno Heck formulierte, »Wahlen zu organisieren, Wahlen zu gewinnen«, Wahlkampfmaschine zu sein, aber keine eigenen Ideen zu entwickeln. Für die Adenauer-Zeit galt idealtypisch, was die Union selbst in der Zeit der Großen Koalition noch prägte: »Nachträgliche Billigung der Fraktionsentscheidungen durch Präsidium und Bundesvorstand der CDU hatten nur noch den Rang einer Pro-forma-Angelegenheit, der keinerlei Bedeutung mehr zukam«.[2]

Von Programmen hielt Adenauer nichts. Sie hätten nur eine überflüssige taktische Selbstbindung bedeutet. Am Ahlener Programm von 1947, das die Grundzüge eines christlichen Sozialismus entwarf, entzündeten sich zwar bis in die siebziger Jahre immer wieder Debatten; praktisch wurde es jedoch von Anfang an durch Ludwig Erhards Konzept der sozialen Marktwirtschaft überlagert. Wenn die Düsseldorfer Leitsätze mit ihrem Entwurf einer ordnungspolitisch »formierten Gesellschaft« (Ludwig Erhard) so etwas wie ein Parteiprogramm waren, dann war es um 1960 in der Bundesrepublik grundsätzlich verwirklicht. Für das erste Jahrzehnt stimmte sein Leitspruch »die Wirtschaft ist unser Schicksal«, danach konnte er in dieser Unbedingtheit nicht mehr gelten. Der Soziologe Helmut Schelsky hat in »Ortsbestimmung einer Generation« darauf hingewiesen, daß Adenauer auch aus einem anderen Grund keine innere Beziehung zu Parteiprogrammen hatte: Er, der mit seiner Verwurzelung in der Weimarer Republik und dem Erlebnis der NS-Zeit »Werte und ihre Negation« erfahren hatte, verspürte kein Bedürfnis, den Wert der Freiheit etwa in einem breit angelegten Gesellschaftsbild auch theoretisch zu begründen.*

Zu den Verhältnissen, die die Jahre zwischen 1949 und '59 prägten und sich am Ende des Jahrzehnts wandelten, gehörte auch die manichäische Trennung zwischen Union und SPD, die ein heftiger

Opponent sowohl gegen das Konzept der sozialen Marktwirtschaft als auch gegen die Westbindung gewesen war. Mit ihrem Godesberger Programm von 1959 und der Rede Herbert Wehners vor dem Bundestag im gleichen Jahr bekannte sie sich zu diesen außen- und innenpolitischen Koordinaten. Der allmähliche Marsch der SPD zur Macht hatte zumindest auf kommunaler Ebene begonnen. 1959 stellte sie in 131 Großstädten 75, die CDU nur 26 Bürgermeister. 1960 wurde Willy Brandt Kanzlerkandidat der SPD.

Um 1960 verblaßte auch ein weiterer Fixpunkt des ersten bundesrepublikanischen Jahrzehnts, die Furcht vor einer kommunistischen Expansion in Europa. Im gleichen Jahr klagte Adenauer in einer Bundesvorstandssitzung der Union, daß »das Gefühl für die Gefährlichkeit der Kommunismus« nachlasse, eine Empfindung, die sich bei den meisten Bundesbürgern nach dem Mauerbau am 13. August 1961 noch verstärkte: Von einem System, das sich selbst einmauerte, war mit Recht kaum eine Aggression zu erwarten.

Vor dieser Gesamtschau der CDU um 1959/60 – einer »Gesinnungs- und Weltanschauungspartei« (Wulf Schönbohm) ohne Programm, die völlig von ihrem 83jährigen Vorsitzenden abhängig war – nehmen sich Ereignisse, die schließlich zum direkten Machtverfall führten, nur als äußere Anlässe aus.

---

* Kurt Biedenkopf knüpfte als Generalsekretär bewußt an diese Gedanken an, als er dazu aufforderte, »die Erfahrung der Unfreiheit durch rationales Reflektieren über die Unverzichtbarkeit von Freiheit zu ersetzen.« In der Erinnerungsschrift »Franz Böhm: Beiträge zum Leben und Wirken« schrieb Biedenkopf: »Wenn es ein wirkliches Problem in der Entwicklung in unserem Lande gibt, dann dies, daß die Wirkung der Erfahrung mit der Unfreiheit abgenommen hat und mit der Abnahme zugleich auch manche der Barrieren eingerissen werden, die sich der Entwicklung neuer utopischer Vorstellungen über die Leistungsfähigkeit und die Aufgaben des Staats entgegenstellen könnten. In neueren, von Jüngeren ohne die Erfahrung der Katastrophe erdachten und geschriebenen Entwürfen über die Gesellschaft kehren deshalb die gleichen Irrtümer zurück.«

Den wesentlichen Anlaß lieferte Adenauer selbst, indem er 1959 die »Präsidentenkrise« herbeitaktierte. Zunächst favorisierte er, ohne die Parteigremien wenigstens formell zu beteiligen, Wirtschaftsminister Ludwig Erhard als Nachfolger des verstorbenen Theodor Heuß für das höchste Staatsamt. Zum erstenmal verweigerte ihm die Union in einer wichtigen Sache die Zustimmung. Dann überlegte Adenauer, ob er nicht selbst Bundespräsident werden und das einflußlose Amt »politisieren« könnte, sah dann aber ein, daß eine solche Politisierung, wie sie ihm vorschwebte, nach Verfassungslage unmöglich war. Gewählt wurde schließlich Heinrich Lübke, der Kandidat, den Adenauer nicht gewollt hatte. Nach diesem erfolglosen Manöver hatte das Erscheinungsbild des »Alten« unübersehbare Risse bekommen; er dominierte die Partei nicht mehr uneingeschränkt. Seine parteiinternen Kritiker setzten durch, daß die CDU mit dem Motto »Adenauer, Erhard und die Mannschaft« in die Bundestagswahl ging. Auch die FDP, die wieder auf eine Regierungsbeteiligung hoffte, distanzierte sich von dem geschwächten Kanzler durch die Wahlparole »Mit der CDU ohne Adenauer«.

Welche Rolle es für den Wahlausgang schließlich spielte, daß Konrad Adenauer sich erst einige Wochen nach dem Mauerbau vom 13. August 1961 in Berlin zeigte und von dem Akt der DDR überhaupt merkwürdig unberührt schien, ist in diesem Tableau der Ereignisse schwer abzuwägen. Alles zusammen, das Ende des Aufbaudezenniums und die Erosion der persönlichen Macht Adenauers, führte dazu, daß die Union bei der Bundestagswahl 1961 4,5 Prozentpunkte verlor und die absolute Mehrheit nach nur einer Wahlperiode einbüßte. Zwar fiel die FDP um und trat in das Kabinett des angeschlagenen Adenauer ein; während der Spiegel-Affäre demissionierten die FDP-Minister jedoch aus Protest gegen die Verhaftung Rudolf Augsteins und Conrad Ahlers. Adenauer konnte nur unter dem Versprechen, in der laufenden Legislaturperiode zurückzutreten, erneut eine Regierung mit den Freidemokraten bilden.

Am 16. 10. 1963, nach vierzehn Jahren und einem Tag der Herrschaft Konrad Adenauers, wurde Ludwig Erhard zum zweiten Kanzler der Bundesrepublik gewählt.

So erfolgreich Erhard als Wirtschaftsminister war, so glücklos verlief seine Kanzlerschaft. Seine Ägide war eine »Prolongierung der Ära Adenauer« (Hans-Peter Schwarz), und es war Erhards Los, in dieser Verlängerung das unausweichliche Ende dieser Ära auszukosten. Jedem anderen möglichen CDU-Kanzler dieser Jahre wäre es kaum anders ergangen. Erhards Verhältnis zur CDU, der er erst seit 1963 formell angehörte, war eigentlich ein Unverhältnis; er übernahm 1964 nur deshalb den Parteivorsitz, um Rainer Barzel nicht zum Zuge kommen zu lassen. Doch die Position des Kanzlers und Vorsitzenden war nicht mehr die gleiche absolute Vormachtstellung, wie Adenauer sie besaß, sie wurde aber auch nicht zu einer bescheideneren, aber fest umrissenen Position in der Führung der CDU. Die verteilte sich vielmehr auf vier Politiker, die alle höchst unterschiedliche Vorstellungen von der zukünftigen Unionspolitik hatten und zudem auch in persönliche Rivalitäten verstrickt waren: Josef Hermann Dufhues trat 1962 das neugeschaffene Amt des Geschäftsführenden Vorsitzenden an, Erhard war Vorsitzender, Barzel seit '64 Fraktionsvorsitzender und Bruno Heck ab 1966 Geschäftsführendes Präsidiumsmitglied, eine Art Vorläufer des späteren Generalsekretärsamtes. An Stelle der Monokratie Adenauers war eine unbestimmte Verteilung der Rollen getreten, während sich an der Schwäche der Union, ihrer Programm- und Richtungslosigkeit, nichts änderte.

Seine Niederlage erlebte Erhard jedoch als Kanzler: Ausgerechnet in seine Zeit als Regierungschef fiel die erste leichte Wirtschaftsschwäche der Nachkriegszeit nach Jahren der Hochkonjunktur, die nach heutigen Maßstäben allenfalls eine Verlangsamung des Wachstums war. Mitte der sechziger Jahre war jedoch eine Arbeitslosenzahl um 435000 Anlaß, von einer »Krise« zu sprechen, die allerdings, wie schon beim Verlust der absoluten Mehrheit 1961, nur zu den äußeren Daten eines langfristigen Niedergangs der Union zählte.

Die Demontage des Kanzlers, der auch im öffentlichen Meinungsbild einen Popularitätssturz erfuhr, übernahmen große Teile der CDU selbst, indem sie ihn für alles verantwortlich machten: Die »Krise«, die Niederlage der CDU bei den Landtagswahlen in Hessen, den Trend, der deutlich für die SPD marschierte. Im Oktober 1966 traten die FDP-Minister zurück, nachdem die Fraktion der Freidemokraten einen Kompromiß mit der CDU/CSU über Steuererhöhungen mißbilligt hatte. Erhard amtierte dem Ende entgegen, während in der Union schon offen über seine Nachfolge gestritten wurde.

Am 1. Dezember 1966 wurde Kurt Georg Kiesinger, bis dahin Ministerpräsident in Baden-Württemberg, als Kanzler einer Großen Koalition mit Willy Brandt als Vizekanzler und Außenminister gewählt. In diesen letzten drei Jahren der Wahlperiode wurde es immer deutlicher, daß die erste große Zäsur in der Geschichte der Bundesrepublik heranreifte. In den fünfziger Jahren war es eher die Modernisierung des Landes, die der Union zum Aufstieg verhalf: die Abtrennung der ärmeren Landesteile; der Verlust eines starken Zentrums, der dem jungen Staat einen ausgeprägten Föderalismus bescherte; der schnelle wirtschaftliche Aufbau und die Westbindung, die die politische Sonderrolle Deutschland beendete.* Ende der sechziger Jahre wurden dagegen zunehmend die Elemente der Restauration in der Nachkriegszeit, vordringlich durch die jüngere Generation, in Frage gestellt.

---

* Der amerikanische Historiker Gordon Craig nannte Adenauer »den ersten deutschen Staatsmann in Zivil«.

Die Große Koalition war geradezu Sinnbild dieses Gezeiten-wechsels: Hier der Bundeskanzler Kiesinger, ein ehemaliger Rund-funkbeamter des Dritten Reiches, der sich im Bundestag von Beate Klarsfeld Ohrfeigen gefallen lassen mußte, dort der Außenminister und vormalige Regierende Bürgermeister Berlins Willy Brandt, ein ausgewiesener Hitlergegner. Daß 1969 tatsächlich ein Zeitabschnitt zu Ende ging, faßte Brandt nach seiner Wahl mit den Worten zu-sammen, jetzt habe Hitler den Krieg endgültig verloren.

Gustav Heinemann nannte seine Wahl zum ersten sozialdemokra-tischen Bundespräsidenten 1969 treffend »ein Stück Machtwechsel«, der dann tatsächlich mit der Bundestagswahl im gleichen Jahr ein-trat. Die Union erlitt zwar den Zahlen nach keine eigentliche Wahl-niederlage, sie erhielt mit 46,1 Prozent der Stimmen nur 1,5 Pro-zent weniger als 1965 und wurde wieder stärkste Partei. Doch nach dieser Wahl kam alles zusammen: Das unübersehbare Abwirtschaf-ten einer unzeitgemäß gewordenen Partei, der Einschnitt des Jahres 1968, der das Ende der relativ autoritären Adenauerära markierte, und der vernachlässigte Kontakt zur FDP in den drei Jahren der Großen Koalition. Ehe die Union diese Lage begriff, hatten sich SPD (42,7 Prozent) und FDP (5,8 Prozent) auf eine Koalition geeinigt, die damals zunächst Kleine Koalition genannt wurde. Willy Brandt, darauf angesprochen, antwortete einem Journalisten mit der Frage: »Was heißt klein?«

Der sozialliberale Abgeordnetenblock profitierte auch davon, daß in der Wahl relativ viele Stimmen (5,4 Prozent) auf »Sonstige« ent-fallen waren, ohne daß eine dieser kleinen Parteien in den Bundes-tag einziehen konnte. Damit hatten SPD und FDP zwar nur 48,5 Prozent der Stimmen auf sich vereinigen können, verfügten aber im Bundestag über 268 Mandate (Union 250) und damit über eine veritable Mehrheit.

Von diesem schnellen Zustandekommen einer sozialliberalen Regierungsmehrheit mit Brandt als Kanzler überrumpelt, fand sich die CDU/CSU nach 20 Jahren des Machtbesitzes völlig unvorbereitet in der Rolle der Opposition wieder. Daß sie nach dem Verlust der führenden Regierungsbeteiligung nicht, wie viele Beobachter mutmaßten, auseinanderfiel, hatte sie den allmählich beginnenden Reformen zu verdanken.

Es gab noch immer keine arbeitsfähige Führungsstruktur in der ehemaligen Regierungspartei, aber immerhin war mit der Bestellung von Josef Hermann Dufhues, eines »loyalen Rebellen« *(Der Rheinische Merkur)* und Kritikers der Kanzlerpartei zum Geschäftsführenden Vorsitzenden 1962 und Bruno Hecks zum Geschäftsführenden Präsidiumsmitglied 1966 die Zeit der völligen Bedeutungslosigkeit der Partei gegenüber dem Vorsitzenden und der Fraktion zu Ende gegangen.

1968 regte sich mit dem »Berliner Programm« (das allerdings noch eine zehnjährige Diskussionszeit bis zu seiner Verabschiedung 1978 vor sich hatte) zum erstenmal der Versuch, programmatisch auf den Gezeitenwechsel zu reagieren. Doch das, was die Union Ende der sechziger Jahre erlebte, waren gerade die ersten Anfänge einer Wandlung. Bruno Heck traf die Situation der Partei, als er 1969 auf dem Mainzer Parteitag der CDU sagte: »Dieses politische Profil (der Union – d. A.) ist immer noch das Profil der fünfziger und sechziger Jahre, nicht das des Jahrzehnts, das vor uns liegt.«

Die CDU war eine Partei ohne Führungsfiguren, die einen Wandel hätten deutlich machen können – 1969 war Ludwig Erhard noch Ehrenvorsitzender, Kurt Georg Kiesinger Vorsitzender –, und ohne einen programmatischen Ansatz, den die Wähler außerhalb der Union wahrgenommen hätten. Das »Berliner Programm« hatte Mühe, innerhalb der CDU/CSU überhaupt diskutiert zu werden.

»Die Reformen«, resümierte der spätere Personalplaner der CDU Wulf Schönbohm, »kamen halbherzig und zu spät.«[4]

Zu den jungen CDU-Mitgliedern, die sich mit diesem Zustand nicht abfinden wollten, gehörte Helmut Kohl. Er fand schon sehr früh zur CDU, gehörte bereits 1949 zu einem Wahlkampfteam der Union in Rheinland-Pfalz und durchlief eine Karriere, die zwar ganz unten begann, aber sehr schnell nach oben führte. 1947 war er ein Mitbegründer der Jungen Union in Ludwigshafen, im August 1948 trat er der CDU bei; fünf Jahre später war er schon Mitglied im Geschäftsführenden Vorstand des Landesverbandes. 1959 wurde Kohl Vorsitzender des CDU-Kreisverbandes Ludwigshafen, im gleichen Jahr jüngster Abgeordneter des Landtages, 1961 mit 31 Jahren stellvertretender Fraktionschef seiner Partei im Landtag, 1963 Fraktionschef, 1966 Vorsitzender des Landesverbandes und 1969, mit 39 Jahren, Ministerpräsident in Rheinland-Pfalz und damit der jüngste Regierungschef, der je in Deutschland sein Amt antrat. Seinem parlamentarischen Gegner im Landtag, dem SPD-Politiker Wilhelm Dröscher, galt der Schnellaufsteiger Kohl als »Baum unter Büschen«.

Als jungem Landesvorsitzenden und Ministerpräsidenten fiel ihm in der Partei die natürliche Führungsrolle einer Generation zu, die nur die Kindheitsjahre in der Ära der NS-Diktatur verbrachte, ihre politische Sozialisierung in der Nachkriegs-Bundesrepublik erlebte – damit den Aufstieg und Niedergang ihrer Partei – und die nun gewissermaßen aus dem ersten Jahrzehnt der Republik mitsamt seinen politischen Begriffen herauswuchs. Zu dieser jüngeren Generation zählten neben Kohl Heiner Geißler, Norbert Blüm, Heinrich Windelen, Jürgen Echternach und Christian Schwarz-Schilling, die während der sechziger Jahre in den Bundesvorstand gewählt wurden und für die Regeneration der CDU standen.

Als Ministerpräsident von Rheinland-Pfalz bestätigte Kohl seinen Ruf als gemäßigter Reformer. Sein Kabinett, dem Heiner Geißler als Sozial-, Bernhard Vogel als Kultusminister und Johann Wilhelm Gaddum im Finanzressort als Vertreter einer jungen CDU-Riege angehörten, schaffte die Konfessionsschule in dem katholischen

Bundesland ab, führte eine Gemeinde- und Verwaltungsreform durch und begann mit der damals noch neuen regionalen Wirtschaftsförderung. Schon relativ früh, noch bevor er in der Pfalz die Regierungsverantwortung übernommen hatte, ließ Helmut Kohl keinen Zweifel daran, daß er eine führende Rolle in der CDU anstrebte.

Kohls Drängen richtete sich jedoch nicht nur gegen Personen, er erkannte als wesentliche Schwäche der Partei den Umstand, daß sie im Grunde über kein Programm verfügte. Schon auf dem Mainzer Parteitag 1969 beantragte Kohl, im kommenden Jahr einen Parteitag ausschließlich zu Strategiefragen abzuhalten. Er gehörte auch federführend zu einer Gruppe von Unionsmitgliedern, die den Berliner Programm-Ansatz von 1968 überarbeiteten. Sicherlich, Kohl strebte nach der Macht in der Partei, aber ihm war klar, daß die Unionspartei die Regierungsverantwortung nur übernehmen konnten – und die war in seiner Vorstellung der Karriere eingeschlossen –, wenn sie sich grundlegend änderte. Auf dem Bonner Parteitag 1973, wo er schließlich triumphieren sollte, umriß er den Anspruch, mit dem er angetreten war, mit geradezu revolutionären Worten: »Es ist nicht damit getan, einige Köpfe auszuwechseln und in der Partei ansonsten alles beim alten zu lassen. Wer so denkt, täuscht sich über die wirkliche Lage der CDU in Deutschland hinweg.«

Die wirkliche Lage der CDU mußte jedoch erst schlimmer werden, ehe sie für die Erneuerer besser wurde. Auf dem Parteitag in Saarbrücken trat Fraktionschef Rainer Barzel mit dem Vorschlag an, sein Amt, die Führung der Unionsabgeordneten im Bundestag, mit dem des Parteivorsitzenden zusammenzulegen, wohl wissend, daß ihm dann die Kanzlerkandidatur automatisch zufallen würde. Gegen diese Konzeption, alle Macht in der Partei auf einen Mann zu bündeln, setzte Helmut Kohl, der im gleichen Jahr mit 50 Prozent der Stimmen in Rheinland-Pfalz das bis dahin beste Ergebnis für die CDU erreichte, seinen Anspruch auf den Parteivorsitz. Die Frage, wer Kanzlerkandidat und damit Herausforderer von Willy Brandt werden sollte, wollte er zunächst offenlassen und jedenfalls nicht zwingend mit dem Amt des Vorsitzenden verbinden.

In Saarbrücken standen sich zum einzigen Mal in der Geschichte der CDU zwei Kandidaten für den Vorsitz der Partei zur Kampfabstimmung gegenüber, die ihre Personen auch mit gänzlich unterschiedlichen Vorstellungen über den weiteren Kurs verbanden. Helmut Kohl hatte nicht unbedingt mit einem Sieg, aber kaum mit einer solch vernichtenden Niederlage gerechnet, wie er sie in Saarbrücken erlebte: Er verlor trotz vehementer Fürsprache etlicher Delegierter, auch Kurt Biedenkopfs, gegen Barzel mit 521 zu 174 Stimmen.

Es bedurfte erst der Wahlniederlage von 1972, einer Niederlage Barzels, die der Union mit 44,9 Prozent ihr bis dahin zweitschlechteste Ergebnis bescherte, um der Partei deutlich zu machen, daß sie sich auf eine noch unabsehbar lange Oppositionszeit einstellen mußte. Denn eine Oppositionspartei war die CDU/CSU seit 1969 noch nicht geworden; ihre führenden Köpfe rechneten fest damit, die Macht schnell wiedererobern zu können, und sei es im Handstreich wie mit dem erfolglosen Mißtrauensantrag gegen die Regierung Brandts.

Der gescheiterte Rainer Barzel wurde nun vor allem von der Bundestagsfraktion systematisch gedemütigt und demontiert, wenn auch nicht im Sinne der Erneuerer. Im Gegenteil – die Unionsabgeordneten enthielten sich bei der Bundestagsentscheidung über die Warschauer und Moskauer Verträge, die paraphierten Ergebnisse der neuen Ostpolitik unter Brandt/Scheel, im demonstrativen Gegensatz zum positivem Votum Barzels der Stimme. Damit zeigten sie freilich auch, wie isoliert die Union mit ihren außenpolitischen Vorstellungen in der Bundesrepublik der Entspannungszeit dastand.

Noch deutlicher erfuhr der Vorsitzende und Fraktionschef auf

Abruf die Gegnerschaft der konservativen Parlamentarier, als es 1973 um den Beitritt der Bundesrepublik zur UNO (parallel mit der DDR) ging. Die CSU, aber auch Abgeordnete der CDU stimmten dagegen, obwohl das keinerlei Einfluß auf die Aufnahme in die Vereinten Nationen hatte. Barzel hatte sich für den Beitritt ausgesprochen; die Fraktion und damit auch große Teile der Partei konnten ihm mit ihrem Stimmverhalten gar nicht deutlicher zeigen, daß sie ihn nicht mehr wollten. 1973, noch vor dem entscheidenden Bonner Parteitag, trat Barzel von seinen beiden Posten zurück. Den Fraktionsvorsitz übernahm Carl Carstens; als einziger Kandidat für den Parteivorsitz trat auf dem Parteitag in Bonn Helmut Kohl an.

Wie stark der Schock der 72er Wahlniederlage gewirkt hatte, läßt sich am Stimmergebnis für den rheinland-pfälzischen Ministerpräsidenten ablesen, der 520 Stimmen bei 51 Gegenstimmen und 29 Enthaltungen erhielt. Damit entschieden sich fast so viele Delegierte für Kohl, wie noch zwei Jahre zuvor für Barzel votiert und sich so gegen ihn ausgesprochen hatten. Als frischgewählter Vorsitzender stellte er »unseren Freund Kurt Biedenkopf« für den Posten des Gerealsekretärs zur Wahl, und der mit 529 Stimmen bei 31 Gegenstimmen und 41 Enthaltungen sogar ein etwas besseres Ergebnis als Kohl erhielt.

Der neue Vorsitzende erklärte nicht nur mit seinem bereits zitierten Wort von der Erneuerung, die mehr sein müsse als der Austausch von Personen, seine grundsätzliche Absicht, die CDU zu ändern; er legte auch genauere Vorstellungen dar, wie dies am besten geschehen könnte – durch die Öffnung der Partei für Intellektuelle, Frauen und Jugendliche, für diejenigen also, die bislang nicht zur typischen Klientel der Weltanschauungspartei CDU gehörten. Für das, was Kohl anstrebte, wurde erst später der Begriff gefunden: moderne Volkspartei.

Außenpolitisch sprach er sich deutlich dafür aus, die Opposition gegen die Ostverträge und damit die Isolation der CDU/CSU in dieser Frage aufzugeben, die mitverantwortlich für die Wahlniederlage von 1972 gewesen war. Die einmal geschlossenen Verträge, ließ Kohl die Delegierten wissen, »binden auch uns«.

Wohl selten haben zwei Männer, die politisch aufeinander angewiesen waren, sich bei einer derart großen Übereinstimmung in ihren äußeren Lebensdaten so stark unterschieden wie Helmut Kohl und Kurt Biedenkopf.

Beide sind sie gleichaltrig, beide gebürtige Ludwigshafener und Katholiken aus gutbürgerlicher Familie. Beide studierten nach ihrer Gymnasialzeit ihr Neigungsfach, beider Wege führten für kurze Zeit zur chemischen Industrie. Obwohl es sich vor allem in ihrer öffentlichen Präsentation anders darstellte, waren sie einander intellektuell ebenbürtig, wenngleich sie ihre Fähigkeiten jeweils auf unterschiedlichen Arealen konzentrierten: Kurt Biedenkopf auf ein breit angelegtes Gesellschaftsbild, dessen Schwerpunkt auf dem Gebiet der Wirtschaft im Sinne einer Max Weberschen »Wirtschaftsgesinnung« lag; Helmut Kohl auf den systematischen Ausbau seiner Stellung in der Partei. Beide waren schnelle Aufsteiger und die erfolgreichsten ihrer Generation: Biedenkopf wurde mit 37 Jahren jüngster Universitätsrektor, Kohl mit 39 Jahren jüngster Ministerpräsident Deutschlands.

Bei allen unterschiedlichen Akzenten war ihnen auch eine politische Anschauung gemeinsam, der jede Affinität zum Gedankengut der Sozialdemokratie fremd war. Biedenkopf entdeckte dort bis in die späten Siebziger »Marxismus und Sozialismus«, Kohls Credo gegenüber den »Sozen« war »die Bekämpfung des Sozialismus zu Lande, zu Wasser und in der Luft 24 Stunden am Tag«. Sie hatten aber auch mit dem hartnäckigen Struktur- und Kulturkonservatismus nichts gemein, wie er in großen Teilen der CSU gepflegt wurde. Die Abschaffung der Konfessionsschule in Rheinland-Pfalz unter der Regierung Kohl hätte etwa in Bayern ein Sakrileg bedeutet.

Die Unterschiede zwischen Kohl und Biedenkopf überwiegen die Übereinstimmungen im biographischen Grundriß, die bis zum Anfang der siebziger Jahre auszumachen sind, bei weitem. Während Biedenkopf 1965 erst relativ spät zur CDU fand, war die Union, genauer die rheinland-pfälzische CDU, für Kohl seit dessen Jugend politische Heimat, eine Organisation, mit der er sich identifizierte und die sehr früh seinen Lebensmittelpunkt darstellte. In seiner späteren Karriere, als Oppositionsführer und selbst als Kanzler, erinnerte er sich und andere immer wieder daran, daß er schon als siebzehnjähriger Gymnasiast für die Partei Adenauers als Plakatkleber unterwegs war.

Anders als Kurt Biedenkopf, der zweimal auf Angebote von außen hin seine berufliche Sphäre verließ – erst die Universität, dann den Henkel-Vorstand, wo für ihn jeweils eine Fortsetzung der Karriere außer Zweifel gestanden hätte –, war Kohl sich von Anfang an sicher, daß er seinen Aufstieg in der und durch die Partei erleben würde. Auch wenn es eine Legende ist, zeichnet es ihn doch treffend, daß er schon als Gymnasiast gesagt haben soll, er werde einmal erster Mann im Staate. Obwohl das Tempo, in dem er dann tatsächlich seinen Aufstieg vom Stadtverordneten in Ludwigshafen bis zum Ministerpräsident des Landes absolvierte, das Wort von der Ochsentour nicht rechtfertigt, so begann doch sein Weg tief im regionalen, provinziellen Urgrund der Partei. Seine Vorstellung von der CDU mußte eine andere sein als die des Seiteneinsteigers Biedenkopf, der als Wissenschaftler und Manager auf ganz anderen Gebieten Erfahrungen gesammelt hatte.

Für Biedenkopf war die Union immer eine politische Kraft, die es zu organisieren und zu führen, taktisch und programmatisch auszustatten galt; zu der er jedoch selbst als Generalsekretär eine gewisse Distanz bewahrte.

Kohl hingegen nahm das Geflecht von Abhängigkeiten, Beziehungen und regionalen Empfindlichkeiten bis hin zum kleinsten

42

Ortsverein viel stärker wahr und neigte immer dazu, Politik eher über Personen als über programmatische Ansätze zu betreiben. Er tat sehr früh, was Biedenkopf im Grunde nie gelang – er schuf sich eine Hausmacht, die ihn während seines Aufstieges begleitete und seine Karriere überhaupt erst ermöglichte.

Während die breit angelegten und durch seine vorangegangenen Lebensstationen geprägten Überzeugungen des neuen General-sekretärs in ihren Grundzügen feststanden und es schon einschnei-dender Veränderungen bedurfte, um sie zu ändern, verhielt es sich bei dem neuen Parteivorsitzenden umgekehrt. Bei ihm lassen sich nur relativ wenige langfristige inhaltliche Fixpunkte ausmachen, etwa sein Eintreten für die europäische Einigung, für die sicher-heitspolitische Bindung an die USA, die Besetzung einer nicht aus-formulierten Mitte in der CDU, die sich aus Zentrumstraditionen speiste – und ein deutliches Ziel: Kanzler zu werden. Auf dem Weg dorthin war Helmut Kohl viel eher als Biedenkopf bereit, aus takti-schen Erwägungen Standpunkte zu verteidigen, von denen er selbst nicht oder nur so lange überzeugt war, bis sich ein anderer Stand-punkt als günstiger für ihn erwies. (Als Kanzler erwähnt er ab und zu mit der Abgehobenheit eines gesamtdeutschen Präzeptors und als milden Spott für die Herausforderer von der SPD, er habe als Oppo-sitionsführer in Bonn auch oft Dinge vertreten müssen, an die er selbst nicht glaubte.)

Dieser grundlegende Unterschied zwischen den beiden Politikern, in vielen Beschreibungen in den Schlagworten Programmatiker und Pragmatiker* zusammengefaßt, wurde geradezu sinnbildhaft deut-lich auf dem Saarbrücker Parteitag 1971.

---

* Als sächsischer Ministerpräsident äußerte Biedenkopf einmal in vertrauter Runde, Kohl sei ein »hervorragender Fachmann in Machtfragen, aber ein Dilettant in Sachfragen«.

Kurt Biedenkopf plädierte dort heftig gegen die Zusammenlegung von Fraktions- und Parteivorsitz, die auch eine Personalunion von Vorsitzendem und Kanzlerkandidaten bedeutet hätte. Für Kohl war das vermutlich einer der Gründe, Biedenkopf für sein Personaltableau vorzumerken. Doch während Biedenkopf aus grundsätzlichen Erwägungen gegen eine Verschmelzung von Parteivorsitz und Regierungsamt plädierte, tat es Kohl, um sich gegen Barzel durchzusetzen – was ihm in Saarbrücken mißlang.

Biedenkopf übernahm 1991 nur widerwillig und auf heftiges Drängen der Parteigremien den Landesvorsitz der CDU in Sachsen, die dringend eine Integrationsfigur an der Spitze benötigte. Kohl mußte zu einer solchen Machtbündelung nicht aufgefordert werden; er sollte später Kanzleramt und Parteivorsitz so miteinander verschmelzen, wie es vor ihm nur Konrad Adenauer getan hatte.*

DER ORGANISATOR

Dieses gegensätzliche Paar mußte nun zweierlei voranbringen: Die Umwandlung der CDU von einer Honoratioren- in eine moderne Mitgliederpartei und die Opposition gegen die SPD, die sich nach ihrem großen Wahlsieg von 1972 endgültig als Regierungspartei etabliert hatte. Zwischen Kohl und Biedenkopf gab es eine Aufgabenteilung; der Vorsitzende repräsentierte die Partei nach außen, der Generalsekretär hatte sich vordringlich um die innere Organisation und die programmatische Ausstattung zu kümmern, Manager der

---

* Wobei Kohl der Partei weit mehr Aufmerksamkeit widmete als der erste Kanzler: Kohl verwendet heute etwa 15 Prozent seiner Zeit auf das Amt als Vorsitzender; bei Adenauer, der nur einmal in seiner Amtszeit die Bundesgeschäftsstelle der CDU besuchte, war es deutlich weniger.

Partei zu werden – genau für diese Tätigkeit hatte Helmut Kohl den Wissenschaftler und ehemaligen Henkel-Vorstand geholt.

Kurt Biedenkopf setzte für seine künftige Arbeit drei Schwerpunkte: Die Organisation der Partei, die Diskussion um ein Grundsatzprogramm und die Führung der kommenden Landtagswahlkämpfe, die er als Sache der Gesamt-CDU betrachtete.

Die Ausarbeitung von Inhalten war für den frischgewählten Generalsekretär zweifellos das Wichtigste. Biedenkopfs Entwurf einer erneuerten Partei war der Kontrapunkt schlechthin zum Kanzlerwahlverein, der erst kurz zuvor den tiefsten Punkt seines Niedergangs erreicht hatte – eine Partei, die nicht mehr Annex eines absolut herrschenden Vorsitzenden war, der aus dem Machtbesitz heraus handelte, sondern sich selbst ein Grundsatzprogramm gab und sich zutraute, wirkungsvolle Oppositionspolitik bis zum Wiedergewinn der Regierungsverantwortung zu betreiben.

Neben dem Grundsatzprogramm, über das bereits seit 1971 eine Kommission unter Vorsitz Richard von Weizsäckers debattierte, und dem gemeinsamen Wahlprogramm von CDU und CSU für 1976 ging Biedenkopf noch an die Entwicklung eines dritten Papiers, das es so in der Union noch nicht gegeben hatte – eine ausgearbeitete mittelfristige Strategie. Sie wurde den Mitgliedern und der Öffentlichkeit auf dem Parteitag in Mannheim 1975 vorgestellt und markiert bis heute als »Mannheimer Erklärung« eine der wichtigsten Stationen in der programmatischen Entwicklung der CDU.

»Die CDU«, so Biedenkopf, »war in den letzten 20 Jahren eher eine Partei der Resultate und weniger der Organisation.« Und Organisation bedeutete für ihn alles zusammen – die Entwicklung der inhaltlichen Grundsätze und die Veränderung des inneren Gefüges. Vor allem dort erreichte Biedenkopf schnell sichtbare Ergebnisse.

Die Maßnahmen, die der neue Generalsekretär von seinem Büro im zehnten Stock des Konrad-Adenauer-Hauses aus in Bewegung setzte, waren weniger die eines Politikers als die eines Managers, der ein schwer angeschlagenes Unternehmen zu sanieren hat. Die Bundesgeschäftsstelle, unter Adenauer nahezu bedeutungslos, nahm durch den von Biedenkopf vorangetriebenen Wandel bald die Gestalt einer Firmenzentrale an. Die Hauptabteilung I der Geschäftsstelle (Organisation und Verwaltung) strukturierte er weitgehend, die Hauptabteilung II (Information und Dokumentation) völlig um, die Hauptabteilung III (Medienpolitik) schuf er neu.

Zudem baute Biedenkopf eine Planungsgruppe auf, die dem Parteivorsitzenden und ihm direkt unterstellt war und sich vordringlich um die Ausarbeitung einer politischen Strategie kümmern sollte. Als deren Chef holte Biedenkopf seinen Kollegen Meinhard Miegel ins Adenauer-Haus. Welche Bedeutung die Bundesgeschäftsstelle gewann, läßt sich schon an ihrer Mitarbeiterzahl ablesen: diese stieg von 191 im Jahr 1972 auf 215 im Jahr 1973, dem Antrittsjahr Biedenkopfs, und erreichte 1974 den Höchststand von 250.

Außerhalb der Bundesgeschäftsstelle waren für ihn die Kreisverbände und dort die Kreisgeschäftsstellen der nächste wichtige Ansatzpunkt, denn dort war die Partei den Wählern am nächsten; sie waren, um im Bild des Unternehmens zu bleiben, unmittelbar verantwortlich für die Bilanz: die Wählerstimmen und Mitgliederzahlen. 1973 begannen einwöchige Seminare für die Kreisgeschäftsführer; mit zwei Geschäftsstellen, in Lüdenscheid und Lüneburg, wurden Modellversuche gestartet. Diese Mustereinrichtungen, zu denen bald sieben weitere hinzukamen, ließ die Bundes-CDU mit Bürotechnik auf höchstem Stand ausstatten. Die Parteibüros, die über alle Jahre hinweg vernachlässigt worden waren, bekamen nun die Aufgabe moderner Servicestationen für die regionale Unionsarbeit, die sich um die Betreuung der vorhandenen und Werbung von neuen Mitgliedern, Öffentlichkeitsarbeit, Verwaltung und die Akquisition von Spenden kümmerten. 1975 gab es bundesweit bereits 37 dieser Dienstleistungszentren, die insgesamt 150 Kreisverbänden zur Verfügung standen. Biedenkopfs Pläne für die »Firma

CDU« gingen sogar so weit, alle hauptamtlichen Mitarbeiter von der Bundesgeschäftsstelle besolden zu lassen, ein Vorhaben, das er nicht verwirklichen konnte. Immerhin gelang es ihm, die regionalen und Interessengliederungen in der Union besser zu koordinieren.

So tagte die Konferenz der Landesgeschäftsführer fortan wesentlich häufiger – von 1973 bis '76 insgesamt zehnmal – um die einzelnen Landesverbände enger in die Strategie der Bundes-CDU einzubinden. Außerdem führte Biedenkopf die Konferenz der Geschäftsführer der CDU-Gliederungen ein – Junge Union, Frauen-Union, die Sozialausschüsse, Kommunalpolitische Vereinigung, Mittelstands-Vereinigung, der Ring Christlich-Demokratischer Studenten (RCDS) –, um auch die einzelnen Gruppen in der Partei besser koordinieren zu können. Die Bundesgeschäftsstelle vermittelte nach Plan prominente Christdemokraten als Redner für Wahlveranstaltungen.

Außer der Verbesserung der internen Kommunikation hatte die CDU etwas anderes nötig, wenn sie das muffige Odium einer Partei der fünfziger und sechziger Jahre loswerden wollte: neue Mitglieder. Dazu entwickelte die neue Parteiführung das sogenannte Kontakter-Verfahren: Mitglieder der CDU sollten in ihrer Umgebung Bürger ansprechen und sie weniger von jedem einzelnen Standpunkt der Union überzeugen als vielmehr überhaupt von einer Mitarbeit in einer Partei mit Grundwerten, wie sie die CDU besaß. Neben der programmatischen Entwicklung von 1968 (Berliner Programm) bis 1978 (Grundsatzprogramm), deren wesentlicher Teil sich in Biedenkopfs Generalsekretärszeit vollzog, läßt sich an der Mitgliederentwicklung am deutlichsten die Wandlung der CDU ablesen.[5]

Zunächst fällt der rein quantitative Zuwachs ins Auge:
1968 hatte die CDU 285 804 Mitglieder,
1970: 303532,
1973: 422968,
1975: 530500,
1977: 652010.

Insgesamt wuchs die CDU-Mitgliedschaft in Biedenkopfs Amtszeit als Generalsekretär um 46 Prozent.

Natürlich ist hierbei zu berücksichtigen, daß große Teile des rechten FDP-Flügels, die die sozialliberale Koalition nicht mittragen wollten und zur Union überwechselten, vor allem für den Zuwachs des Jahres 1972 – 87000 Neuzugänge – verantwortlich sind. Es war das Jahr, in dem deutlich wurde, daß die SPD-FDP-Regierung sich endgültig etabliert hatte, und sich eine Wende zur CDU, auf die manche Rechtsliberale gehofft haben mögen, als unrealistisch herausstellte.

Doch der Zulauf hielt langfristig an und kann in seinem Gewicht für die Erneuerung erst geschätzt werden, wenn man die soziale Veränderung der Mitgliedschaft untersucht.

Dort vollzog sich allerdings nicht ganz das, was Helmut Kohl nach seiner Wahl zum Vorsitzenden als Ziel formuliert hatte: sich den Arbeitern, Frauen und Intellektuellen zu öffnen. Die Zahl der Arbeitnehmer sank zwischen 1971 und 1977 ab – von 11 auf 9 Prozent in der CDU, von 22 auf 17 Prozent in der Bevölkerung. Dagegen stieg die Zahl der Angestellten überdurchschnittlich, von 22 auf 26 Prozent in der Partei, während sich ihr Anteil in der Gesamtbevölkerung von 20 auf 23 Prozent erhöhte. Der Anteil der Hausfrauen an der CDU-Mitgliedschaft verdoppelte sich zwar, allerdings war die Ausgangzahl bescheiden: Der Anteil stieg von 4 auf 8 Prozent, während er in der gesamten Republik gleichblieb. Deutlich fiel die Veränderung im Bildungsniveau der CDU-Parteigänger aus: Der Anteil der Mitglieder mit Abitur stieg von 1971 bis '77 von 19 auf 28 Prozent und entsprach damit der Zunahme der Abiturabschlüsse in dieser Zeit insgesamt (von 9 auf 13 Prozent), während der Anteil der Volksschüler in der CDU deutlich sank, von 16 auf 9 Prozent (im Bundesdurchschnitt von 35 auf 25 Prozent). Das Alter der Mitgliedschaft wandelte sich nur leicht, die Generation der 35- bis 44jährigen (die Biedenkopf- und Kohl-Generation) erlebte einen leichten Zuwachs, die der über Sechzigjährigen einen leichten Schwund.

Alles in allem hatte der Zustrom eine bemerkenswerte Änderung bewirkt: 1977 bestand die CDU zu 68 Prozent aus Mitgliedern, die zwischen 1970 und '77 eingetreten waren. Die CDU wurde im wesentlichen zu einer leicht verjüngten Partei, in der Angestellte dominierten, die weniger stark katholisch geprägt war als in den fünfziger und sechziger Jahren und die insgesamt nur noch wenig mit der Union der Adenauer-Zeit zu tun hatte.*

Auf dem Düsseldorfer Parteitag 1977, der das Ende seiner vierjährigen Amtszeit als Generalsekretär markiert, resümierte Biedenkopf: »Die CDU hat sich in den letzten Jahren zu einer echten Volks- und Mitgliederpartei gewandelt.«

Wichtiger noch als die Mitgliederentwicklung war die programmatische Entwicklung für die Modernisierung der CDU. Hier konnte Biedenkopf seine Talente als »übergreifender Denker« mit seiner nüchternen, an Max Weber geschulten Sprache besser entfalten als in jeder vorausgegangenen Stellung. Diese Tätigkeit faszinierte ihn stärker als alle Aufgaben, die er bis zu diesem Zeitpunkt übernommen hatte. Sie war es auch, die dem Seiteneinsteiger, der zunächst in der Partei etwas herablassend »der Henkelmann« genannt wurde, den respektvollen Beinamen »der Kopf« eintrug. Auch nach dem Ende seiner Amtszeit als Generalsekretär meldete er sich mit Publikationen zu Wort, die um das Thema der Gestaltung einer modernen

---

* Zur »Sanierung« der CDU gehörte auch ihre finanzielle Konsolidierung. Hatte die Union 1971 noch zwölf Millionen Mark Schulden, so konnte Schatzmeister Walter Leisler Kiep 1974 eine positive Bilanz vorlegen. Die Veränderung der Mitgliedschaft wie auch die Verbesserung der Finanzlage waren sicherlich nicht Biedenkopfs alleiniges Verdienst, sondern das einer Mannschaft; er war jedoch, als Seiteneinsteiger mit einer außergewöhnlichen Vorgeschichte, der vor allem in der Öffentlichkeit am deutlichsten wahrgenommene Exponent der »neuen CDU«.

Industriegesellschaft kreisten. Bis in die Gegenwart mischte er sich immer wieder in die programmatische Diskussion der CDU ein; zuletzt als sächsischer Ministerpräsident 1993, als er ein Gegenstück zum offiziellen Entwurf eines neuen Grundsatzprogramms verfaßte.

DER PROGRAMMATIKER

Als Kurt Biedenkopf 1973 sein Amt als Generalsekretär antrat, hatte er als wesentlichen Grund für die Schwäche der Union deren Mangel an programmatischem Profil ausgemacht. Die Kommission unter Leitung Richard von Weizsäckers arbeitete zwar seit zwei Jahren an dem Entwurf eines Grundsatzprogrammes, doch war das ein langfristiger Prozeß. Um sich mit neuen Inhalten der öffentlichen Diskussion zu stellen und bis zur Bundestagswahl 1976 auf bestimmten Gebieten wieder die Meinungsführerschaft zu übernehmen, konnte er nicht auf ein neues Programm warten. Selbst wenn es schon vorgelegen hätte – es wurde tatsächlich erst 1978 beschlossen –, hätten die Aussagen des Programms der öffentlichen Vermittlung bedurft. Biedenkopfs Ansatz, der ihn von seinem Amtsvorgänger gründlich unterschied, war der, auch ohne einen programmatischen Gesamtzusammenhang mit der Vermittlung von Inhalten zu beginnen und dazu das Instrument der Sprache als kalkuliert eingesetztes Gestaltungsmittel zu nutzen. So, wie er Parteien in seinem sachlich-distanzierten Zugang als Instrumente der Willensbildung verstand, begriff und begreift er bis heute politische Sprache als Instrument zur öffentlichen Meinungsbildung. Wer sie geschickt handhabe, konnte Begriffe besetzen, wer Begriffe besetzte, konnte die Diskussion (mit)bestimmen.

In einem doppelten Rückgriff setzte er das Programm von Ahlen – die sozialpolitischen Grundsätze der Union – und die Düsseldorfer

50

Leitsätze, das wirtschaftspolitische Fundament, an denen sein Lehrer Franz Böhm mitgearbeitet hatte, in Beziehung zur Gegenwart:

Was bedeuteten die Werte Sozialpflichtigkeit in der Gesellschaft, Solidarität und personale Freiheit in der Bundesrepublik der siebziger Jahre?

Bei diesen Überlegungen nahm Biedenkopf vor allem eine Idee auf, die ursprünglich von dem rheinland-pfälzischen Sozialminister Heiner Geißler stammte: die Formulierung der Neuen Sozialen Frage. Diese Gesellschaftstheorie geht davon aus, daß die alte, klassische soziale Frage im wesentlichen gelöst ist – der Konflikt zwischen Arbeitern und denjenigen, die über die Produktionsmittel verfügen. Durch ihre mächtigen Gewerkschaften mit einem großen »Droh- und Störpotential« (Geißler) und die Tarifautonomie wissen sich die gut organisierten Arbeitnehmer ihren Anteil am Wohlstandszuwachs zu sichern. Dagegen gibt es gesellschaftliche Gruppen, die ihre Interessen wesentlich schlechter oder gar nicht durchsetzen können, weil sie nicht über die entsprechenden Organisationen verfügen, um auf sich aufmerksam zu machen – etwa alte Menschen, alleinstehende Mütter mit Kindern, Behinderte. »Früher«, so Heiner Geißler, »war jemand arm, weil er Arbeiter war, heute ist jemand unterprivilegiert, weil er beispielsweise kinderreich ist.«

In diesem Konflikt zwischen organisierten und nichtorganisierten Interessen bündelten sich für Biedenkopf etliche seiner theoretischen Ansätze: Zum einen seine kritische Betrachtung der sozialen Systeme, die er seit Beginn der siebziger Jahre bis in die Gegenwart bevorzugt im Spannungsverhältnis von Solidarität und Subsidiarität diskutiert, zwischen Fürsorge also für diejenigen, die aufgrund ihrer Lage bestimmte Dinge nicht aus eigener Kraft leisten können, und Freiraum für jene, die etwas aus eigener Kraft zu leisten in der Lage sind. Seine Kritik an sozialen Verteilungs- und Sicherungssystemen war bis in die Gegenwart immer die, daß der Erfolg der Sozialpolitik im wesentlichen an der Höhe der aufgewendeten Mittel gemessen wird, viel weniger an deren Wirksamkeit bei der Befriedigung von Bedürfnissen.

Das Problem der mangelnden Transparenz sozialer Mechanismen, der Durchschaubarkeit im Zirkel von Abgaben und Wohltaten, gehört ebenfalls zu seinen periodisch wiederkehrenden Themen; zuletzt bei der Debatte um die Pflegeversicherung und um die Sicherheit der Renten 1993.

In seiner »Mannheimer Erklärung« 1975 schrieb Biedenkopf: »Die neuen sozialen Probleme fordern eine Fortentwicklung der Sozialpolitik. Dabei geht es in unserem Land, in dem die Bürger bereits 1975 300 Milliarden DM für soziale Aufgaben aufwenden, nicht in erster Linie um die Erhöhung des Anteils am Sozialprodukt. Wichtiger ist vielmehr die Verbesserung der sozialen Wirksamkeit dieser Mittel und die Gewinnung ausreichender Bewegungsspielräume, um auch die Probleme der Neuen Sozialen Frage lösen zu können.«

Außerdem bot die Neue Soziale Frage Gelegenheit, ein anderes Thema aufzugreifen: Die Sozialpflichtigkeit der Verbände. Diese, so Biedenkopfs Ansatz, müßten gerade dann, wenn sie stark an Macht gewinnen und einen beträchtlichen Einfluß auf die Gesellschaft ausüben, nachhaltig an ihre Einordnung in einen gesellschaftlichen Gesamtzusammenhang erinnert werden – wenn nötig mit den Mitteln eines autoritätsbewehrten Staates. Lösen sich die Verbände und die von ihnen vertretenen Interessen aus dem Gemeinwohl und beanspruchen die alleinige Entscheidungskompetenz in diesen Dingen für sich, so argumentierte Biedenkopf, dann gefährde man grundsätzlich die Möglichkeit des Staates, organisierend einzugreifen.*

Dazu die »Mannheimer Erklärung«: »Die großen gesellschaftlichen Gruppen und Verbände: Unternehmensverbände und Gewerkschaften, Interessenverbände und Selbstverwaltungsorganisationen verfügen, wenn sie wirksam sind, über gesellschaftliche Macht. Diese Macht ist notwendig, wenn die Gruppe ihre legitime Aufgabe erfüllen soll. Sie kann jedoch den gesellschaftlichen Machthaushalt nachhaltig stören und die Funktionsfähigkeit des Staates in bestimmten Teilbereichen beeinträchtigen. Dies gilt für die Auseinandersetzung organisierter Gruppeninteressen ebenso wie für das Verhältnis der Gruppen zum Staat oder zur Allgemeinheit. (...) Zu den Mächtigen in unserer Gesellschaft gehören heute nicht mehr allein die Kapitaleigner, sondern Kapitaleigner und Arbeitnehmer zusammen. Kapitaleigner und Arbeitnehmer sind heute in mächtigen Verbänden organisiert, die wirkungsvoll ihre Sonderinteressen gegenüber den nichtorganisierten Bevölkerungsgruppen behaupten. Hier stellt sich die Neue Soziale Frage.«

Die Neue Soziale Frage und die Gedanken, die sich um sie herum gruppierten, bildeten den Kern der bereits zitierten »Mannheimer Erklärung«, die Biedenkopf auf dem Bundesparteitag 1975 als Erklärung des Bundesvorstandes einbrachte und im Wortlaut auch jedem Parteimitglied zusenden ließ. Ergänzt wurden die innenpolitischen Aussagen der »Mannheimer Erklärung« durch eine umfangreiche weltpolitische und weltwirtschaftliche Analyse, wie sie bis dahin für die CDU ebenfalls ungewöhnlich war. Von allen Theoriebeiträgen Biedenkopfs während seiner Zeit als Generalsekretär war die »Mannheimer Erklärung« der gewichtigste; in der programmatischen Entwicklung der Union der Abschnitt, der am deutlichsten

---

* Wie diese Problemsicht bei Biedenkopf periodisch auftaucht, zeigt auch sein Interview mit dem *Spiegel* vom 25. Oktober 1993:
»Die organisierten Interessen interessieren sich dann für den Staat, wenn sie eine Chance sehen, ihre Sonderinteressen mit Hilfe des Gesetzgebers durchzusetzen. In dem Maße, in dem der Staat dazu bereit ist und seine Zuständigkeiten ausdehnt, werden immer mehr organisierte Interessen angezogen. Wir können das Problem nur zum Teil gesetzgeberisch lösen. Das Ziel (einer Kontrolle organisierter Interessen – d. A.) läßt sich nicht ohne eine von allen empfundene Verpflichtung auf das Gemeinwohl erreichen. Ohne die Bindung an die ›Civil society‹ geht es nicht.«

Biedenkopfs Handschrift trug. Sie markierte zeitlich ungefähr die Mitte zwischen dem Berliner Programm von 1968, das in seiner zweiten, überarbeiteten Fassung 1971 in Düsseldorf verabschiedet wurde, und dem Grundsatzprogramm der Union von 1978. Mit der »Mannheimer Erklärung« gelang es Biedenkopf, die teilweise verschütteten Inhalte der Unionswerte Freiheit, Gerechtigkeit, Solidarität mit neuen Inhalten zu versehen und so wieder für die Union zu reklamieren. Damit hatte er gegenüber der SPD auf deren ureigenem Feld, der Sozialpolitik, deutlich an Terrain gewonnen.

Seine Technik erwies sich als erfolgreich, in der Auseinandersetzung mit dem politischen Gegner nicht dessen Deutung der von ihm beanspruchten Begriffe zu übernehmen, sondern, was sich bei beiderseits reklamierten Werten wie Solidarität und Gerechtigkeit anbot, sie selbst zu definieren und damit zu okkupieren. Zum Beginn seiner Generalsekretärszeit hatte er festgestellt: »Sprache ist zu einem wichtigen strategischen Mittel geworden. Mit ihrer Hilfe hat sich eine Revolution ganz neuer Art angebahnt.«

Auf dem Parteitag in Hannover 1976 resümierte er zufrieden: »Freiheit und Solidarität waren immer entscheidende Ziele unserer Politik. Heute werden sie, wie neutrale Umfragen zeigen, auch wieder unserem politischen Wollen zugerechnet. (...) Damit haben wir in einem entscheidenden politischen Bereich die Initiative wiedergewonnen. Unsere Erfolge in der Auseinandersetzung um die politische Sprache haben allerdings auch dazu geführt, daß unser politischer Gegner sein Verhalten geändert hat. Solange man sich im Alleinbesitz der politischen Sprache glaubte, war man bereit, mit uns in der Sache zu streiten, in der zutreffenden Annahme, auf einen weithin wehrlosen Gegner zu treffen, der im wahrsten Sinne des Wortes sprachlos war. Seitdem die sprachliche Chancengleichheit wiederhergestellt ist, entzieht sich der politische Gegner der inhaltlichen Auseinandersetzung.«

In der programmatischen Arbeit der CDU zwischen 1973 und

1977 dominierten Politiker, die heute alle nicht mit der Gesamtpartei identifiziert werden – am wenigsten vom Parteivorsitzenden
Helmut Kohl und seinem Anhang. Biedenkopf zeichnete in der
»Mannheimer Erklärung« das Bild einer modernen, weltoffenen,
ordnungs- und sozialpolitisch akzentuierten und liberalen CDU;
unter der Leitung Richard von Weizsäckers und der Mitarbeit
Biedenkopfs und Heiner Geißlers, der Vorsitzender der Redaktions-
kommission war, kam das heute noch gültige Grundsatzprogramm
zustande, das gegenüber dem Berliner Programm ebenfalls einen
Qualitätssprung darstellt. In dem Grundsatzprogramm ist die Neue
Soziale Frage aufgenommen, einschließlich einer konkreten Forderung, die sich daraus ergibt, nämlich die sogenannte Partnerrente
für Frauen, die Ehefrauen eine Alterssicherung garantiert.

Zweitens geht das Programm auf eben die Gruppen ein, deren
Interessen nicht in der klassischen Weise organisiert sind: Frauen,
Behinderte, ausländische Arbeitnehmer. Drittens beschäftigt es sich
auch mit weltweiten Verteilungskonflikten; der »Nord-Süd-
Konflikt«, der im Berliner Programm noch keine Rolle spielt, wird
erstmals erwähnt.

Die drei Stufen Berliner Programm, 2. Fassung (1971); »Mannheimer Erklärung« (1975) und das Grundsatzprogramm (1978)
bilden die Basis der CDU-Programmatik. In seiner zwölfjährigen
Amtszeit als Generalsekretär hatte Heiner Geißler zwar viel getan,
um sich nach der Formulierung der Neuen Sozialen Frage auch den
neuen Bewegungen zu öffnen oder sich mit ihnen auseinanderzu-
setzen: der Frauenbewegung, der Friedens- und Umweltbewegung.
Diese Bemühungen schlugen sich in etlichen programmatischen
Erklärungen von Parteitagen nieder, aber nicht in einem neuen
Grundsatzprogramm oder in einer Formulierung einer politischen
Strategie, wie sie die »Mannheimer Erklärung« geleistet hatte.

Seit 1989 kam die programmatische Arbeit der Union nur sehr
langsam voran; ein neues Grundsatzprogramm, das die einschnei-

denden Veränderungen seit 1989/90 reflektiert, wurde erst auf dem Hamburger Parteitag im Februar 1994 beschlossen.

Das Bekenntnis zu einer ökologischen und sozialen Marktwirtschaft im neuen Grundsatzprogramm markiert eine inhaltliche Qualität, die an das schärfere Profil der Union in den siebziger Jahren anknüpft.

DER WAHLKAMPF 1976

So breit Biedenkopfs Arbeit als Generalsekretär angelegt war, so deutlich war sie auch auf einen logistischen Punkt gerichtet: die Bundestagswahl 1976. Am Wahlergebnis für die Union mußte sich sowohl die Qualität der erneuerten Parteiorganisation als auch der neuen programmatischen Ansätze beweisen, die der CDU ja den Zugang zu neuen Wählerschichten erschließen sollten. Ein miserables Ergebnis auf dem Niveau von 1972 oder darunter hätte mit ziemlicher Sicherheit auch das Ende des Parteivorsitzenden Kohl bedeuten und damit einen ruhmlosen Abgang des Generalsekretärs.

Vor dem Wahlgang mußte zunächst eine entscheidende Frage geklärt werden: die nach dem Kanzlerkandidaten der Union. Noch lange, bevor Helmut Kohl sich dazu erklärte, hatte der CSU-Vorsitzende Franz Josef Strauß deutlich gemacht, daß nur er für die Rolle in Betracht kommen könnte. Strauß akzeptierte überhaupt nur drei Unionspolitiker als Autoritäten: Konrad Adenauer, Ludwig Erhard und Kurt Georg Kiesinger, und den auch nur während seiner Kanzlerschaft. Obwohl er 1974 noch nicht bayerischer Ministerpräsident, sondern nur CSU-Chef war und mit der *Spiegel*-Affäre 1962 nicht eben glanzvoll als Verteidigungsminister demissionieren mußte, fühlte er sich dem rheinland-pfälzischen Ministerpräsidenten und CDU-Vorsitzenden Kohl in jeder Hinsicht haushoch überlegen. Der Gegensatz, der in den Jahren 1974 und '75 in der Union aufbrach, bezog sich allerdings nicht nur auf Personen, die um die Führung der CDU/CSU konkurrierten. Die Union erlebte viel mehr eine – selbstverständlich von politischen Figuren ausgefochtene – Auseinandersetzung um ihre grundsätzliche Strategie.

Dieser Streit reichte weit über die Bundestagswahl 1976 hinaus und wurde noch geführt, als die CDU/CSU längst wieder den Kanzler stellte: Konnte die Union neuen bundespolitischen Einfluß gewinnen, indem sie sich durch Ansätze wie die Formulierung der Neuen Sozialen Frage zu den Schichten hin öffnete, die bis Anfang der siebziger Jahre nicht zur typischen Klientel der Union gehörten? Erreichte sie generell jüngere Wähler, insbesondere eine aufgeklärte, liberale, der Mitte zuneigende Gruppe? Das bedeutete Opposition gegen die sozialliberale Regierung vor allem dort, wo die SPD/FDP nach Ansicht der CDU durch ihre Wirtschafts- und Finanzpolitik für Arbeitslosigkeit und Inflation mit allen sozialen Folgen verantwortlich war. Das hieß, die sozialliberale Regierung mit einer deutlichen Betonung des Sozialen, etwa dem Vorschlag einer Partnerrente für Frauen, einem Erziehungsgeld und einem Bekenntnis zu stabilen Renten, unter Druck zu setzen.

Zum anderen folgte aus dieser Strategie, mit der weltoffen-liberale Wähler gewonnen werden sollten, über bestimmte Elemente der Regierungspolitik, etwa die Verständigung mit den Ostblockstaaten, keinen Grundsatzstreit zu führen. Vor allem die FDP des Außenministers Hans-Dietrich Genscher sollte als potentieller Bündnispartner in der politischen Auseinandersetzung deutlich milder behandelt werden als die SPD.

Für diese Überlegung standen stellvertretend Generalsekretär Kurt Biedenkopf, der rheinland-pfälzische Sozialminister Heiner Geißler, der Vorsitzende der Jungen Union Matthias Wissmann, der Vertreter der christlichen Sozialausschüsse Hans Katzer und andere, zur liberal-wertkonservativen Mitte tendierende Politiker wie Richard von Weizsäcker, Rainer Barzel und der CDU-Schatzmeister Walter Leisler Kiep.

Im völligen Gegensatz dazu stand eine andere strategische Überlegung in der Union: Statt auf einen Wählerzuwachs in der liberalen Mitte und neue Programmansätze wie die »Mannheimer Erklärung« zu setzen, sollte vielmehr eine Totalopposition gegen die Regierung Schmidt/Genscher, die auch die FDP nicht verschonen sollte, die Union wieder an die (ungeteilte) Macht bringen.

Den nötigen Stimmenzuwachs sollte die Mobilisierung eines dezidiert konservativ-rechten Wählerpotentials bringen, am besten durch die bundesweite Etablierung einer »vierten Partei«, die de facto eine Ausdehnung der CSU auf die Republik bedeutet hätte. Dieses Konzept verfochten selbstredend Franz Josef Strauß und CSU-Politiker wie Richard Stücklen, Gerold Tandler und Oscar Schneider, aber auch prominente Angehörige des rechten CDU-Flügels wie Fraktionschef Carl Carstens und Alfred Dregger.

Die Zweischneidigkeit der Unionspolitik trat vor allem im Umgang der Partei mit den neuen Ideen hervor, die sich seit dem Antritt Kohls und Biedenkopfs in der Diskussion befanden: Zwar beschloß der Hamburger Parteitag 1973, daß die Bundestagsfraktion eigene Gesetzentwürfe zu den Themen Mitbestimmung, Bildungspolitik und Bodenrecht einbringen sollte, tatsächlich wußte aber der Fraktionsvorsitzende Carl Carstens die Umsetzung der Beschlüsse immer wieder zu verhindern.

Für die liberale Oppositionsstrategie stand beispielhaft Biedenkopfs Kommentar zum sozialdemokratischen »Orientierungsrahmen 85«, einem 200 Seiten umfassenden Langzeitprogramm, das Anfang 1975 vom SPD-Parteivorstand gebilligt worden war. Biedenkopf meinte, das Papier, das sich im wesentlichen mit ordnungspolitischen Voraussetzungen für die gesellschaftliche Entwicklung befaßte, lese sich »stellenweise wie ein CDU-Programm« – ganz im Gegensatz zu anderen Unionspolitikern:

Der schleswig-holsteinische Ministerpräsident Gerhard Stoltenberg etwa fand, der »Orientierungsrahmen 85« sei ein Papier »weit links vom Godesberger Programm«.

In einem Streitgespräch mit Horst Ehmke im *Spiegel* 7/1975 vertrat Biedenkopf die Auffassung, daß wesentliche Ideen des Langzeitprogramms gar keine spezifisch sozialdemokratischen Inhalte seien, sondern Allgemeingut jeder aufgeklärten Gesellschaftspolitik:

»Weder die Christlich-Demokratische Union, noch, wie sich aus dem Orientierungsrahmen ergibt, die Sozialdemokraten wollen auf einen Grundkonsens der Gesellschaft verzichten. In dem Orientierungsrahmen kommt zum Ausdruck, daß es keine zielbezogene sozialistische Zielsetzung mehr gibt.

Die Aufgabe der Politik des demokratischen Sozialismus wird so allgemein beschrieben, daß ihr jeder zustimmen kann. Sie sagen, der demokratische Sozialismus verwirkliche sich darin, Freiheit, Gerechtigkeit und Solidarität zu erkennen und zu bewahren und sich in ihnen zu bewähren. Hierin liege der tiefere Grund dafür, daß der Sozialismus eine dauernde Aufgabe sei. Aber das sind doch generell dauernde Aufgaben, die sind doch parteipolitisch überhaupt nicht spezifisch zuordenbar, wir Christdemokraten sagen doch genau dasselbe. Es ist unstreitig, daß der Staat gesamtpolitische und gesamtwirtschaftliche Ziele gegenüber wirtschaftlichen Sonderinteressen durchzusetzen hat.«

Während Kurt Biedenkopf in diesem Streitgespräch und bei anderen Gelegenheiten die Neue Soziale Frage gegen die tradierten sozialpolitischen Ideen der Sozialdemokraten stellte und vor allem das Problem diskutierte, wie der Staat »Egoismen der organisierten Gruppen« unter Kontrolle halten sollte, verwarf Franz Josef Strauß diese »Planspiele« zugunsten einer konventionellen Parteistrategie: Neue Leistungen im Sinne der Neuen Sozialen Frage, die unorganisierten Interessengruppen zugute kommen sollten, wie die Partnerrente für Frauen, seien ohnehin »guten Gewissens nicht zu versprechen«, zumal Strauß die Finanzpolitik der Regierung als liebstes Angriffsziel gewählt hatte.

Statt ordnungspolitischen Überlegungen im Sinne Biedenkopfs, wo und wie der Staat sinnvoll in die Gesellschaft eingreifen sollte, stellte Strauß den Kampf gegen den seiner Meinung nach übermächtigen Staat in den Mittelpunkt, den er beständig auf dem Weg in den »Sozialismus« sah. Schon im Vorwahlkampf 1975 beklagte er, die »Grenzen zwischen Freiheit und Sozialismus« würden zunehmend »verwischt«. Diese Formel wurde schließlich zu der eigentümlichen 76er Unions-Wahlkampfparole: »Freiheit oder/statt Sozialismus«.

Drittens empfahl Strauß eine totale Opposition gegen die Außenpolitik Schmidts und Genschers und verlangte etwa, auch gegen große Teile der CDU, die Union sollte den neuen Vertrag mit Polen rundheraus ablehnen, der die Ausreise von 125000 Deutschstämmigen gegen einen Kredit von einer Milliarde Mark regelte.

Diese Ansichten legte er auf seine unnachahmliche Art in der Rede in Sonthofen am 19. November 1974 dar, in der er der CDU/CSU empfahl, sich aller Alternativvorschläge zur Regierungspolitik zu enthalten und zuzusehen, wie das Kabinett Schmidt sich abwirtschaften würde. Der Text der eigentlich inoffiziellen Rede wurde dem *Spiegel* zugespielt und Anfang 1975 veröffentlicht. Er schadete der Union, die sich in der Wählergunst gerade auf dem Vormarsch befand, erheblich.

Wo stand Helmut Kohl in dieser Auseinandersetzung? Er kam aus der Mitte der CDU, und zu seinen Grundsätzen gehörte es, ganz im Gegensatz zu Strauß, die FDP nicht über Gebühr anzugreifen, denn er strebte eine konservativ-liberale Koalition in Bonn an. Nicht umsonst hatte er in seinem zweiten Kabinett in Rheinland-Pfalz, für das er keinen Koalitionspartner mehr brauchte, den Liberalen Hans Fridrichs als Staatssekretär behalten. Kohl gehörte auch zu den Unionspolitikern, die 1976 dem Vertrag mit Polen zustimmten. Zum anderen wollte er, der typische Zentrist und Machtpolitiker, ein offenen Streit mit Strauß und seinem Anhang auf jeden Fall vermeiden.

In dieser Situation wagten Biedenkopf und Kohl einen entscheidenden taktischen Zug: Entgegen der Vereinbarung mit der CSU, sich erst relativ spät, nach der Verabschiedung eines gemeinsamen Wahlprogramms, auf einen Kanzlerkandidaten zu einigen, rief Generalsekretär Biedenkopf seinen Vorsitzenden Kohl auf der Bundesvorstandssitzung der CDU am 12. Mai 1975 als Spitzenkandidat der Union für die Bundestagswahl im kommenden Jahr aus.

Zwar hatte Strauß immer wieder rhetorisch seinen Führungsanspruch untermauert, etwa mit seinem geflügelten Wort, ihm sei egal, »wer unter mir Kanzler wird«, oder seiner Entgegnung auf Kohls Worte, er lasse niemand im Regen stehen: »Der weiß nicht, daß er unter meinem Schirm steht.« Tatsächlich hatte die Veröffentlichung der Straußschen Sonthofen-Rede dem Erscheinungsbild der CDU/CSU in der Öffentlichkeit geschadet und damit auch seine eigene Position in der Union geschwächt. Vor dem CDU-Präsidium sagte Biedenkopf: »Der Wechselwähler, der durch die Politik der CDU in den letzten Monaten wie ein scheues Reh auf die Lichtung gelockt wurde, ist durch die Böllerschüsse von Sonthofen ins Dickicht zurückgetrieben worden.«

Und mit der Drohung des Bayern, die CSU bundesweit auszudehnen, war es, wie Biedenkopf von seiner Bundesgeschäftsstelle durchrechnen ließ, nicht weit her. Bis zu den Wahlen am 3. Oktober 1976 war es Strauß unmöglich, ein republikweites Netz von Geschäftsstellen aufzubauen. Nach dem Coup von Biedenkopf und Kohl unterblieb eine Gegenwehr von Strauß, die eigentlich zu erwarten gewesen wäre.

Aber Strauß rechnete ohnehin in anderen Kategorien. Er hielt Helmut Kohls »unreifen Griff nach der Macht« für verfehlt und die Bundestagswahlen 1976 für nicht gewinnbar. Seinem Kalkül war es nur recht, daß Kohl sich als Kandidat verschliß, da ein, wie Strauß erwartete, schlechtes Wahlergebnis dessen Stellung in der Union untergraben würde. Wäre Kohl erst von der bundespolitischen Ebene verdrängt, dann, so rechnete Strauß, könne er selbst unangefochten bei den nächsten Wahlen 1980 gegen eine abgewirtschaftete Regierung Schmidt/Genscher antreten, mit dem Ziel, die absolute Mehrheit zu erringen.

Daß Strauß Kohl und Biedenkopf mit der vorzeitig ausgesprochenen Kandidatur gewähren ließ, bedeutete noch lange nicht, daß er nicht gedachte, Einfluß auf die Führung des Wahlkampfes zu nehmen. Sein Markenzeichen wollte Strauß dem Wahlkampf vor allem mit dem griffigen Slogan »Freiheit oder Sozialismus« aufprägen, ein Wort, das im Wahlkampf 1972 von der konservativen »Bürgerinitiative Aktion der Mitte« verwendet worden war. 1974 hatte ihn Franz Josef Strauß zum erstenmal in einem Text des »Deutschland-Magazin« gebraucht, und im gleichen Jahr war er Motto des Wahlkampfes von Hans Filbinger in Baden-Württemberg gewesen.

Im Dezember 1973, wenige Monate nach seiner Wahl als Generalsekretär, hatte Biedenkopf in einem Vortrag vor der Katholischen Akademie Bayern in München das Thema selbst als einer der ersten Politiker aufgegriffen: »Die Politik der Unionsparteien – die freiheitliche Alternative zum Sozialismus«. Allerdings machte er in dem Referat eine wichtige Einschränkung: »Wer Alternativen zum Sozialismus entwickeln will, muß wissen, was Sozialismus ist. Sicher kann man nicht einfach auf den Sozialismus östlicher Länder Bezug nehmen.«

Tatsächlich enthält der Vortrag im wesentlichen eine Kritik der Beschlüsse des SPD-Parteitages 1973; Biedenkopfs Ausführungen kreisten um seine bevorzugten Themen Solidarität und Subsidarität, Privatrecht und Gesellschaft, Ordnungspolitik und staatliche Intervention in die Wirtschaft, wobei er jeweils die Positionen der CDU herausarbeitete. Mit der Kampagne »Freiheit oder Sozialismus«, die sich 1975 manifestierte, hatten diese Ausführungen wenig zu tun.

Denn je näher das Wahldatum rückte, desto eindeutiger denunzierten die CSU und CDU-Politiker des rechten Flügels die Politik der SPD und Schmidts als Beginn eines Staatssozialismus nach Ostblock-Art. Diese Kampagne wollte Biedenkopf nicht. Es ging schließlich nicht um eine Parole, sondern um die grundsätzliche Entscheidung zwischen der Straußschen Sonthofen-Strategie und seiner eigenen, die auf der »Mannheimer Erklärung« fußte.

In dieser Auseinandersetzung – Biedenkopf war bei Teilen der CSU ohnehin eine »Persona non grata«, wie der bayerische Staatssekretär Erich Kiesl sagte – gab Biedenkopf im September 1975 dem *Spiegel* ein Interview, das die Polarisierung in den Unionsparteien noch weiter vorantrieb.

»Spiegel: Franz Josef Strauß versucht – zuletzt auf dem CSU-Parteitag –, die Unionsparteien für den bevorstehenden Wahlkampf auf seinen Kurs festzulegen: Kampf dem Sozialismus, pointierter Nationalismus, Absage an jegliche Reformen. Strauß verwirft jenes gesellschaftspolitische Programm, das Sie auf dem CDU-Parteitag in Mannheim vor drei Monaten durchgesetzt haben und mit dem Sie in den Wahlkampf ziehen wollen. Ist die ›Mannheimer Erklärung‹, in der sich die CDU eindeutig zu einer Politik der Reformen bekennt, ad acta gelegt?

Biedenkopf: Die ›Mannheimer Erklärung‹ ist nicht ad acta gelegt. Sie ist die Grundlage der Politik des Bundesvorstandes der CDU. Ich bin überzeugt, daß die Unionsparteien in der Bundestagswahl 1976 nur mehrheitsfähig sind, wenn sie auf Grundlage der Politik antreten, die wir in Mannheim beraten haben.

Spiegel: Ihr Parteivorsitzender Helmut Kohl glaubt daran offenbar nicht so fest wie Sie.

Biedenkopf: Die entscheidende politische Erklärung des Kanzlerkandidaten Kohl war seine Rede in der Wirtschaftsdebatte im Bundestag. Dort hat der Kanzlerkandidat die Politik von Mannheim aufgenommen und deutlich gemacht, daß diese Politik Grundlage für den Wahlkampf ist.

Spiegel: Festhalten an Mannheim bedeutet Krach mit Strauß, aber auch mit jenen Gruppen in beiden Parteien, die, wie Wirtschaftsrat und Mittelstand, von einer ›neuen sozialen Frage‹ nichts halten.

Biedenkopf: Das sehe ich ganz anders. Vor allem aber bin ich davon überzeugt, daß wir nur mit dieser Politik einen erheblichen Teil der Wechselwähler gewinnen können, die sich in der politischen Mitte ansiedeln. Diese Wechselwähler werden die Wahl entscheiden.«

Vor allem eine Aussage in dem Interview nahmen ihm Strauß und Carstens übel: »Ein ganz prominenter SPD-Mann hat mir nach der letzten Rede Kohls im Bundestag gesagt, er beglückwünsche die Opposition dazu, daß der Kanzlerkandidat auch im Parlament deutlich gemacht habe, daß er die Opposition führt. Mit der Nominierung des Kanzlerkandidaten – das war ja keine reine Formalität – ist zugleich für die Unionsparteien gesagt, in welcher Person sich die politische Strategie repräsentiert. Entscheidend für die Glaubwürdigkeit ist: Wer steht im Hauptquartier, wer erteilt dort die strategischen Richtlinien – und ist dieser Mann als politische Persönlichkeit glaubwürdig mit einer politischen Alternative verbunden? Diese Frage bejahe ich eindeutig für den Kanzlerkandidaten der Unionsparteien.«

Als das Interview erschienen war, schlugen Wellen der Empörung über Biedenkopf zusammen.* Der CSU-Landesgruppenchef Richard Stücklen wütete, es sei unglaublich, daß der CDU-Generalsekretär dem *Spiegel* überhaupt ein Interview gegeben habe: »Das ist eine

---

* Ein Jahr später gaben jedoch sowohl Helmut Kohl als auch Franz Josef Strauß dem Spiegel ein Interview; Kohl fand nach eigenem Bekunden auch die Karikatur, die ihn auf dem Titelblatt zeigte, gar nicht schlecht.

Kampfpresse, die uns nur auseinanderbringen will.« Strauß warf Biedenkopf vor, »ehrgeizig und nur auf seine Karriere bedacht« zu sein, was sich ausgerechnet aus seinem Munde ziemlich seltsam anhörte. Teile der Union, die dem Generalsekretär nicht eben wohlgesonnen waren, streuten sogar das abstruse Gerücht, der *Spiegel* habe Biedenkopf mit der Drohung erpreßt, wenn er sich nicht auf ein vorbereitetes Frage-und-Antwort-Spiel mit dem Magazin einlasse, würde es eine Enthüllungsgeschichte über ihn veröffentlichen. Für Strauß und Fraktionschef Carstens war es eine direkte Provokation, daß Biedenkopf von einer Richtlinienkompetenz Kohls für die gesamte Union gesprochen hatte.

Kohl selbst äußerte, er sei von dem Interview »überrascht«, und Biedenkopf mußte sich in diesem Punkt korrigieren. Der *Bayernkurier*, Franz Josef Strauß' Hauszeitung, veröffentlichte einen Leitartikel, der Biedenkopf eine »Strategie im Abseits« vorwarf.

Für Strauß wurde es zur Prestigefrage, den Slogan »Freiheit oder Sozialismus« durchzusetzen. Kurt Biedenkopf wehrte sich gegen die Parole, denn sie bedeutete nicht nur einen Affront gegen seine Bemühungen, seine »Mannheimer Erklärung« in den Mittelpunkt des Wahlkampfes zu stellen, sie war für ihn und die liberal-aufgeklärten Wechselwähler, die er vorrangig gewinnen wollte, mit dieser Stoßrichtung eine intellektuelle Zumutung. Denn mit »Freiheit oder Sozialismus« insinuierten Strauß und die CDU/CSU, die mit der Parole in den Wahlkampf zog, das Bild einer Bundesrepublik, die sich geradewegs auf dem Marsch in einen Staatssozialismus östlicher Prägung befand. So wurde etwa auf einem Wahlkampfplakat das Brandenburger Tor mit der Mauer davor abgebildet und mit der drohenden Unterschrift versehen: »Ein Teil Deutschlands ist bereits sozialistisch.« Ein anderes zeigte eine Schultafel mit aufgemaltem Hammer-und-Sichel-Symbol.

Eingebettet war die Kampagne in Ereignisse der europäischen und der Weltpolitik: In Italien erzielten die Kommunisten unter

Enrico Berlinguer große Stimmgewinne, in Portugal herrschte eine Volksfrontregierung, in Frankreich waren die moskautreuen Kommunisten immer noch eine mächtige Kraft. Vor diesem Hintergrund fiel Henry Kissingers resignierende Bemerkung, in den nächsten zehn Jahren würde ganz Südeuropa marxistisch sein.

Biedenkopf nahm zwar die Formel auf, aber in dem Sinn, daß er »Sozialismus« mit überbordender staatlicher Bürokratie übersetzte, den Wählern jedoch nicht einreden wollte, die Bundesrepublik unter Schmidt und Genscher sei auf dem Weg in eine Diktatur nach sowjetischem Muster. Zwar sagte er in dem *Spiegel*-Gespräch vom September 1975: »Wenn uns die Herkulesarbeit gelingt, mit Haushaltsdefizit, Arbeitslosigkeit, Jugendarbeitslosigkeit und überfüllten Universitäten fertig zu werden, ohne daß wir die Grundsätze der freiheitlichen Gesellschaftsordnung aufgeben, sind wir beispielhaft für andere westeuropäische Länder – und diese Beispiele stecken an. Denn die Leute, die in Frankreich leben oder in Holland und Belgien, die leben auch lieber in Freiheit als unter sozialistischen Bedingungen.« Schon 1973 hatte er in der *Wirtschaftswoche* unter dem Titel »Eine Volksfront in der SPD« geschrieben: »Unter dem Namen SPD agieren in der Bundesrepublik heute zwei in Programm und Prinzipien verschiedene politische Gruppen: eine sozialistische und eine marxistische.«

Zum anderen weigerte er sich, die Formulierung »Freiheit oder Sozialismus« in dem Sinne von Strauß zu übernehmen. Der *FAZ* vom 8. 4. 1976 sagte er: »›Freiheit oder Sozialismus‹ wird mit Sicherheit nicht Wahlkampfparole der CDU«. Am 21. April meldete die *FAZ* noch einmal: »Nur eins soll, wie CDU-Generalsekretär Biedenkopf versicherte, feststehen: Der Slogan ›Freiheit oder Sozialismus‹ soll es nicht sein.«

Tatsächlich hoffte die CDU, vor allem ihre liberalen Vertreter, daß das Motto nicht die Wahlkampfparole der gesamten Union werden würde. Biedenkopf wie auch die meisten CDU-Vorständler taktierten und lavierten. In der gemeinsamen zehnköpfigen Wahlkampfmannschaft der Union war die Schwesterpartei CSU jedoch gleichwertig vertreten. Dem Parteivorsitzenden Kohl stand der Parteivorsitzende Strauß gegenüber, dem CDU-Generalsekretär Biedenkopf der CSU-Generalsekretär Gerold Tandler. Schließlich einigten sich die Parteien auf einen eigentümlichen Kompromiß: Die CDU änderte den Slogan in »Freiheit statt Sozialismus«, was sie als entschärfte Formulierung betrachtete, die CSU blieb bei »Freiheit oder Sozialismus«, so daß beide mit dem bemühten Schlagwort »Freiheit oder/statt Sozialismus« in den Wahlkampf zogen.

In dieser Auseinandersetzung, die nicht nur ein Streit um Worte war, hatte Biedenkopf sich zunächst gegen den Vorschlag von Strauß und der Konservativen seiner eigenen Partei gewehrt, dann laviert und am Ende versucht, das beste aus der Situation zu machen. Auf dem Parteitag in Hannover 1976, der die Union auf die Wahl einschwören sollte, verteidigte er unter dem Motto »Die CDU – Anwalt der Freiheit« den Slogan, den er erst verworfen hatte, und ging dabei wesentlich weiter als 1973. Nun entdeckte er auch in der Bundesrepublik eine »schleichende Entmündigung des Bürgers«. Biedenkopf weiter: »Dieser unmerkliche Fortgang des Prozesses, diese Erosion der Freiheit, diese Unterspülung ihrer Fundamente sind gefährlicher als eine offene, abrupte Auseinandersetzung. Sie sind durchaus vergleichbar mit der Entstehung einer Sucht. Ebenso, wie die Inflation eine Gesellschaft süchtig machen kann nach dem Gift immer neuer Wechsel auf die Zukunft, kann der Schritt für Schritt vorgenommene Entzug persönlicher Verantwortung für die scheinbare Gegenleistung größerer Sicherheit dazu führen, daß eine freiheitliche Gesellschaft die Kraft verliert, sich auf das zurückzubesinnen, wofür sie wirklich steht: Für die Selbstverwirklichung des Menschen, für die Chance zu seiner Identität.« In seinem Vortrag sah er tatsächlich »die Gefahr eines sozialistischen Umschlags« in der Republik und ging auch ausführlich auf seine SPD-Volksfront-

Theorie ein: »Wie immer die taktischen Einlassungen führender Sozialdemokraten für den innenpolitischen Gebrauch aussehen: Die taktische und inhaltliche Zusammenarbeit mit Marxisten und Kommunisten wird an zahlreichen deutschen Hochschulen von Sozialisten geübt, die gute Aussichten haben, später zu den Führungskadern der Sozialdemokratischen Partei zu gehören.«

Als Gast des CSU-Parteitages in München 1976 hatte er die Parole »Freiheit oder/statt Sozialismus« in seinem Redebeitrag als Mischung aus seiner ordoliberalen Überzeugung und Beamtensatire variiert und demonstrierte damit seine politische Anpassungsfähigkeit auch gegenüber der Schwesterpartei:

»Als ersten Schritt verspricht die (neue sozialistische – d. A.) Regierung allen Bürgern im Lande Freibier. Jeder soll im Interesse der Gleichheit Bier umsonst erhalten.

Um sicherzugehen, daß nur noch Freibier angeboten wird, muß als nächstes der Verkauf von Bier verboten werden. Niemand soll sich durch den Kauf von Bier besondere Privilegien verschaffen können. Das Verbot ist somit eine notwendige Maßnahme sozialistischer Gerechtigkeit zum Abbau unerträglicher Privilegien. Da alle Gastwirte Bier nunmehr kostenlos ausschenken, verdienen sie nichts mehr. Sie müssen deshalb in den öffentlichen Dienst übernommen werden. Dabei spielt die Parteizugehörigkeit eine wesentliche Rolle.

Für die Ordnung dieses wichtigen neuen Zweiges des öffentlichen Dienstes wird ein Beauftragter für Bierausschank berufen. Ihm wird zur Sicherung der Demokratie ein drittelparitätisches Gremium an die Seite gestellt, in dem die Gastwirte, die Konsumenten und die Kellner vertreten sind.

Da die Regierung Freibier versprochen hat, muß sie dafür Sorge tragen, daß ausreichend Freibier zur Verfügung steht. Sie muß deshalb die Produktion von Bier kontrollieren und Investitionen der Brauereien lenken. Da die Verantwortung des Staates für das Wohl der Bürger unteilbar ist und die Einhaltung des Freibierversprechens nicht am Profitstreben scheitern darf, ist die Verstaatlichung der Brauereien der nächste notwendige Schritt auf dem Weg zum Sozialismus. Um die staatlichen Brauerei-Aufgaben wahrzunehmen, wird ein staatliches Bieramt errichtet und ein Präsident des Amtes berufen. Er trägt, zusammen mit den Unterbehörden, die Verantwortung für den Bierausstoß. Die Brauereien wiederum sind vom Hopfenanbau abhängig. Ohne guten Hopfen kein gutes Bier. Die Regierung muß deshalb auch die Verantwortung für den Hopfenanbau übernehmen. Dazu muß das Bieramt durch eine Hopfenbehörde erweitert werden.

Nach der Übernahme der Gastwirte in den öffentlichen Dienst, der Verstaatlichung der Brauereien und der Vergesellschaftung des Hopfenanbaus sind alle Voraussetzungen für die Einlösung des Freibierversprechens geschaffen. Der Verwirklichung sozialistischer Gleichheit im Bierkonsum steht nichts mehr im Wege. Dann treten jedoch Lieferschwierigkeiten auf. Der Bierausstoß bleibt hinter den Erwartungen zurück, da die Brauer mit dem Ausfüllen von Formularen und der Arbeit in demokratischen Gremien beschäftigt sind. Um diesem Übelstand abzuhelfen, wird die Regierung den Bierausstoß durch die Zugabe von Wasser inflationieren. Das Bierangebot wird dadurch erhöht.

Aber die Qualität wird schlechter. Deshalb sind der Biervermehrung Grenzen gesetzt. Daraus folgt der nächste und abschließende Schritt zum Sozialismus – das Bier wird rationiert: Freibier auf Bierkarten. Da die Gastwirte im öffentlichen Dienst nur noch Dienststunden machen, die Brauereien weniger produzieren und die Qualität des Bieres immer schlechter wird, sinnen die Bürger auf Auswege. Der direkte Weg zum guten Bier ist versperrt. Die sozialistische Bierordnung kann nur noch durch eine revolutionäre verändert werden. Zur Revolution langt es jedoch nicht. So entwickelt sich ein grauer Markt für Bier. Hopfen wird heimlich angebaut – trotz Strafandrohung. Bier wird heimlich gebraut. Und Gastwirte verkaufen das neue, gute Bier heimlich gegen Entgelt – vor allem an die, die gute Beziehungen haben, und an die Mitglieder der Regierung. Da wir von diesem Umweg zu gutem Bier nichts halten: deshalb sind wir gegen Sozialismus.«

Auf dem Parteitag 1977 in Düsseldorf, zu dem Biedenkopf als Generalsekretär nicht wieder kandidierte, nahm er in seinem Rechenschaftsbericht auch die Schärfe des Wahlkampfmottos zurück, das er nur halbherzig vertreten hatte. Nun schien ihm »das Grundthema ›Freiheit statt Sozialismus‹« im Gegensatz zu seiner Hannoveraner Rede vom Vorjahr nur noch zu bedeuten, »daß der Staat nicht immer mehr reglementiert.«

Unabhängig von der inhaltlichen Auseinandersetzung war der 76er Wahlkampf auch nach Ansicht der Regierungsparteien der professionellste, den die Union bis dahin geführt hatte, und – für Regierung wie für Opposition – der teuerste. Er kostete insgesamt rund 320 Millionen Mark.

Seit 1974 befand sich die Union wieder im Aufwind; das Wort von der »Tendenzwende« gegen die sozialliberale Koalition machte die Runde. Das war zunächst zweifellos ein Verdienst der Union, der es gelungen war, zentrale Begriffe der politischen Debatte wie Solidarität, Gerechtigkeit und Sozialpflichtigkeit für sich zu entdecken und erfolgreich zu besetzen. Sie war, wie schon beschrieben, seit 1973 größer geworden, ihre Mitgliedschaft hatte sich leicht verjüngt, der Frauenanteil war gestiegen (1975: 17 Prozent) und dem der SPD nahe gekommen (19 Prozent). Vor allem mit ihrem Ansatz der Neuen Sozialen Frage, die wesentlich von Geißler und Biedenkopf formuliert wurde, war sie für die Sozialdemokraten auf derem ureigensten Gebiet, dem sozialbetonten Gesellschaftsentwurf, ein starker Konkurrent besonders um die Gruppe der Wechselwähler geworden.

Zum zweiten stand die Regierung unter starkem Druck: Die

Bundesrepublik steckte Mitte der siebziger Jahre in einer Rezessionsphase, 1975 gab es 1,5 Millionen Arbeitslose. Diese Gesamtlage ließ sich sehr deutlich an der Prioritätenliste der Bundesbürger vor den Wahlen ablesen: 26,9 Prozent nannten als vordringlichstes Ziel die Bekämpfung der Arbeitslosigkeit; 15,8 % die Eindämmung der Inflation; 9,3 % eine generell bessere Wirtschaftspolitik; für 3,4 Prozent war die Erhaltung des Friedens die wichtigste Aufgabe; es folgten soziale Gerechtigkeit mit 3,1; Ruhe und Ordnung mit 3,0 und Verbrechensbekämpfung mit 2,8 Prozent.

Beides kam zusammen: Die langfristige Entwicklung der Union seit 1973, die sich als glaubwürdige Alternative auf sozialem und wirtschaftlichem Gebiet empfahl, und die Krise, welche die Bekämpfung von Arbeitslosigkeit und Inflation an die erste Stelle des öffentlichen Interesses rücken ließ. Bemerkenswerterweise hatte die Union in Umfragen vor allem bei jungen Wählern zwischen 18 und 23 Jahren gute Präferenzen (44,5 Prozent CDU/CSU; 39,8 Prozent SPD), und bei Frauen (50 Prozent CDU/CSU; 39,5 Prozent SPD).[6]

Die Tendenzwende zur Union fand ihren Niederschlag vor allem in den Landtagswahlen, in denen die CDU einen Erfolg nach dem anderen verbuchen konnte. 1975 regierte die CSU in Bayern, die CDU im Saarland, in Schleswig-Holstein, Baden-Württemberg und Rheinland-Pfalz, die SPD nur noch in Hessen, Bremen, Nordrhein-Westfalen und Hamburg, allerdings nirgendwo mit absoluter Mehrheit.

Bei den Landtagswahlen in Niedersachsen im Januar 1976 geschah das Unerwartete: In einer Patt-Situation wurde am 6. Februar nicht der Sozialdemokrat Hans Kasimier, sondern – erst mit der Stimme eines, im zweiten und dritten Wahlgang mit der Stimme von zwei beziehungsweise drei Überläufern – Ernst Albrecht zum Ministerpräsidenten gewählt. Helmut Kohl sprach, wie Gustav Heinemann 1969, von einem »Stück Machtwechsel«, diesmal für die Unionsparteien.

Kurt Biedenkopf als Wahlkampfmanager der Union führte einen doppelten Wahlkampf. Auf Bundesebene hatte er einen systematischen Stufenplan ausgearbeitet, einen speziellen Plan allerdings für Nordrhein-Westfalen. Im bevölkerungsreichsten Bundesland, so meinte er, müßte sich die Wahl entscheiden; wer im Revier gewinnen könne, habe auch die Mehrheit in der Republik sicher. Immerhin wurde Nordrhein-Westfalen unter Karl Arnold und Franz Meyers bis in die sechziger Jahre von der CDU regiert, Christdemokraten schienen in der Region also grundsätzlich mehrheitsfähig. Es war jedoch nicht nur Wahlkampfarithmetik, die Kurt Biedenkopf zu dieser Strategie bewog. Er versuchte zunehmend, sich eine eigene Basis in der CDU aufzubauen und betätigte sich damit überhaupt zum erstenmal als Parteipolitiker im klassischen Sinn. Angesichts seiner Biographie war es fast zwangsläufig, daß er sich in der nordrhein-westfälischen Landespolitik zu etablieren suchte: Hier war er in Bochum Universitätsrektor gewesen, in Düsseldorf saß er im Henkel-Vorstand, im Konrad-Adenauer-Haus in Bonn residierte er als Generalsekretär. Auf ihn, der sich immer mit den Wechselwirkungen zwischen Wirtschaft und Gesellschaft beschäftigt hatte, übte das Revier eine besondere Anziehung aus. Im Laufe des Jahres 1975 vereinbarte er mit den Vorsitzenden der Landesverbände Westfalen-Lippe und Rheinland, Heinrich Windelen und Heinrich Köppler, zu den Bundestagswahlen auf Platz eins der Landesliste Nordrhein-Westfalen anzutreten; zugleich knüpfte er engere Kontakte zum Landesverband Westfalen-Lippe und sondierte dort, freilich diskret, die Chancen, Heinrich Windelen abzulösen. Der Griff nach dem ersten Platz der Landesliste verärgerte Rainer Barzel, der diese Position bei den vorhergehenden Wahlen hatte, vor allem deshalb, weil Biedenkopf seine Absprache mit Windelen und Köppler hinter Barzels Rücken getroffen hatte.

Biedenkopf wollte allerdings nicht nur den Spitzenplatz der Landesliste, der einen sicheren Einzug in den Bundestag bedeutete.

Um zum einen die Grundlage für seinen Einstieg in die Landespolitik zu legen, zum anderen, um nach seiner Strategie entscheidende Stimmen für die Bundes-CDU im Revier zu sammeln, baute Biedenkopf eine »Wahlkampfgruppe Ruhr« auf, die aus je drei Bundestagsabgeodneten aus Westfalen-Lippe und Rheinland bestand, außerdem drei sogenannte Servicestationen für den Wahlkampf in Recklinghausen, Essen und Dortmund, die die Verteilung des Wahlkampfmaterials organisierten. Die Wahlkampfzeitung »Nachrichten aus dem Revier« ließ Biedenkopf in der Auflage von 380 000 Stück drucken; seine ganz persönliche Kampagne führte er unter anderem auch mit Nachbildungen von Henkelmännern – den typischen Essenbehältern der Arbeiter –, denen eine Biedenkopf-Porträtkarikatur aufgedruckt war. Er selbst wagte das Unmögliche und trat, obgleich durch die Landesliste abgesichert, als Direktkandidat im Bochumer Wahlkreis 117 an, in einer uneinnehmbaren sozialdemokratischen Hochburg.

Seine Auftritte im Revier hatten alle Züge einer persönlichen Wahl- und Werbekampagne in eigener Sache: Den Slogan »Freiheit statt/oder Sozialismus« instrumentalisierte er in dem Sinn, daß er den Ämterfilz zwischen regierenden Sozialdemokraten und Gewerkschaften in Nordrhein-Westfalen als Variante des Sozialismus brandmarkte und der »Übermacht der Sozialdemokraten in unheiliger Allianz mit den Gewerkschaften« vorwarf, »Kartelle der Mittelmäßigkeit« zu bilden. Seinen politischen Feldzug führte er »gegen Filz und Ämterpatronage«.*

Das Wahlergebnis vom 3. Oktober 1976 war sowohl für Helmut Kohl als auch für Kurt Biedenkopf eine Bestätigung: Die Union

---

* Eine für das Ruhrgebiet typische Form der politischen Verständigung, die nicht auf die SPD beschränkt war. Man erinnere sich an den Spruch des Kölner Klüngels um Adenauer: »Mer kenne uns, mer helfe uns.«

erreichte 48,6 Prozent und damit ihr bis dahin zweitbestes Ergebnis seit 1949. Die Unionsparteien wurden wieder stärkste Fraktion (SPD 42,6 Prozent), die Differenz zum Wahlergebnis Barzels 1972 (44,9 Prozent) war eine Zunahme, wie sie die Union nur in ihrer Aufstiegsphase in den fünfziger Jahren verbucht hatte.

Damit ging auch Franz Josef Strauß' übertaktisches Kalkül nicht auf, der darauf spekuliert hatte, Kohl für ein schlechtes Resultat verantwortlich machen und als Spitzenfigur der Union demontieren zu können. Vor allem aber hätte er die Gelegenheit genutzt, um auf Kurt Biedenkopf einzuschlagen und dessen Strategie für die Wahlniederlage verantwortlich zu machen. Das war angesichts der knapp verfehlten absoluten Mehrheit nicht möglich: Die CDU/CSU verlor zwar die Wahlen, ihre Niederlage war jedoch gewissermaßen die glanzvollste, die sie je erlebte. Das Ergebnis war auch eine Bestätigung dafür, daß Biedenkopfs Strategie, die er in der »Mannheimer Erklärung« formuliert hatte, der Union zu neuen Wählerstimmen verholfen hatte.

Nun, da ein unehrenhafter Abgang als Generalsekretär nicht mehr zu befürchten stand, suchte Kurt Biedenkopf den Wechsel vom Amt des Generalsekretärs in die nordrhein-westfälische Landespolitik. Dort erwartete er sicherlich eine größere persönliche Unabhängigkeit, als er sie im Amt des Generalsekretärs genoß: Dieser Posten war der zweitwichtigste in der Partei, de facto der eines Stellvertreters. Hier war er allerdings von dem Vorsitzenden abhängig, zumal er kaum eine eigene Hausmacht in der CDU besaß.

Sein Verhältnis zu Helmut Kohl hatte in den vergangenen zwei Jahren aus vielerlei Gründen zunehmend Risse bekommen, die sich schon in jenem Telefongespräch zwischen Kohl und Biedenkopf vom 3. Oktober 1974 gezeigt hatten (das die Staatssicherheit der DDR abhörte und mit Retusche der Quelle dem *Stern* zuspielte, dessen Chef Henri Nannen es abdrucken ließ). Dort hatte Kohl Biedenkopf unter anderem mit Gerüchten konfrontiert, er, Biedenkopf, hege

Ambitionen auf die Spitzenkandidatur der Union: »Das mußt du aus-räumen, Kurt«. Biedenkopf hatte sich seinerseits in dem Gespräch beklagt, er habe mit dem Posten des Generalsekretärs auch ein er-hebliches persönliches Risiko übernommen; er habe im Fall seines Scheiterns keinen Rückhalt. Diese Überlegungen mögen ihn dazu gebracht haben, ein anderes Wahlamt, möglichst mit einem mäch-tigen Landesverband als Basis, anzustreben. Für Kohl wiederum war ein Generalsekretär problematisch, der, wie Biedenkopf, die Union durch seine Vorstöße immer wieder polarisierte. Nach dem *Spiegel*-Interview vom September 1975, das ihm so viel Ärger ein-gebracht hatte, schrieb die *Stuttgarter Zeitung* treffend: »An Bieden-kopf scheiden sich die Geister der Union.« Das konnte Kohl, der immer bemüht war, das Bild der Union halbwegs geschlossen zu halten und zwischen den Flügeln auszugleichen, am wenigsten vertragen. Ein weiterer und sehr wichtiger Grund für die Stimmungs-verschlechterung zwischen beiden war Biedenkopfs Brillanz bei öffentlichen Auftritten, die die Leistungen des Vorsitzenden und Kanzlerkandidaten auf diesem Gebiet noch blasser erscheinen ließen, als sie ohnehin waren.

Bei allen Vorzügen besitzt Biedenkopf mit Sicherheit eine Tugend nicht: Bescheidenheit. Statt aus Räson vor den Parteiinteressen zurückzustehen, betonte er seine rhetorische Überlegenheit ge-genüber Kohl sogar selbstbewußt. Bei einer Veranstaltung an der Evangelischen Akademie in Tutzing 1976 sprachen Kohl und Biedenkopf nacheinander, was schon an sich ungewöhnlich war, denn im allgemeinen enthielt sich der Generalsekretär einer eigenen größeren Ansprache, wenn der Vorsitzende gerade geredet hatte. Biedenkopf trug seine Gedanken jedoch mit Gewandtheit vor, die Kohls durchschnittliche Rede völlig verblassen ließ. Etliche Zuhörer meinten nach der Veranstaltung, der Parteivorsitzende könne es sich nicht mehr leisten, sich auf einer öffentlichen Veranstaltung gemeinsam mit seinem Generalsekretär zu präsentieren.

Bei allen Differenzen war es jedoch Kurt Biedenkopf, der beschlossen hatte, keine zweite Amtszeit als Generalsekretär anzutreten, und nicht Helmut Kohl, der ihn verdrängte, auch wenn es nach außen hin diesen Anschein hatte. Biedenkopf war im Januar 1977 offizielles Mitglied des Landesverbandes Westfalen-Lippe geworden, im gleichen Monat teilte er Kohl mit, daß er auf dem 25. Parteitag in Düsseldorf als Generalsekretär nicht mehr zur Verfügung stehen würde.

Im Februar fiel in einer fünfstündigen Sitzung des Landesvorstandes Westfalen-Lippe die Entscheidung, die Biedenkopfs neue Karriere begründen sollte: Der Landesvorsitzende Heinrich Windelen verzichtete zugunsten Biedenkopfs – nicht ganz freiwillig – darauf, bei dem nächsten Landesparteitag wieder zu kandidieren. »Ich bin lange genug in der Politik, um zu wissen, daß man nicht immer Erfolge haben kann«, sagte er nach der Vorstandssitzung resigniert: »Es wurde der Wunsch nach einem Wechsel sehr deutlich.« Auf dem Parteitag am 3. und 4. Juli in Herne wurde Biedenkopf mit 333 Stimmen bei 45 Gegenstimmen und 18 Enthaltungen zum Vorsitzenden des zweitgrößten Landesverbandes der CDU gewählt.

Anders, als es oft dargestellt wurde, war für Biedenkopf der Wechsel vom Generalsekretärsposten nach Nordrhein-Westfalen und zugleich in den Bundestag ein Erfolg, der ihm das zu sichern schien, was er bis dahin vermißte: ein eigenes politisches Glacis, auf dem er relativ unabhängig und von einer Anhängerschaft gestützt agieren konnte. Er war nun nicht nur Vorsitzender eines großen Landesverbandes mit der Perspektive, auch einmal an der Spitze eines Zusammenschlusses der CDU Rheinland und Westfalen-Lippe zu stehen. Im Bundestag übernahm er den lange Zeit verwaisten Posten des wirtschaftspolitischen Sprechers der Fraktion; im Januar wurde Biedenkopf in den Fraktionsvorstand gewählt.

Damit standen seine politischen Ambitionen vorerst auf einem festen Grund. Auch das von ihm 1977 gegründete Institut für Wirtschafts- und Gesellschaftspolitik (IWG) in Bonn, das er als wissenschaftlicher Direktor und sein Kollege Meinhard Miegel als Institutschef leiteten, verlieh seiner bundespolitischen Rolle zusätzliches Gewicht. Zwar versicherte er in einem Interview mit dem *Münchner Merkur* vom 2. Mai 1977: »Dieses Institut ist keine parteipolitische, sondern eine wissenschaftliche Einrichtung. Darauf lege ich großen Wert.« Das IWG stärkte jedoch zweifellos seine Autorität als Wirtschaftspolitiker der Union.

Das Klischee vom »Querdenker« der CDU, der vorgeblich dem Druck Helmut Kohls weichen mußte, zerbröselt angesichts der faktischen Umstände von Biedenkopfs Weggang aus dem Konrad-Adenauer-Haus und seiner erfolgreichen Etablierung in Westfalen-Lippe und Bonn. War er überhaupt ein »Querdenker«?

Als er 1973 in Bonn von Helmut Kohl nominiert und von den Delegierten gewählt wurde, wußten die CDU-Mitglieder schließlich, daß sie keinen langgedienten Parteifunktionär, sondern einen Seiteneinsteiger ins Amt brachten. Eine Mehrheit wollte den Wissenschaftler und Manager ganz offensichtlich, gerade weil von ihm neue bis unorthodoxe Strategien und Organisationsmethoden zu erwarten waren. Die ebenfalls gängige Bewertung, er sei dem Parteivorsitzenden zu selbständig geworden, hieße, Helmut Kohl zu unterstellen, daß er 1973 in Kurt Biedenkopf einen unselbständigen Exekutor sah – das tat er mit Sicherheit nicht.

Mit Biedenkopfs Abschied vom Konrad-Adenauer-Haus war auch keine innere Zäsur in der Partei verbunden, wie sie die These vom »geschaßten Querdenker« nahelegen würde. Auf dem Düsseldorfer Parteitag 1978 wurde Heiner Geißler als neuer Generalsekretär gewählt, der seit Anfang der siebziger Jahre zu den dezidierten Erneuerern der Union zählte und von dem ganz enscheidende Beiträge zur inhaltlichen Diskussion in der Partei stammten. Er hatte schließlich die Neue Soziale Frage formuliert, die Biedenkopf in seiner »Mannheimer Erklärung« und anderen strategischen Formulierungen aufgenommen hatte. Die Debatte um das Grundsatzprogramm der Union in der Kommission unter Richard von Weizsäcker setzte sich ebenfalls bruchlos bis zu dessen Verabschiedung auf dem Düsseldorfer Parteitag 1978 fort.

Die Entwicklung der CDU, die unter einem übermächtigen Kanzler und Vorsitzenden wieder zu einer ideenarmen, programmatisch schwachen Partei mit Tendenz zum Wahlverein wurde, vollzog sich später über einen viel längeren Zeitraum. Der Wechsel von Kurt Biedenkopf zu Heiner Geißler steht kaum in einem Zusammenhang mit diesem langfristigen Wandel der Union.

Eine Lebenszäsur für Kurt Biedenkopf war der Neubeginn in Nordrhein-Westfalen dagegen durchaus. Erstmalig wurde er nicht gerufen, sondern bewarb sich. Er mußte nun konkurrieren – das war ihm bislang erspart geblieben – und sich taktisch verhalten – darin hatte er nur wenig Erfahrungen gesammelt. Die zehn Jahre in der Landespolitik von 1977 bis 1987 sollten die schwierigsten seiner Biographie werden und ihn zum ersten und bislang einzigen Mal mit der Erfahrung des Scheiterns konfrontieren.

POLITIKER
OHNE HAUSMACHT
1977 – 1989

LIAISON MIT STRAUSS

Biedenkopf mußte in Nordrhein-Westfalen – auch das war neu in seiner Karriere – seine Macht mit einem Partner teilen, der ihm formell gleichgestellt war: mit dem Vorsitzenden des Landesverbandes Rheinland und CDU-Spitzenkandidat in zwei (erfolglosen) Wahlen Heinrich Köppler. Der Gegensatz zwischen den beiden Politikern und Menschen Biedenkopf und Köppler war noch größer und vor allem ganz anders gelagert als der zwischen Biedenkopf und Kohl. Köppler war als Politiker sehr stark der katholischen Soziallehre verbunden; ein aufrichtiger, freundlicher und in den späten siebziger Jahren auch zunehmend kranker Mann ohne scharfes Profil und große Kämpfereigenschaften. Franz Josef Strauß meinte einmal boshaft über Köppler, er sei »die Identität von Schein und Sein«.

Der Publizist Johannes Gross schrieb über den rheinländischen Landesvorsitzenden: »Ein Faszinosum ist dieser treffliche Mann wahrlich nicht.« Der Freidemokrat Burkhard Hirsch kennzeichnete Heinrich Köppler so: »Ein netter Mensch, mit dem man über alles reden kann, nur nicht über Politik.«

Auf den ersten Blick hatte der brillante und durch sein Generalsekretärsamt gut profilierte Biedenkopf jeden Vorteil gegen den völlig unsensationellen Köppler. Was jedoch in Bonn gegolten hätte, galt im Revier noch lange nicht: Dort kam, in der Partei und bei den Wahlbürgern, die warmherzige Art Köpplers, der in seiner Person das Motto »Versöhnen statt Spalten« von Ministerpräsident Rau vorwegnahm, wesentlich besser an als Biedenkopf mit seinen geschliffenen, kühlen und oft sehr distanzierten Auftritten. Er bemühte sich zwar, diese Distanz vor allem zu seinen Wählern zu verringern; allerdings tat er auch das auf seine systematische und eher unpersönliche Art: Schon für seinen Wahlkampf 1976 hatte er eine Studie über den Gebrauch der politischen Sprache im Ruhrgebiet anfertigen lassen, und an die hielt er sich nun. Fremdworte eliminierte er bei seinen öffentlichen Auftritten tunlichst aus seinen Ansprachen, allerdings so konsequent, daß es gerade bei ihm schon wieder auffiel. Kam ihm doch ein Begriff über die Lippen, den er nicht für angebracht hielt, dann übersetzte er ihn umgehend und reichte seinen Zuhörern etwa die Erklärung nach, Mandat bedeute »Auftrag«. Statt selbst ein Gefühl für den richtigen Ton zu finden, ließ er seine Redetexte von seinem Chauffeur auf Verständlichkeit gegenlesen.

Schon als er von Heinrich Windelen den CDU-Vorsitz in Westfalen-Lippe übernahm, glaubten viele Christdemokraten im Revier, Biedenkopf werde früher oder später Köppler als Spitzenfigur der CDU in Nordrhein-Westfalen verdrängen. Kaum jemand, ob im Land oder im Bund, nahm an, daß sich der ehrgeizige Biedenkopf mit dem Vorsitz eines Landesverbandes zufriedengeben würde. Der Argwohn, er sei der »Mann mit dem Dolch im Gewand« *(Die Welt)*, isolierte ihn gewissermaßen und trug dazu bei, daß er in der Union Nordrhein-Westfalen nie so bodenständig werden konnte, wie es Köppler war.

In der Tat machte Biedenkopf spätestens Ende 1978 deutlich, daß er nicht daran dachte, sich nur auf die Landespolitik zu beschränken. In einem Memorandum warf er Helmut Kohl, der inzwischen als Oppositionsführer nach Bonn gegangen war, mangelnde Führung und schlechte Organisation der Fraktionsarbeit vor. Jetzt, da er mit seinem Landesverband politisch festen Grund unter den Füßen hatte, begann seine öffentliche Kritik an dem Parteivorsitzenden erst richtig. Auch mit der Bundesgeschäftsstelle der CDU kam es zu Reibereien. Dort hatten die Verantwortlichen im Zuge einer generellen Kritik an ihrer Meinung nach zu SPD-freundlichen Medien auch der *Westdeutschen Allgemeinen Zeitung* vorgeworfen, sie begünstige einseitig die SPD/FDP-Koalition in Düsseldorf. Biedenkopf, der mit der *WAZ* gut auskam und im Land auf sie angewiesen war, rügte die Bundesgeschäftsstelle grob wegen der »völlig törichten Behauptung«.

Viel schwerer als diese Querelen wog allerdings Biedenkopfs Taktieren, als die Union wieder darüber diskutierte, wer Kanzlerkandidat der beiden Parteien werden sollte, zumal diese Frage nach dem Kreuther Trennungsbeschluß der Fraktionen von CDU und CSU, der auf die Wahlniederlage von 1976 folgte, eine ganz neue Brisanz erhalten hatte. Unmittelbar nach dem Schisma hatte Biedenkopf Strauß heftig kritisiert und die von ihm vertretene Wahlkampftaktik für das Wahlergebnis 1976 verantwortlich gemacht. In seiner Rede vor dem Deutschlandtag der Jungen Union in Offenburg am 28. November 1976 – Biedenkopf war noch Generalsekretär – hatte er noch einmal sein sozial-liberal angelegtes Wahlkampfkonzept verteidigt:

»Insbesondere Herr Strauß ist seit langem der Meinung, unter den Bedingungen der gegenwärtigen Parteistruktur – und damit der dauerhaften Bindung der FDP an die SPD – sei eine Mehrheit für die Union nicht zu gewinnen. Wir haben die Bundestagsmehrheit knapp verfehlt, obwohl wir nach meiner Überzeugung das Potential – auch das politische Potential – hatten, sie zu erreichen. Grund: Wir haben eine Reihe von Themen, die nach meiner Auffassung für das Ergebnis der Bundestagswahlen von Bedeutung waren, nicht ausreichend klargestellt.

Hier gibt es vor allem drei Punkte, in denen wir keine ausreichend starke Position hatten: Die Rentenpolitik, Probleme der Wirtschafts- und Finanzpolitik und Fragen der Familien- und Frauenpolitik. Die Wahlanalyse zeigt, daß es uns nicht gelungen ist, in der für viele Menschen in diesem Land bewegenden Frage nach der zukünftigen Entwicklung des Rentensystems eine kompetente Antwort zu geben. Der Grund – und das muß hier einmal ausgesprochen werden – für die unzureichende Rentenkompetenz liegt auch darin, daß sich CDU und CSU mit der ausdrücklichen Unterstützung auch von Herrn Strauß nicht dazu entschließen konnten, in der Rentenfrage ihren Angriff auf die Regierung mit eigenen Alternativen zu verbinden.

Sie glaubten, daß es ausreiche, die Rentensituation als solche anzugreifen. Nach meiner Auffassung war das ein Fehler.«

Nach diesem Seitenhieb auf Strauß' Sonthofen-Strategie warf er ihm auch vor, die Ideen seiner »Mannheimer Erklärung« konterkariert zu haben:

»Der dritte Bereich betraf Familie und Frauen. Dort sind die Ansätze, die insbesondere auf unserem Parteitag in Mannheim entwickelt wurden, nicht fortgeführt worden. Die enorme Chance, die wir mit der Entwicklung neuer Zielvorstellungen für die junge, moderne Ehe, für die junge, moderne Frau, für die Familienpolitik der Zukunft hatten, wurde nicht genutzt. Wir haben sie nicht genutzt, weil nach dem Mannheimer Parteitag durch eine verfehlte Diskussion über die finanzpolitischen Konsequenzen dieser Strategie CDU und CSU die politischen Ansätze dieser Strategie nicht weiterführten. Damit entstand für Sozialdemokraten und Freie Demokraten die Möglichkeit, in diese Konzeption einzutreten.«

Dann folgte eine Abrechnung mit der antiliberalen Stoßrichtung der Straußschen Politik, die den Unionswahlkampf 1976 unübersehbar beeinflußte:

»Herr Strauß ist der Auffassung, daß wir die Bundestagswahlen verloren haben, weil sich die FDP auf Dauer an die SPD gebunden hat. Ich habe immer die Auffassung vertreten, daß es falsch ist, allzusehr auf die FDP als Partei zu schauen. Man muß sich mehr für die FDP-Wähler interessieren. Von diesen Wählern sind nach unseren demoskopischen Erkenntnissen rund ein Drittel Wähler, die sehr wohl eine liberale Politik auch in einer anderen Partei unterstützen, wenn sie dort plausibel genug dargestellt wird. Ich habe es deshalb immer als eine der zentralen Aufgaben der CDU angesehen, mit der FDP um die liberale Wählerschaft zu konkurrieren. Das setzt allerdings voraus, daß man sich konkurrenzfähig hält.«

Den Kreuther Trennungsbeschluß analysierte Biedenkopf als Versuch, »eine Alternative zur Politik und zur politischen Führung der

CDU (innerhalb der Union – d. A.) anzubieten. Meine Damen und Herren, wenn wir die Dinge nicht so sehen, werden wir weder der Entscheidung von Kreuth noch der Intelligenz derer gerecht, die sie herbeigeführt haben.«

Zwangsläufig folgerte er, die CDU müsse, wenn die CSU die Fraktionstrennung aufrechterhalte, sich eben nach Bayern ausdehnen. Der Affront zu Strauß war mithin deutlich, und damit auch die Verteidigung des Kandidaten Kohl, mit dem Biedenkopf ja erklärtermaßen große Teile seiner Parteistrategie verband. In der gleichen Rede vor der Jungen Union hatte er Helmut Kohl noch als »unseren Kanzlerkandidaten« bezeichnet.

Da die Bundestagswahlen 1976 rund zwei Monate zurücklagen, konnte dies nur heißen, daß Biedenkopf davon ausging, daß Helmut Kohl auch 1980 wieder für die Union antreten würde. Auch als er schon dem Landesverband Westfalen-Lippe vorstand, verteidigte er Helmut Kohl noch öffentlich, so auf der Landesvorstandssitzung in Essen im November 1977:

»Wir haben einen unbestrittenen Parteivorsitzenden Helmut Kohl, und wir haben einen unbestrittenen Fraktionsvorsitzenden Helmut Kohl. Wer dessen schwere Aufgabe durch überflüssige Diskussionen über die Kanzlerkandidatur belastet, hilft weder Helmut Kohl noch der CDU noch unserer Politik.«

Doch genau an dieser Diskussion – und zwar in einer gegen Kohl gerichteten Weise – sollte sich Biedenkopf dann doch beteiligen. Zwischen 1977 und '78 erlebte der ehemalige Generalsekretär offenbar einen endgültigen Ablösungsprozeß von dem Mann, der ihm das Entree in die Politik verschafft hatte. Fast genau ein Jahr, nachdem Biedenkopf den Parteivorsitzenden gegen Angriffe in Schutz genommen hatte, Ende 1978, arbeitete er an jenem Memorandum, mit dem er selbst einen schweren Angriff gegen Kohl führte und ihn aufforderte, den Fraktionsvorsitz niederzulegen. Als der CDU-Bundesvorstand am 28. Mai 1979 nicht Kohl, sondern den niedersächsischen Ministerpräsident Ernst Albrecht als Unionskandidat für die Bundestagswahl vorschlug, zögerte Biedenkopf nicht, ihn zu unterstützen – allerdings nur so lange, bis er sich einem neuen Partner zuwandte: Franz Josef Strauß.

Biedenkopf begrüßte es ausdrücklich, als die (nun wieder vereinte) Bundestagsfraktion von CDU und CSU ihn am 2. Juni in geheimer Wahl zum Kanzlerkandidaten der Union kürte. Dafür nahm er sogar eine Gefährdung des heimischen Parteifriedens in Kauf, denn beachtliche Teile der lippischen CDU, darunter die komplette Junge Union seines Landesverbandes, hatten sich eindeutig für Albrecht ausgesprochen.

Die Beziehung, die sich zwischen dem CSU-Vorsitzenden und Biedenkopf herausbildete, war eine politische Symbiose ganz besonderer Art. Wie kam Biedenkopf zu einer Allianz mit dem Mann, den er noch vor drei Jahren heftig angegriffen hatte? In seiner Rede vor der Jungen Union in Offenburg hatte Biedenkopf unter anderem auch eingeflochten, daß sein Bild von Strauß bei aller Kritik in der Sache durchaus fein ausdifferenziert war:

»Daß im übrigen Herrn Strauß und der CSU diese Strategie (um die liberalen Wähler zu konkurrieren – d. A) nicht unbekannt ist, zeigt die Landtagswahl in Bayern 1974. Sie wurde entschieden nach einem ausgesprochen liberal geführten Landtagswahlkampf. Das Problem war, daß man nach der Landtagswahl in Bayern 1974 diese liberale, auf Bayern zugeschnittene Politik nicht zur allgemeinen Strategie in der Bundesrepublik Deutschland erhob.«

Rechnete Biedenkopf damit, dieser nach seiner Auffassung liberalere und eigentlich auch authentischere Strauß könnte durch Politiker wie ihn – als Partner und Korrektiv, gewissermaßen unter positiver Einflußnahme – die Unionsmehrheit in Bonn erobern? Sah Biedenkopf in ihm einen möglichen Verfechter der Unionspolitik, wie er sie auch vertrat, allerdings mit einem unschätzbaren Vorteil: daß Strauß nämlich, im Gegensatz zu Kohl, über Charisma verfügte und, wie Biedenkopf einmal bewundernd bemerkt hatte, »ein großer Gestalter« war?

Beide Politiker waren sich so unähnlich nicht – intellektuell hochbegabt und mit ausgeprägten rhetorischen Fähigkeiten ausgestattet, von ihren eigenen Gaben nicht nur restlos überzeugt, sondern gelegentlich hingerissen, und in ihren raumgreifenden politischen Denkgebäuden auf langfristige strategische Ziele ausgerichtet. Beide entzogen sich auch einer eindeutigen Zuordnung zu einem bestimmten Flügel der Union. Strauß seinerseits rechnete Biedenkopf keinesfalls zu den »politischen Pygmäen«, die er doch sonst überall sah: in Matthias Wissmann, Vorsitzender der Jungen Union, in Generalsekretär Heiner Geißler, Norbert Blüm und selbstverständlich in Helmut Kohl (»völlig unfähig«).

Die Kritik an Kohl, dem beide nicht zutrauten, die Union zum Wiedergewinn der Macht in Bonn zu führen, war sicherlich ab 1978 das Element zwischen Biedenkopf und Strauß, das sie am stärksten verband. Strauß meinte angeblich sogar über Biedenkopf, »aus diesem Holz werden Kanzler geschnitzt«, was zu diesem Zeitpunkt allerdings unglaubhaft ist oder überinterpretiert wurde, denn Kanzler wollte er ja selbst werden.* Die Partnerschaft der beiden Politiker wurde auch möglich, weil sie ihre oft heftigen Auseinandersetzungen in der Vergangenheit um die Sache und ohne wesentliche persönliche Gegnerschaft führten.

Daß Biedenkopf 1975 Kohl fast im Alleingang als Kanzlerkandidaten der Union ausgerufen hatte, störte den Bayern nicht weiter,

---

* Das Amt des Kanzlers war für Strauß allerdings eine Obsession; mit dem Begriff konnte er kaum rational umgehen. Er selbst äußerte nach seiner Niederlage 1980 ja mehrmals, die Schuhe des Kanzlers seien ihm »viel zu groß«, was freilich nichts anderes hieß, als, wenn sie ihm schon zu groß waren, jeder andere Amtsinhaber erst recht ungeeignet war.

denn er wollte 1976 tatsächlich nicht antreten. Auch Biedenkopfs Vorstoß, im gleichen Jahr von Kohls »Richtlinienkompetenz« in der Union zu sprechen, konnte das Verhältnis zwischen den beiden Männern nicht irreparabel erschüttern – schließlich war Strauß mächtig genug, von Kohl und damit auch von Biedenkopf umgehend ein Dementi zu erreichen.

Die beiden Politiker hatten sich im Wahlkampfjahr 1980 aneinander gebunden; Biedenkopf stimmte seine Wahlkampfstrategie mit Strauß, Gerold Tandler und Edmund Stoiber ab, obgleich er noch der zweite Mann neben Heinrich Köppler war, dem im Fall eines CDU-Sieges das Amt des Wirtschaftsministers sicher war. Was Strauß von dieser Konstellation hielt, machte er mit seiner halböffentlichen Bemerkung deutlich, Köppler als Spitzenkandidaten ins Rennen zu schicken, sei so, »als ob man den Chefministranten zum Erzbischof macht«.

Für Strauß war der Wahlausgang am 11. Mai 1980 in Nordrhein-Westfalen, dem bevölkerungsreichsten Bundesland, von höchster Bedeutung, denn dieser galt als Vorentscheidung für die Bundestagswahl am 5. Oktober. Köppler und Biedenkopf setzten auf Sieg. Bei den Kommunalwahlen im Mai 1975 hatte die CDU 46,3 Prozent der Stimmen bekommen und war stärkste Partei geworden (die SPD bekam 45,1 Prozent). Wie sehr Biedenkopf mit einem Erfolg rechnete, belegt auch der Umstand, daß er Anfang 1979 sein Bundestagsmandat aufgab und als Oppositionsführer in den Düsseldorfer Landtag wechselte.

Bei den Kommunalwahlen am 30. September 1979 hatte die Union noch 0,2 Prozent zulegen können. Im gleichen Jahr war auch die Mitgliederzahl in den beiden Landesverbänden überdurchschnittlich gestiegen. Auf den von Biedenkopf geführten Verband Westfalen-Lippe entfiel im ersten Quartal 1979 ein Drittel des Mitgliederzuwachses der Gesamtpartei, an der die Lipper nun einen Anteil von über 18 Prozent hatten, die Landes-Union insgesamt fast

40 Prozent. Diese Signale schienen dafür zu sprechen, daß die Machtübernahme im Revier unmittelbar bevorstand.

Biedenkopf hatte nicht nur seinen Wahlkampf generell in einen engen Zusammenhang mit der Kandidatur von Strauß gestellt, er hatte sich auch in seinem politischen Erscheinungsbild geändert. Der Öffentlichkeit präsentierte sich ein Politiker, der deutlich härter, berechnender und auch mit teilweise schärfer akzentuierten Aussagen auftrat. Die Betonung des sozialen Elements, das in seinem Bundes-Wahlkampf 1976 noch eine große Rolle spielte, hatte er deutlich zurückgenommen, etwa zugunsten der Aussage, eine Vollbeschäftigung könne von der Politik vernünftigerweise nicht versprochen werden, oder seiner Kritik an der Praxis des sozialen Wohnungsbaus. Das waren zwar im Gesamtzusammenhang seines ordoliberalen Denkens keine entscheidenden Verwerfungen, aber eine Verschiebung der Akzente, die sehr wohl registriert wurde. Schon zum 35. Landesparteitag der lippischen CDU im August 1979 hatte er auf sein schlechtes Wahlergebnis von 62 Prozent mit der Bemerkung reagiert: »Von vielen werden diese Gedanken als Provokation empfunden, vor allem wegen der Betonung des Vorranges der Freiheit in der Sozialpolitik.« Trotz der Kritik, die ihm von vielen Mitgliedern des stark an der katholischen Soziallehre orientierten Landesverbandes entgegenschlug, sah er keinen Anlaß, von diesen Aussagen abzurücken. Auch die FDP, die er als CDU-Generalsekretär in der Auseinandersetzung weitgehend geschont hatte, griff er nun in einer Weise an, die ihn Strauß ein gutes Stück näherrücken ließ. Er philosophierte grundsätzlich über die »Legitimation der Sechs-Prozent-Partei« und äußerte sein »Unbehagen darüber, daß die kleinste Partei darüber entscheidet, wer im Bund und im Land Nordrhein-Westfalen regiert.« Offenbar ging er nun auch von dem Kalkül aus, für das er Strauß noch 1976 getadelt hatte – daß sich die FDP dauerhaft an die Sozialdemokraten gebunden habe und deshalb als Partner für die Union nicht mehr in Frage komme.

Die Freidemokraten galten ihm nun zunehmend als »Anhänger der Sozialdemokraten, die zu fein sind, sich duzen zu lassen«.

Am 3. April 1980 geschah das, was Biedenkopf, wenn nicht in dieser Weise gehofft, so doch auf längere Sicht erwartet hatte: Heinrich Köppler, schon länger nicht mehr bei bester Gesundheit und starker Raucher, erlitt einen Herzinfarkt. Daß er selbst noch würde antreten können, glaubte kaum jemand. Biedenkopf versicherte, er rechne mit der baldigen Gesundung seines Partners, zugleich meinte er, die Landes-CDU sei »kein Betrieb, der dichtmacht, wenn der Chef erkrankt ist«.

Am 20. April starb Heinrich Köppler im Alter von 54 Jahren. Zwei Tage nach dem Pontifikalhochamt im Kölner Dom präsentierte sich Biedenkopf auch nach außen hin als neuer Kandidat. Ihm war die Rolle erwartungsgemäß und unter diesen Umständen doch überraschend zugefallen.

Obwohl die CDU mit einem Mitleidseffekt rechnen konnte und Biedenkopf als neuer Spitzenkandidat verglichen mit Köppler ein politisches Schwergewicht war, erlebte die CDU in Nordrhein-Westfalen eine deutliche Niederlage. Die Sozialdemokraten mit ihrem Spitzenmann Johannes Rau eroberten 48,4 Prozent der Stimmen und alle Wahlkreise, die CDU bekam 43,2 Prozent, die FDP zog mit 4,9 Prozent nicht in den Landtag ein. Biedenkopf war zum erstenmal ein Verlierer. Viele Unionsmitglieder im Revier waren davon überzeugt, daß ihre Partei mit Heinrich Köppler besser abgeschnitten hätte, und gaben Biedenkopfs distanziertem, zuweilen unpersönlichem Politikstil eine Mitschuld an der Niederlage.

Diese Umstände führten zu der nächsten Erfahrung, die Kurt Biedenkopf zum ersten, allerdings auch zum letzten Mal machen sollte: Er war gezwungen, eine Stellung ohne direkte Macht zu übernehmen, die des Oppositionsführers im Düsseldorfer Landtag. Sicherlich, er hätte wieder in die Wissenschaft zurückkehren können – schließlich hatte er 1977 das von seinem Freund und Kollegen

Meinhard Miegel geleitete Institut für Wirtschaft und Gesellschafts-politik in Bonn gegründet –, und stellvertretender Parteivorsitzender war er auch noch. Doch wenn er nicht die Konsequenz aus der Wahl-niederlage gezogen hätte und in Düsseldorf angetreten wäre, hätte es das Ende seiner gefährdeten politischen Karriere bedeutet.

Sein Ausscheiden in Bonn bedeutete, daß er zu den Bundestags-wahlen im Oktober nicht als Anführer der nordrhein-westfälischen Landesliste antreten konnte. Diese Stellung erhielt nun wieder Rainer Barzel, dem er den ersten Platz 1975 streitig gemacht hatte. Auch seine Rolle in der Bundespartei war wesentlich geschwächt worden: Im April 1979 wurde er zwar in das CDU-Bundespräsidium gewählt, allerdings mit nur 401 Stimmen, dem schlechtesten Ergebnis dieser Wahl. Spätestens 1980 hatte er sich durch seine wechselnden taktischen Bindungen – von Kohl zu Albrecht, von Albrecht zu Strauß – einen Ruf erworben, der in der Union außer-ordentlich karrierehemmend wirkte und auch durch Brillanz nicht mehr auszugleichen war – er galt als illoyal.

Nun waren die Aktionsfelder des Bundestages und der Bundes-CDU weggefallen oder hatten sich stark reduziert. Er war auf Gedeih oder Verderb an die Landespolitik in Nordrhein-Westfalen gebun-den. Doch auch dort war Biedenkopfs Stern im Sinken begriffen. Nach den enttäuschenden 62 Prozent der Stimmen bei seiner Wahl zum Landesvorsitzenden im August 1979 verschlechterte natürlich die Niederlage am 11. Mai seine Stellung weiter. Als Franz Josef Strauß, mit dem er eine politische Liaison eingegangen war, bei der Bundestagswahl am 5. Oktober mit bescheidenen 44,5 Prozent unterlag, verlor Biedenkopf abermals an Terrain.

In den sieben Jahren, die er nun in der Politik war, hatte er es be-reits zu einer respektablen Liste von Feinden gebracht. Seine Gegner-schaften spiegelten seine eigene Stellung in der Union wider, die sich einer eindeutigen Lagerzuordnung entzog: Auch seine Kontrahenten waren in keinem bestimmten Parteiflügel angesiedelt, sondern kamen aus allen Richtungen, was Biedenkopfs Position nicht eben erleichterte. Dem Unionsliberalen Rainer Barzel hatte er mit Hilfe von Heinrich Windelen und Heinrich Köppler den Spitzenplatz der Landesliste zur Bundestagswahl 1976 abgenommen; Windelen kurz darauf vom Posten des Vorsitzenden in Westfalen-Lippe verdrängt. Er war, zumindest dem öffentlichen Eindruck nach, bestrebt gewesen, Köppler als Nummer eins der Union in Nordrhein-Westfalen abzulösen. Biedenkopf hatte sich im Laufe der Zeit mit dem Vorsitzenden der Sozialausschüsse Hans Katzer in der Mitbestimmungsdiskussion angelegt; Heiner Geißler zählte nach Biedenkopfs taktischem Schwenk von Kohl zu Strauß als Kanzlerkandidat gewiß nicht zu seinen Freunden in der Partei. Helmut Kohl war ohnehin als Gegner fest gebucht und nun auch mächtiger – und Biedenkopf schwächer –, denn sein Konkurrent Strauß war nach seiner Niederlage am 5. Oktober sehr wirkungsvoll nach Bayern verbannt.

In Nordrhein-Westfalen bekam Biedenkopf nach den schweren Schlägen einen Gegner, der keinen Hehl daraus machte, daß er Kohl näherstand als Biedenkopf: den Landtagsabgeordneten und Abteilungspräsidenten der Oberpostdirektion Köln, Bernhard Worms, der am 8. November 1980 als Nachfolger für den verstorbenen Köppler gewählt wurde. Er stellte Biedenkopfs Politik im Revier öffentlich in Frage, unter anderem den Kampf der Landes-CDU gegen die integrierte Gesamtschule, die sogenannte Coop-Schule, in Nordrhein-Westfalen, in dem sich Biedenkopf auch persönlich sehr stark engagiert hatte. Die Kampagne gegen die SPD-Schulpolitik im Land beurteilte der neue Vorsitzende des Verbandes Rheinland nun ganz anders. Er sagte, die CDU – tatsächlich meinte er Biedenkopf – habe sich in dieser Frage »verrannt«.

Ende 1980 meinte Worms in einem *Spiegel*-Interview: »Unsere Wahlniederlagen haben manchen in der Partei zum Nachdenken gebracht. Viele von uns wissen, daß es auf den alten Gleisen nicht weitergeht. Und ich genehmige mir jetzt, das laut auszusprechen.«

DER ABSTIEG

Das, worin für Biedenkopf der eigentliche Charme seines landespolitischen Engagements bestand, nämlich von einer sicheren Stellung aus in der Bundespolitik agieren zu können, funktionierte nun nicht mehr. Die Stellung im Land war alles andere als sicher, und jetzt begann umgekehrt die Bundespolitik in die nordrhein-westfälischen Landesverbände einzugreifen. Obwohl nach einer Umfrage des Allensbach-Institutes die CDU in Nordrhein-Westfalen 1981 wieder auf 48 Prozent gestiegen war, wurde Biedenkopfs Stand als Oppositionsführer bei seiner eigenen Partei nicht wesentlich besser. Seine Gegner im Revier streuten das Gerücht, er wolle bei nächster Gelegenheit auf den Posten eines EG-Kommissars in Brüssel wechseln. Auf dem 37. westfälischen Landesparteitag am 3. und 4. Juli in Münster wurde Biedenkopf immerhin mit 435 zu 75 Stimmen, (77 Prozent) als Vorsitzender wiedergewählt, ein Resultat, das zwar über dem 62-Prozent-Ergebnis von 1979 lag, für einen Parteivorsitzenden jedoch immer noch problematisch war.

Zu Beginn der achtziger Jahre wurde die öffentliche Debatte in der Bundesrepublik weitgehend von dem Nato-Nachrüstungsbeschluß gegen die sowjetischen SS-20-Raketen und die deutsche Friedensbewegung beherrscht. Kurt Biedenkopf plädierte in einem Aufsatz in der *Zeit* vom 30. Oktober 1981 dafür, den »Epplers, den Pazifisten, den Kommunisten die Initiative zu entreißen« und in der Friedensbewegung als Ganzes mehr zu sehen als eine kommunistisch gesteuerte Truppe von Antiamerikanisten. Auf dem Hamburger Parteitag im gleichen Jahr schlug ihm vor allem vom konservativen Unionsflügel Unverständnis für seine breitgefächerte Argumentation entgegen. Als Biedenkopf auch noch Berührungspunkte mit den Grünen (»sie stellen die richtigen Fragen«) zu erkennen gab, etwa beim Eintreten für kleinere und überschaubare Schulen, begegnete ihm in der Union vielfach pure Feindseligkeit.

In Westfalen mußte er Ende 1981 einen herben Schlag einstecken: Auf Druck des Landesvorstandes und gegen seinen ausdrücklichen Willen wurde das *Westfalen-Echo* wegen angeblicher Finanzprobleme eingestellt, eine von Biedenkopf herausgegebene und von Michael Sagurna, seinem späteren Regierungssprecher in Sachsen, betreute Zeitschrift, die sich, für eine CDU-Zeitschrift sehr ungewöhnlich, auch außerordentlich kritisch mit der eigenen Partei beschäftigte.

1983 löste ihn sein Konkurrent Bernhard Worms als Oppositionsführer im Düsseldorfer Landtag und damit auch als Spitzenkandidaten für die Landtagswahlen 1985 ab. Gleichzeitig stieg er auch vom Vorsitz des CDU-Landespräsidiums von Nordrhein-Westfalen in die Stellvertreter-Position ab; den Vorsitz übernahm auch hier Worms. Sicherlich bündelten sich hier verschiedene Kräfte gegen ihn – die Vertreter des größeren rheinischen Landesverbandes, die nicht hinnehmen wollten, daß das gemeinsame Präsidium in Nordrhein-Westfalen von einem Politiker geleitet wurde, der aus dem kleineren lippischen Verband kam. Nach seiner Wahlniederlage von 1980 trauten ihm viele Parteimitglieder nicht zu, die Union erfolgreich in den Landtagswahlkampf 1985 führen zu können. Bei seinem Abstieg führte jedoch unübersehbar Helmut Kohl die Regie, er machte keinen Hehl daraus, daß er Bernhard Worms unterstützte.

Das Blatt wendete sich noch einmal für Biedenkopf, als Bernhard Worms die Wahlen spektakulär verlor. Wenige Wochen danach rief er eine Reformkommission zusammen, um die schon seit 1956 immer wieder debattierte Fusion der beiden Landesverbände Westfalen-Lippe und Rheinland voranzutreiben. Beide Verbände einigten sich grundsätzlich auf den Zusammenschluß, der am 8. März 1986 vollzogen wurde. Biedenkopf, der wieder Oberwasser hatte, wurde mit respektablen 91,5 Prozent zum Landesvorsitzenden und damit zum Chef des größten CDU-Verbandes gewählt. Die Führungsrolle teilte er sich mit seinem Ersten Stellvertreter Dieter

Pützhofen, dem Oberbürgermeister von Krefeld. Schon bei seiner Wahl vereinbarte Biedenkopf mit Pützhofen, den Vorsitz an ihn abzugeben, wenn er 1987 wieder in den Bundestag einziehen würde.

Sein Comeback in Bonn stand jedoch von Anfang an unter einem schlechten Stern. Schon im Oktober 1986 wurde bekannt, daß Biedenkopf, der als Spitzenkandidat auf der Landesliste vorgesehen war, bei seiner auf diese Weise abgesicherten Wahl in den Bundestag dort den Vorsitz der nordrhein-westfälischen Landesgruppe übernehmen wollte. Obwohl Biedenkopf am 27. Januar 1987 alle Ambitionen auf den Posten des Landesgruppenchefs dementierte, wuchs die Mißstimmung über ihn im Landesverband. Pützhofen lehnte es auch öffentlich ab, für den Spitzenkandidaten Biedenkopf einen auf ihn zugeschnittenen Sonderwahlkampf im Revier zu führen. »Unser bester Mann«, erklärte er demonstrativ, »heißt auch in Nordrhein-Westfalen Helmut Kohl.« Als die Union zu den Bundestagswahlen 1987 in Nordrhein-Westfalen mit 40,1 Prozent ein sehr bescheidenes Ergebnis hinnehmen mußte, das deutlich unter dem Bundesdurchschnitt (44,3 Prozent) lag, wurde der Einbruch ausschließlich Biedenkopf angelastet. Er wurde zwar in den Fraktionsvorstand der CDU/CSU-Bundestagsfraktion gewählt, allerdings mit dem schlechtesten Ergebnis aller Vorstandsmitglieder, mit 109 gegen 42 Stimmen bei 13 Enthaltungen. Biedenkopf erklärte seinen Verzicht auf eine erneute Spitzenkandidatur in Nordrhein-Westfalen 1990.

Jetzt begann die Demontage Biedenkopfs erst richtig. Im März 1987 wählte der CDU-Landesvorstand nicht den Biedenkopf-Getreuen Günter Meyer zum Geschäftsführer des Landesverbandes, sondern mit 21 zu 19 Stimmen und auf Betreiben Dieter Pützhofens, der längst zum offenen Konkurrenten geworden war, dessen Favoriten Jörn Hochrebe. Biedenkopfs Reaktion war geradezu tragikomisch. Er forderte den CDU-Generalsekretär Heiner Geißler auf, Hochrebe nicht im Amt zu bestätigen. Eine solche Bestätigung durch den Generalsekretär ist zwar nach den Statuten der CDU notwendig;

sie wurde allerdings noch in keinem Fall verweigert. Geißler, ohnehin kein intimer Freund Biedenkopfs, dachte gar nicht daran, seinem Amtsvorgänger den Wunsch zu erfüllen. Nach dieser öffentlichen Demütigung durch den Landesvorstand folgte der eigentliche Absturz: Um die Landes-Union überhaupt wieder arbeitsfähig zu machen, forderte die Düsseldorfer CDU-Landtagsfraktion am 5. Mai 1987 Biedenkopf und Pützhofen bei nur einer Gegenstimme ultimativ zum Rücktritt auf. Auf dem eilig einberufenen Sonderparteitag am 22. Mai in Essen wurde Norbert Blüm zum neuen (und ebenfalls glücklosen) Landesvorsitzenden gewählt; Biedenkopf hatte seine Basis im Revier endgültig verloren.

Kurt Biedenkopf war zwar noch Bundestagsabgeordneter, darüber hinaus ein gefragter Anwalt und Unternehmensberater. Seine politische Karriere war jedoch beendet; er lag, wie er es später einmal formulierte, »mit der Nase im Dreck«. In einem Interview mit der *Süddeutschen Zeitung* vom 23./24. März 1989, seiner letzten großen öffentlichen Äußerung vor dem Mauerfall, war er nur noch der Beobachter der Unionspolitik, einer Politik, die ihn in seiner grimmigen Einschätzung bestätigte, denn Anfang 1989 hatte die Union in ihrem öffentlichen Erscheinungsbild einen Tiefstand erreicht:

»Wenn es richtig ist, das setze ich allerdings voraus, daß es bei der Übernahme von Führungsfunktionen nicht in erster Linie darum geht, daß man das Amt hat, sondern daß man einem politischen Ziel dient, dann muß erst dieses Ziel bestimmt werden. Unbestritten ist, daß das politische Zeil der Union diffus geworden ist. Für mich stellt sich die Personalfrage erst dann, als Mitglied des Bundesvorstandes und als jemand, der dieser Partei seit 15 Jahren aktiv dient, wenn sich zeigt, daß die Führung die Diskussion über die eigentlichen Ursachen der Wahlniederlagen nicht führt, also nicht versucht, zu den wirklichen Gründen vorzudringen. (...)

Die Führung der Partei ist verantwortlich für den Zustand der Partei. Und wenn die Partei ins Schleudern gerät, wenn sie ihre

Orientierung verliert, wenn sie in Hektik verfällt, wenn sie Angst bekommt wegen des möglichen Verlustes politischer Gestaltungschancen, dann ist das genau die Sache der Führung, wie es deren Sache ist, wenn die Partei glänzend dasteht.«

Das klang wie ein Schlußwort zu einer beendeten politischen Karriere.

DER MINISTERPRÄSIDENT
VON SACHSEN
1990 – 1994

DER KANDIDAT
1989 – 1990

Die beiden markantesten Ereignisse der tiefsten Zäsur, die die
Bundesrepublik erfuhr, erlebte Kurt Biedenkopf an den unmittelbaren Orten der Geschichte: Am 10. November 1989 kam er nach
Berlin – nicht nur, wie die meisten anderen Politiker, in den Westen,
sondern über den Übergang Invalidenstraße in den fast menschen-
leeren Ostteil. Die Nachricht vom Mauerfall hatte er tags zuvor wie
alle anderen Abgeordneten im Bundestag gehört, als mitten in die
Debatte hinein gegen 19 Uhr die Agenturmeldung verlesen wurde.

Und eher zufällig war er Gast jener entscheidenden Nachtsitzung
der Volkskammer vom 22. zum 23. August 1990, in der um zwei
Uhr siebenundvierzig der Beitritt der Deutschen Demokratischen
Republik zum »Geltungsbereich des Grundgesetzes« und damit das
Ende der DDR beschlossen wurde.

In diesen knapp 11 Monaten zwischen dem Ende der SED-Macht
(am 7. November 1989 abends trat das Kabinett Stoph zurück, dem
noch Erich Mielke als Minister für Staatssicherheit angehört hatte)
und dem Ende des Staates DDR drängten sich die Ereignisse, über-
stürzten sich, überlagerten und katalysierten einander derart, daß
sie auch in ihrer Beschreibung den Autor zu einer Gleichzeitigkeit
der Darstellung und zu einem Verzicht auf chronologische Reihung
zwingen. Die Fülle der Ereignisse zwischen dem 17. März 1990, an
dem die letzte Volkskammer gewählt wurde, und dem 23. August,
an dem dieses Parlament das Ende des Staates beschloß, ist stupend:
Das gerade aus dem Nichts entstandene wie auch das aus den Zeiten
der Diktatur überkommene Parteien- und Bewegungstableau der
DDR ging mit Ausnahme der SED-PDS im westdeutschen Parteienschema auf; zugleich begannen in der ostdeutschen CDU die heftigen, durch West-Politiker nur vermittelten Auseinandersetzungen
zwischen neueingetretenen und jenen Mitgliedern, die unter dem

Ancién regime eine herausragende Rolle gespielt hatten. Die Wiedererrichtung der 1952 abgeschafften Länder in der Noch-DDR lief auf Hochtouren, die Währungsunion vom 1. Juli besiegelte faktisch die Vereinigung, während die Verhandlungskommissionen unter Innenminister Wolfgang Schäuble und dem DDR-Staatssekretär Günther Krause noch in fliegender Hast an dem Vertragswerk arbeiteten, das die Vereinigung zweier Staaten, die sich noch sechs Monate zuvor in gegnerischen Militärblöcken gegenüberstanden und deren Fusion hüben wie drüben bestenfalls ein Außenseiterthema war, auch praktisch regelte. In dieser Gemengelage – einer DDR, die sich in einem eigentümlichen Aggregatzustand zwischen alter und neuer Ordnung befand – wurde schon nach den Spitzenkandidaten für die Landtagswahlen in fünf Ländern gesucht, die formell noch gar nicht bestanden, und die – nunmehr gesamtdeutsche – Bundestagswahl vorbereitet.

Unter den zukünftigen neuen Ländern nahm Sachsen aus mehreren Gründen eine Sonderrolle ein: Es war nicht nur die am dichtesten besiedelte und wirtschaftlich stärkste Region in Ostdeutschland. Etwas weniger als ein Drittel der Ostdeutschen lebte hier, und weit mehr als ein Drittel des DDR-Sozialprodukts wurde in den dortigen Industrierevieren erwirtschaftet.

In den Bezirken, die den Freistaat bilden sollten, vor allem in den Städten Leipzig und Dresden, lag auch das Epizentrum der Erschütterung, die das SED-Regime zum Einsturz brachte. Hier hatte sich am ehesten so etwas wie ein städtisch-bürgerliches Selbstbewußtsein erhalten, das von der DDR-Alltagskultur lediglich überdeckt worden war, ähnlich den soliden Gründerzeitbauten beider Städte, die zwar unter einer egalisierenden Schmutzschicht verschwanden, aber nicht zerstört wurden. Das Gewicht der Bürgerrechtsbewegung des Herbstes '89 hatte sich von Berlin sehr schnell nach Leipzig und Dresden verlagert. Dort waren die Demonstrationen größer und die Demonstranten ausdauernder als anderswo, und die Mitglieder jener zunächst lockeren Personenbündnisse, die sich überall im Land bildeten, formulierten im Gegensatz zu der schwammig-unentschlossenen Großplattform des *Neuen Forum* und kleiner Gründungen wie dem *Demokratischer Aufbruch*, der *Sozialdemokratischen Partei Deutschlands (SDP)* und *Demokratie Jetzt* ihre Ziele sehr bestimmt.

In Leipzig begannen die Bürgerrechtler die Auflösung des Ministeriums für Staatssicherheit mit einem sehr praktischen Schritt, der Besetzung der MfS-Zentrale; in Dresden bildete sich, zunächst relativ zufällig, aber wirkungsvoll im Agieren, die *Gruppe der 20*.

Ihr gehörten unter anderem der Mathematiker Arnold Vaatz an, der wegen Verweigerung des NVA-Reservedienstes sechs Monate im Gefängnis gesessen hatte und schon seit längerer Zeit lockere Kontakte zu oppositionellen Kreisen besaß; der künftige Dresdner Oberbürgermeister Herbert Wagner und, in der späteren Phase, der Kirchenjurist Steffen Heitmann als Rechtsberater. Anders als die Oppositionellen vor allem in Ostberlin, von denen ein großer Teil aus der kirchlichen Bewegung gegen die SED stammte und die sich meist schon längere Zeit kannten, erlebten die Bürgerrechtler vor allem in Dresden erst im Herbst '89 ihr politisches Coming out; sie unterschieden sich auch in ihrer bürgerlich-liberalen bis wertkonservativen Einstellung von jenen Reformkräften, wie sie sich etwa um Bärbel Bohley und das *Neue Forum* gesammelt hatten.

Vor allem Vaatz, der im November 1989 zum Pressesprecher der *Gruppe der 20* gewählt und damit ihr öffentlicher Repräsentant wurde, hielt nicht viel vom Vorgehen der meisten Oppositionsgruppen, die mitten im Umbruch des Landes ganze Abende um die Zahl ihrer Sprecher oder Details ihrer Geschäftsordnung stritten. Er gehörte vielmehr zu den politischen Gestalten des Herbstes, die sehr schnell begriffen, daß sie reale Macht erobern und in die Institutionen marschieren mußten, wenn sie an der Neugestaltung teilhaben wollten. Vaatz, Herbert Wagner und, unabhängig von ihnen, der spätere CDU-Kreisvorsitzende von Dresden Dieter Reinfried beschleunigten die Debatte über die politische Zukunft und sicherten sich gleichzeitig einen guten Teil der Meinungsführerschaft, indem sie Termine für die nächsten Entscheidungen forderten: Am 6. Mai Kommunalwahlen, am 13. August Landtagswahlen, Wiederherstellung der Länder zum frühestmöglichen Zeitpunkt.

Diese Ideen legte die Gruppe um Vaatz am 13. November vor, noch sechs Tage vor dem Besuch Helmut Kohls in Dresden. In dieser Zeit zwischen Mitte und Ende November 1989 war die öffentliche Stimmung, soweit sie sich in den allwöchentlichen Demonstrationen auf dem Leipziger Ring, Dresdner Straßen und in vielen kleineren Städten manifestierte, vom Aufbegehren gegen die SED in die Forderung nach einer schnellen Einheit der beiden deutschen Staaten umgeschlagen. Hier lag der Schnittpunkt der Parolen »Wir sind das Volk« und »Wir sind ein Volk«.

Vaatz, ein entschiedener Verfechter der Einheit, rechnete zu dieser Zeit schon mit einer ganz wesentlichen Folge des Mauerfalls: Die Grenze war offen, und nichts konnte das westdeutsche Parteiensystem in den kommenden Monaten daran hindern, sich nach Osten auszudehnen, zumal sich die Affinitäten mehr oder minder stark herauskristallisierten. Der *Demokratische Aufbruch,* die *Deutsche Soziale Union – DSU* (eine Vereinigung von etwa 20 konservativen Splittergruppen) und die Ost-CDU suchten Kontakte zur Union; die SDP zur SPD, die Bürgerbewegungen wie *Neues Forum, Demokratie Jetzt* und *Initiative für Frieden und Menschenrechte* zu den Grünen.

Für die Gruppe um Vaatz ging es nur darum, welcher politischen Kraft sie sich anschließen sollte. Mit der ostdeutschen CDU verband ihn eine bemerkenswerte Mischung aus tiefer Abneigung und dem gleichzeitigen Wunsch, das innere Gefüge der vormals staatstreuen Blockpartei gemeinsam mit Gleichgesinnten von innen aufzubrechen.

Seine Ressentiments gegen die Altkader der CDU, die – wie die nächsten Monate zeigen sollten – beinahe stärker ausgeprägt waren als seine Gegnerschaft zur SED, speiste sich aus seiner Biographie: Während seiner Haft hatte er gegenüber seinem »Erzieher«, der ihn wieder zu einer staatstreuen Haltung bekehren sollte, seine Wehrdienstverweigerung immer wieder mit seiner christlichen Überzeugung begründet. Der »Erzieher« hielt Vaatz ebenso regelmäßig entgegen, christliche Anschauung und Loyalität gegenüber der SED seien doch überhaupt kein Widerspruch; bestes Beispiel dafür sei Gerald Götting, Vorsitzender der Block-CDU und Stellvertretender Vorsitzender des Staatsrates. In diese CDU wollten die Neupolitiker aus der Bürgerbewegung keinesfalls bedingungslos eintreten.

Der baden-württembergische Ministerpräsident Erwin Teufel vermittelte zwischen der Vaatz-Gruppe und dem neuen Vorsitzenden der sächsischen Landes-CDU Klaus Reichenbach und handelte die Modalitäten des Beitritts aus: Die Dresdener sollten eine »faire Chance« erhalten, sich in den Gremien der Partei vorstellen und für Führungsämter kandidieren zu können.

Klaus Reichenbach, der kurz vor der Wende Bezirksvorsitzender der CDU in Karl-Marx-Stadt geworden war, sich im Frühherbst 1989 in einem Interview noch »Ratschläge von Kohl und Konsorten« verbeten hatte und betonte, die Ost-CDU und die SED hätten »stets das Gemeinsame« gesucht, empfing die neuen Mitglieder um Vaatz gewiß nicht mit offenen Armen; er war jedoch Taktiker genug, um zu wissen, daß der CDU angesichts der kommenden Wahlen ein Zugang von eher konservativ gesinnten Vertretern der Bürgerbewegung nur recht sein konnte. Herbert Wagner, Dieter Reinfried und andere wurden nach ihrem Eintritt mit guten Ergebnissen in den Stadtvorstand der Dresdner CDU gewählt. Vaatz versuchte auf dem ersten Landesparteitag am 3. März 1990 sogar, gegen Reichenbach anzutreten und den Vorsitz der gerade konstituierten sächsischen Union zu übernehmen. Er scheiterte erwartungsgemäß, bekam

102

jedoch immerhin ein Drittel der Delegiertenstimmen und wurde mit überzeugender Mehrheit in Landesvorstand und Präsidium gewählt. Durch diesen Zustrom von Reformkräften des Herbstes, den es in den anderen CDU-Verbänden der Noch-DDR so nicht gegeben hatte, wurde die sächsische CDU, eine Partei nur dem Namen nach, vielmehr zur Arena für eine Auseinandersetzung zwischen Mitgliedern, die in ihrer Biographie, ihrem Politikstil und ihren Vorstellungen nicht unterschiedlicher hätten sein können.

In dem Landesverband, der erst 1990 entstand – vorher war die CDU wie alle anderen DDR-Parteien nach Bezirken gegliedert –, baute sich eine Doppelstruktur auf: Zum einen erlebte er weitere Eintritte aus dem Kreis der Bürgerbewegungen, von Männern, kaum Frauen, die die DDR-Zeit meist in kritischer Distanz zum Staat erlebten, wie der spätere stellvertretende Landesvorsitzende Volker Schimpff oder der künftige innenpolitische Sprecher der CDU-Landtagsfraktion Volker Bandmann.

Zum anderen zeichnete sich auch im sächsischen Landesverband ein Phänomen ab, das die anderen Gliederungen im Osten weit stärker prägen sollte: Nach dem Abtritt der kompromittierten ersten Reihe der CDU-Blockfunktionäre rückte die zweite und dritte Garnitur an die Spitze; Inhaber kleiner oder schon herausgehobener Stellvertreterpositionen.

Reichenbach, der für kurze Zeit CDU-Bezirkschef in Karl-Marx-Stadt und vorher einer dieser typischen Stellvertreter gewesen war, holte bezeichnenderweise den ehemaligen stellvertretenden Leipziger Bezirksvorsitzenden der CDU Volker Terp* als Landesgeschäftsführer nach Dresden, der dort wiederum für die Personal-

---

* Als Terp starb, kurz bevor seine MfS-Kontakte offiziell bekanntgeworden wären, meinten seine Gegner in der Landes-CDU etwas pietätlos: »Er hat seinen Herzinfarkt genommen.«

politik verantwortlich zeichnete; Johannes Schramm*, vormals Bezirksvize in Dresden, wurde Landessekretär der CDU. Deutlichere Antipoden als diese Politiker, die sich auf dem Podium einer innerlich zutiefst inhomogenen Partei versammelten, ließen sich kaum denken: Auf der einen Seite Arnold Vaatz, Wehrdienstverweigerer und von der Staatssicherheit überwachter Staatsfeind, auf der anderen der ehemalige NVA-Offizier und Inoffizielle Mitarbeiter des MfS Volker Terp.

Klaus Reichenbach, den diejenigen, die mit ihm zusammenarbeiteten, als eher unsicheren und von seiner täglichen Stimmung im hohen Maße abhängigen Menschen beschreiben, wollte gewiß nicht den Staat DDR prolongieren. Im Gegenteil, er gehörte zu den Wortführern der Überlegung, für den Fall, daß bei den Volkskammerwahlen im Frühjahr 1990 keine einigungswillige Regierung zustande kommen sollte, umgehend den Freistaat Sachsen auszurufen, Landtagswahlen zu organisieren und im erwarteten Fall einer CDU-Mehrheit den separaten Anschluß Sachsens an die Bundesrepublik nach Paragraph 23 des Grundgesetzes zu betreiben. Reichenbach war jedoch zugleich davon überzeugt, daß Politiker wie er selbstverständlich zur politischen Klasse des vereinigten Deutschlands gehören müßten. Weniger glaubte er das aus einem Opportunismus heraus, der seine Chancen kühl abwägt, sondern aus einer Mischung von trainierter Anpassung und Verlangen nach Partizipation.

Tatsächlich stieg Reichenbach nach den Volkskammerwahlen vom 17. März 1990 zum Leiter der Kanzlei des Ministerpräsidenten Lothar de Maizière auf und nahm damit einen Rang in der letzten DDR-Regierung ein, der – mit Abstrichen – dem des Kanzleramtsministers entsprach.

---

* Wie sich nur wenig später herausstellte, war Schramm, wie Terp, ebenfalls Inoffizieller Mitarbeiter der Stasi.

Mit dieser Konstellation der Kräfte – wobei die Neueingetretenen wie auch die reformwilligen Altmitglieder den Zahlen nach weit unterlegen waren – begann die Auseinandersetzung um die Spitzenkandidatur bei den Landtagswahlen. So, wie Reichenbachs Aufstieg zum Landesparteivorsitzenden und de Maizières Kanzleichef verlaufen war, schien er die besten Chancen zu haben, Kandidat der sächsischen CDU für das Amt des ersten Ministerpräsidenten zu werden. In den anderen Landesverbänden wurden die jeweiligen Vorsitzenden – Josef Duchac in Thüringen, Gerd Gies in Sachsen-Anhalt, Alfred Gomolka in Mecklenburg-Vorpommern und Peter-Michael Diestel in Brandenburg – ohne größere Auseinandersetzungen und mit dem mehr oder minder ausgeprägten Segen des Parteivorsitzenden Lothar de Maizière nominiert. In der sächsischen CDU, die, wie schon beschrieben, viel weniger homogen war als die anderen Verbände, hatte Reichenbach gespürt, daß sein Stand bei der Basis nicht sonderlich sicher war.

Schließlich hatte er sich schon als Landeschef in einer Kampfkandidatur durchsetzen müssen. Als Ministerpräsident wäre ihm also kaum die ungeteilte Unterstützung seiner Partei sicher gewesen, und vor allem Arnold Vaatz ließ keinen Zweifel daran, daß für ihn ein Spitzenkandidat Reichenbach völlig inakzeptabel war. Zudem hatten die Sozialdemokraten schon damit begonnen, Reichenbachs sozialismustreues Interview vom Herbst 1989 zu vervielfältigen, um es als Wahlkampfmaterial zu verwenden.

Bei allen Zweifeln, die Reichenbach bereits an seiner – noch nicht offiziell ausgesprochenen – Kandidatur hatte, spielte es sicherlich eine Rolle, daß er zugleich für die Zeit nach der deutschen Einheit mit einem Amt auf Bundesebene liebäugelte. Das ursprünglich von de Maizière anvisierte Beitrittsdatum, der 1. Dezember, hätte ihm auch Gelegenheit gelassen, erst das Wahlergebnis in Sachsen am 14. Oktober 1990 abzuwarten. Jetzt, da ein früherer Beitrittstermin als wahrscheinlich galt (Lothar de Maizière hatte nach seinem Besuch bei Helmut Kohl am Wolfgangssee im Sommer sogar den 14. Oktober für gesamtdeutsche Bundestagswahlen genannt), mußte er sich zwischen den Ambitionen entscheiden.

Den Ausschlag gab jedoch die Drohung der Gruppe um Vaatz, wieder aus der CDU auszutreten und mit dem *Demokratischen Aufbruch,* der *Forum-Partei* und der *DSU* einen eigenen Kandidaten aufzustellen, wenn Klaus Reichenbach offiziell nominiert würde. Zwar dachte Arnold Vaatz nicht daran, eine solche Gegenstrategie auch tatsächlich mit letzter Konsequenz zu betreiben, doch allein die Ankündigung zeitigte die von ihm erhoffte Wirkung. In diese Auseinandersetzung plazierte die Bonner CDU-Führung einen eigenen Personalvorschlag: den Staatssekretär im Innerdeutschen Ministerium Walter Prießnitz, der durch die bevorstehende Auflösung des Ressorts beschäftigungslos zu werden drohte.

Den Bonner Spitzenbeamten empfanden jedoch sowohl die sächsische CDU als auch die ostdeutsche Parteiführung um de Maizière als Zumutung, denn es war zu offensichtlich, daß hier ein Politiker versorgt werden sollte, dessen Karriere in Bonn nicht mehr wie geplant in ruhiger Bahn bis zur Pensionierung verlaufen konnte. Sowohl die Sachsen – die Gruppe um Vaatz wie die Landesparteiführung um Reichenbach – als auch Lothar de Maizière und Lothar Späth dachten über eine Alternative zu Prießnitz nach. Denn nur mit einem eigenen Vorschlag, darüber waren sich alle Beteiligten im klaren, konnten sie die Personalplanung des Adenauer-Hauses konterkarieren.

Späth, damals baden-württembergischer Ministerpräsident, pflegte seit 1983 relativ enge Kontakte zu Ost-CDU-Politikern und Kirchenleuten im Raum Leipzig und Dresden; 1990 lernte er auch die Mitglieder der *Gruppe der 20,* Dresdener Künstler wie den Schauspieler Friedrich-Wilhelm Junge, den Entertainer Gunter Emmerlich und den Musiker Ludwig Güttler sowie den Oberbürgermeister Wolfgang Berghofer kennen. Aus den engen Kontakten ergab sich nach

106

der Wende eine Art Partnerschaft zwischen der baden-württembergischen und der sächsischen CDU und damit auch eine Vermittler-
rolle Späths in der Auseinandersetzung um einen Spitzenkandidaten.
Nach der Sommerpause sprach nun alles für einen Kandidaten von
außen, zumal Vaatz bei einem Besuch in Stuttgart noch einmal deutlich gemacht hatte, daß nur ein solcher Personalvorschlag die tiefen
Spannungen in der Landespartei befrieden könnte. Vaatz redete
Späth außerdem einen Plan aus, der aus heutiger Sicht geradezu
abenteuerlich erscheint: Er wollte den inzwischen aus der SED aus-
getretenen Wolfgang Berghofer, der, allerdings eher im Westen als
im Osten, als »Hoffnungsträger« galt, zum Spitzenkandidaten der
Union in Sachsen machen und ihn notfalls durch seine baden-
württembergische CDU aufnehmen lassen. Nachdem deutlich
wurde, das nicht nur die sächsische Union, sondern auch die Wähler
kaum einen auf diese Weise schnellgewendeten Ex-SED-Politiker
akzeptieren würden, fiel in den Gesprächen zunächst der Name
Heiner Geißlers und – zum erstenmal und als weitere Variante – der
Kurt Biedenkopfs.

De Maizière und Reichenbach waren sich einig, daß der Kandidat, den sie suchten, wegen der zu erwartenden sozialen Verwerfungen in Ostdeutschland aus dem linken oder zumindest jenem
Spektrum der CDU kommen sollte, das den Sozialausschüssen und
dem Arbeitnehmerflügel nicht abgeneigt gegenüberstand. Heiner
Geißler, von Lothar Späth angesprochen, zögerte und sagte schließlich auf das Drängen seiner Unionsfreunde hin vorläufig zu. Mitte
August galt er in den Medien als Spitzenkandidat der CDU für die
sächsischen Landtagswahlen am 14. Oktober 1990. Doch dann
passierte das Unerwartete: Ende August, keine acht Wochen vor dem
Wahltermin, sagte Geißler doch endgültig ab. Er wäre im äußersten
Notfall angetreten, allerdings unter Umständen, die ihn sehr bela-
stet hätten: Seine Familie war strikt dagegen und weigerte sich, im
Fall seiner Wahl mit ihm nach Dresden zu gehen. Seine Frau und

seine Kinder hielten ihm vor, er habe sich lange genug für die Partei aufgerieben; nun sei »das Ende der Fahnenstange« erreicht.

Inzwischen war auch endgültig offensichtlich, daß weder Walter Prießnitz noch Klaus Reichenbach von der Mitgliederbasis in Sachsen die Unterstützung bekommen konnten, die für eine Kandidatur und vor allem für das spätere Regierungsgeschäft unerläßlich gewesen wäre. Und ein anderer politischer Aufsteiger, der ehemalige Mathematiklehrer Rudolf Krause, 1990 sogenannter Landessprecher und damit Leiter des Aufbaustabes für das künftige Land Sachsen, traute sich die Spitzenkandidatur nicht zu, wohl auch deshalb, weil er Bedenken wegen seiner Vergangenheit hatte: Er war ehrenamtliches Mitglied des FDJ-Zentralrates und, wie sich später herausstellte, auch Informant der Staatssicherheit gewesen. Die Mehrheit der CDU-Mitglieder wäre ihm zu dieser Zeit vermutlich sicher gewesen, wenn er gewollt hätte. Doch so, wie die Dinge Anfang August lagen, war die Union ausgerechnet für das wichtigste der zukünftigen fünf neuen Länder um einen Kandidaten verlegen. Und Kurt Biedenkopf, den Bundestagsabgeordneten ohne bedeutende parteiinterne Anhängerschaft zu bitten, in Sachsen anzutreten, barg ein beträchtliches Risiko: Helmut Kohl hatte, als er von dieser Überlegung erfuhr, gegenüber de Maizière und Späth geäußert, sie könnten von ihm aus jeden auffordern, »nur nicht diesen Traumtänzer«.

Am Samstag, dem 26. August 1990, eine halbe Stunde nach Mitternacht, telefoniert Späth noch einmal mit Geißler und holt sich eine definitive Absage. Er schlägt in seinem Notizbuch die Nummer von Biedenkopfs Ferienhaus am Chiemsee nach und klingelt ein Uhr morgens dort an. Lothar Späth will von seinem Parteifreund, den er gerade aus dem Schlaf gerissen hat, wissen, ob er bereit ist, für das Amt des sächsischen Ministerpräsidenten anzutreten. »Das ist eine Frage, die ich um diese Zeit wirklich nicht beantworten kann«, erwidert Biedenkopf. Späth drängt. Er hat der Führung der sächsischen Union versprochen, alles zu tun, um einen Kandidaten zu finden. Im Laufe des Tages wird deren Präsidium und Vorstand in Chemnitz tagen und erwartet von dem baden-württembergischen Ministerpräsidenten einen Vorschlag, der die quälende Suche nach einer durchsetzbaren politischen Figur beendet. »Um halb acht rufe ich noch einmal an«, sagt Späth.

Wie bei seinem Wechsel in den Henkel-Vorstand und von dort auf den Posten des Generalsekretärs der CDU hatte es auch diesmal keine Ambitionen Biedenkopfs, sondern ein relativ überraschendes Angebot gegeben. Doch in beiden Fällen war ihm eine längere Bedenkzeit als sieben Stunden zugebilligt worden, und das Engagement war jeweils kalkulierbar gewesen – die Offerte Henkels ohnehin, aber auch 1973 in Bonn durfte die Wahl Helmut Kohls zum Vorsitzenden und damit seine eigene zum Generalsekretär als sicher gelten. In jenen Augusttagen 1990 konnte Biedenkopf nur damit rechnen, daß der Vorstand der sächsischen Union seine Nominierung befürworten wurde. Ob auch die Delegierten des Landesparteitages für ihn, einen unbekannten Import, stimmen würden, war alles andere als sicher. Und im positiven Fall erwartete ihn danach die eigentliche Herausforderung: ein Wahlkampf, für den nur sechs Wochen zur Verfügung standen.

Für Kurt Biedenkopf wurde es eine kurze Nacht. Er beriet sich mit seiner Frau; er rief seinen Freund und Kollegen Meinhard Miegel an und bat ihn um Rat. Kurz vor halb acht Uhr morgens sprach er noch einmal mit Miegel, was als Beleg dafür dienen mag, wie lange Biedenkopf die Argumente abwog, um dann buchstäblich im letzten Moment zu entscheiden. »Ich will in einer solchen Kandidatenkür nicht verschlissen werden«, sagt Biedenkopf zu Späth. »Aber wenn die sächsische CDU keinen Kandidaten hat und sich geschlossen auf mich einigt, dann würde ich es machen.«

Lothar Späth teilte dem CDU-Präsidium Sachsen Kurt Biedenkopfs grundsätzliche Bereitschaft mit, in Sachsen anzutreten. Für einen

Moment war noch einmal alles offen, als der Leipziger Herbert Goliasch seinen Parteifreund Rudolf Krause fragte: »Rudi, willst du es machen?« Nach einigen Sekunden, in denen im Beratungsraum völlige Ruhe herrschte, sagte Krause: »Nein.« Damit war der Weg für die Kandidatur Biedenkopfs frei. Das Präsidium billigte seine Nominierung einstimmig und sehr erleichtert.

Als Späth nach der Sitzung Biedenkopf das Ergebnis mitteilen wollte, waren wieder einmal alle Telefonleitungen in den Westen zusammengebrochen. Er mußte nun ohne Rücksprache mit ihm noch das Votum des Landesvorstandes einholen. Gegen 12 Uhr war auch das sicher. Daß er jetzt offizieller Kandidat der CDU für das Amt des sächsischen Ministerpräsidenten war, erfuhr Kurt Biedenkopf am frühen Nachmittag aus den Rundfunknachrichten.

Für Kurt Biedenkopf kam das ganze Verfahren der Nominierung ohne Zweifel überraschend. Gegenüber der Ostberliner Tageszeitung *Der Morgen* versicherte der designierte Spitzenkandidat:

»Ich betrachte das nicht als Comeback. Wenn es das wäre, hätte ich mich darum bemühen und dafür arbeiten müssen. Aber davon ist nicht die Rede. Ich bin nicht von mir aus auf eine solche Idee gekommen. Diese Empfehlung zur Kandidatur ist das Ergebnis der eigenen Überlegung des sächsischen CDU-Landesvorstandes.«

Dem *Stern* sagte er am 13. September:

»Ich wäre nie auf die Idee gekommen, mich zu bewerben. Ich habe den Freunden gesagt, das beste wäre, ihr fändet in eurer politischen Klasse jemand, der das kann. Die Partei hat es versucht. Sie ist nach langen Beratungen zu dem Ergebnis gekommen: Wir haben keinen.«

Was hatte er für sich erwartet, als am 9. November '89 die Mauer fiel? Ohne die Umrisse des Gedankengebäudes schon zu kennen, das sich für ihn in den nächsten zwei Jahren zusammenfügen sollte – dazu kam auch für ihn die deutsche Einheit zu plötzlich und unerwartet –, ahnte er doch, daß mit den Ereignissen zwischen Herbst

1989 und Herbst 1990 eine Zäsur für die Bundesrepublik heranreifte, die kaum etwas beim Alten lassen würde. Das Beharrungsvermögen der Gesellschaftsgruppen, die »Antwortgesellschaft«, wie der Kommunikationswissenschaftler Ulrich Lohmar den Oberflächenkonsens der saturierten Republik nannte, sich mit einmal gefundenen und ständig wiederholten Antworten auf Probleme zu begnügen und heranreifende Krisen kollektiv auszublenden, die »Gebirge von Besitzständen«, die Biedenkopf schon auf dem Mannheimer Parteitag 1975 beklagte und die im letzten Jahrzehnt der alten Bundesrepublik noch gewaltig gewachsen waren – all das kam nun auf einmal ganz unvorbereitet ins Gleiten. Plötzlich öffnete sich der Spielraum für ganz neue Debatten, den er in den letzten Jahren zunehmend stärker ersehnt hatte: Die »Antwortgesellschaft« war im Begriff, zu einer Gesellschaft zu werden, die sich in fast allem, was bislang als gesichert galt, in Frage stellen lassen mußte. Zwei Jahre später hatte sich diese Überzeugung bei Biedenkopf zu ihrem Vollbild ausgeprägt.

Im Interview mit der *Wochenpost* vom 8. Oktober 1992 sagte er: »Die Fragen werden sich nicht unterdrücken lassen. Die alte Bundesrepublik ist ein sorgfältig austariertes System von Chancen und Möglichkeiten. Man kann sich das vorstellen wie ein Mobile mit Hunderten von Teilen. Was passiert nun, wenn ich eins von diesen Gewichtchen verändere? Dann geht ein leichtes Vibrieren durch das ganze Mobile. Wenn ich im Westen die Polizistenbezahlung verändere, klingelt es dort bei der Staatssekretärsbezahlung. Und jetzt kommt die deutsche Einheit, und das bedeutet: Wir haben plötzlich ein Pfundgewicht in das Mobile gehängt. Damit kommt das ganze System aus dem Gleichgewicht. Und jetzt stellen sich die, die das alte System geschaffen haben, hin und behaupten: Das Pfundgewicht gibt es gar nicht! Das ist nur ein Übergangszustand, das wird in Kürze wieder abgehängt! Aber das ist eine Illusion! Der ganze Prozeß ist ja irre. Das ist das Tolle daran. Wir kriegen nach vierzig Jahren als

Geschenk für alle Deutschen die Chance, uns in unglaublicher Weise zu verändern.«

Alles, was über Jahre hinweg Biedenkopfs Ceterum censeo gewesen war: das Problem der sozialen Sicherungssysteme, die in ihren Ausmaßen immer gigantischer wurden, ohne auch an Leistungsfähigkeit zuzulegen, die grundlegende Verschiebung der Altersstruktur in der Bevölkerung, die den Generationenvertrag, das Rentensystem, in seiner bisherigen Form in Frage stellte, die zunehmende Innovationsschwäche einer selbstzufriedenen Industrie, die verkarstete, unmoderne Hochschullandschaft, alle diese verhinderten und verschobenen Debatten standen nun zur Befriedigung des Professors unabweislich auf der Tagesordnung.

Vor allem legte die Erschütterung durch die Einheit den Blick auf die Anatomie (und damit die Anomie) der altbundesrepublikanischen Gesellschaft frei: Deren Identität hatte seit den Wirtschaftswunderjahren in der Gewißheit bestanden, daß der Wohlstand jedes Jahr, unbeschadet gelegentlicher konjunktureller Einbrüche, ein wenig zunehmen würde. Das im Grunde einzige verbindende Element unter den Interessengruppen dieser Gesellschaft war die Auseinandersetzung um die Verteilung dieses Zuwachses.

Jetzt stellte sich die Frage in einer ganz anderen Dimension, die Kurt Biedenkopf schon in der »Mannheimer Erklärung« von 1975, dem Jahr einer – nach heutigen Maßstäben milden – Wirtschaftskrise umtrieb: Was geschieht im »Mobile« dieser hochorganisierten Gesellschaft, wenn es auf einmal keine Wohlstandszunahme mehr zu verteilen gibt? Sondern nun, nach der staatlichen Einheit, das Gegenteil – nämlich Lasten?

Kurt Biedenkopf hatte Ende 1989 nicht nur diese grundlegende Verunsicherung der alten Bundesrepublik heraufdämmern sehen, gleichzeitig entdeckte er auch für sich selbst einen Spielraum, den er in den letzten Jahren vermißt hatte. Dafür spricht die Intensität, mit der er buchstäblich mit beiden Händen nach allen Chancen griff, die sich ihm in dem ostdeutschen Staat im Übergangszustand zwischen zwei Ordnungen eröffneten.

Das von ihm gegründete Institut für Wirtschaft und Gesellschaft in Bonn pflegte schon seit 1984 Kontakte zu dem Institut für Internationale Wirtschaftsbeziehungen der Karl-Marx-Universität Leipzig und zum Weltwirtschaftlichen Institut der Akademie der Wissenschaften in Moskau, dem der sowjetische Reformpolitiker und Gorbatschow-Berater Alexander Jakovlev vorstand.

Zum Institut der Leipziger Universität knüpfte Biedenkopf deshalb die ersten engeren Verbindungen, nachdem die Mauer gefallen war. Schon in den Jahren zuvor hatten das Bonner IWG und die Leipziger, bei allen ideologischen Differenzen, jährlich ein gemeinsames Seminar abgehalten. Mit dem Chef des Leipziger Institutes, dem Ökonomieprofessor Günter Nötzold, war sich Biedenkopf nach einigem Hin und Her einig, den sogenannten Georg-Mayer-Vortrag an der Universität zu halten, eine akademische Veranstaltung, die alljährlich zu Ehren des ehemaligen Rektors der Karl-Marx-Universität der sechziger Jahre stattfand und vor allem in den letzten Jahren aus dem konformen Wissenschaftsbetrieb der DDR herausragte.

Ein Jahr zuvor hatte Manfred von Ardenne den Vortrag gehalten und maßvoll-vorsichtig für eine selbständigere Wirtschaft im sozialistischen Staat plädiert. 1989 fand die Veranstaltung bereits im September statt. Unter den besonderen Umständen, meinten Nötzold und Biedenkopf, könne sie jedoch durchaus wiederholt werden. Der Vortrag, den Kurt Biedenkopf am 20. Dezember 1989 vor zwei überfüllten Hörsälen in dem Gebäude am Leipziger Karl-Marx-Platz hielt, war gewissermaßen sein Entree in Ostdeutschland. In diesen Dezembertagen traf er auch den Gewandhausdirigenten Kurt Masur, der ihn, auf seine Frage, wie er sich in der DDR engagieren könne, aufforderte, sich für eine Gastprofessur in Leipzig zu bewerben. Bis er die Berufungsurkunde tatsächlich erhielt, am 2. April

1990, hatte er bereits einige Vorträge – allgemeine Einführungen in die Grundlagen der Marktwirtschaft – vor großem Auditorium gehalten.

Die neue Tätigkeit in Leipzig genügte Kurt Biedenkopf nicht; er suchte gleichzeitig Kontakt zu den politischen Kräften in der Noch-DDR, die der CDU zuneigten, er reiste zum Gründungskongreß des *Demokratischen Aufbruchs* nach Leipzig und traf sich mit Lothar de Maizière, dem Vorsitzenden der DDR-CDU und stellvertretenden Ministerpräsidenten im Kabinett Modrow.

Am 14. August wurde Biedenkopf Aufsichtsratsvorsitzender des Leipziger Bau- und Gießereimaschinenwerkes Baukema und zum Aufsichtsratsmitglied der Bunawerke gewählt, die sein Vater vor über 50 Jahren als Technischer Direktor geleitet hatte. Noch nach seiner Nominierung zum Spitzenkandidaten in Sachsen übernahm er am 30. August auch den Aufsichtsratsvorsitz der Heckmannwerk GmbH Heidenau, des ersten privatisierten Unternehmens in Sachsen.

Das, was er in der Bundesrepublik nacheinander gewesen war – Wissenschaftler, Manager, Politiker –, war Kurt Biedenkopf in der Übergangs-DDR des Jahres 1990 gleichzeitig.

Was aus seinem Engagement erwachsen sollte, darüber hatte er noch keine klaren Vorstellungen. Er versicherte immer wieder, daß er sein Bundestagsmandat neben seinen Aktivitäten in der DDR noch weiter ausüben wolle. Daran, in irgendeiner Funktion ganz in den Osten zu gehen und die Brücken hinter sich abzubrechen, dachte er zuweilen, allerdings ohne konkretes Ziel. Im Juni 1990, bei einem Spaziergang mit Lothar Späth durch Dresden – beide waren dort Teilnehmer einer Tagung des Bergedorfer Gesprächskreises – meinte Biedenkopf, er könne sich durchaus vorstellen, noch einmal eine neue Aufgabe zu übernehmen. Späth teilte ihm mit, was damals noch der aktuelle Diskussionsstand in der sächsischen CDU war: daß die Mitglieder mehrheitlich einen Spitzenkandidaten aus den eigenen Reihen wünschten.

Möglicherweise erschienen Biedenkopf die häufigen und zeitfordernden Reisen in die künftigen neuen Länder auch deshalb nicht als Gang in eine völlig fremde Welt, weil er seine Kindheit in der damaligen Provinz Sachsen verbracht hatte und noch eine landsmannschaftliche Verbindung mit dieser Region spürte. In einem Interview mit der Berliner Tageszeitung *Der Morgen* sagte er auf die Frage, ob er sich als »Westimport« in der DDR fühle: »Nein, ich bin ein Deutscher, der nach Deutschland geht. Sachsen ist ein Teil Deutschlands, ebenso wie Westfalen, Franken oder Hessen.«

Daß der Fall der Mauer auch das Ende des DDR-Staates bedeutete, war Kurt Biedenkopf klar, als er am 10. November 1989 gemeinsam mit seinem Bekannten, dem Rechtsanwalt und Mitglied des Berliner Abgeordnetenhauses Lehmann Browns, nach Ostberlin gekommen war und schließlich, auf Einladung einer Berlinerin, die sich an diesem Tag offensichtlich nicht im Westen der Stadt aufhielt, in einem Kulturhaus in Lichtenberg bei einem Konzert der *Papa Binnes Jazz-Band* gelandet war. Welche Folgen der Mauerfall für die beiden noch getrennten Teile Deutschlands haben würde, das erschloß sich Kurt Biedenkopf erst nach und nach, aber, dank der vielen Dinge, die er nun in der DDR voranbringen wollte, schneller und deutlicher als den meisten seiner Kollegen in der Politik.

In seinem Vortrag am 20. Dezember 1989 in Leipzig – tags zuvor hatten sich Hans Modrow und Helmut Kohl in Dresden getroffen, um erste Punkte einer »Vertragsgemeinschaft« beider Staaten zu besprechen – war sein zentrales Thema noch gewesen, daß der Staat im Osten zunächst eine »Kompatibilität« mit der Europäischen Gemeinschaft anstreben sollte. Biedenkopf verwies ausdrücklich darauf, daß die Volkswirtschaften in der EG durchaus unterschiedlich gestaltet seien. Die DDR könne sich nun an dem Westen Deutschlands, aber auch an Spanien, Portugal, Frankreich oder EG-kompatiblen Länder wie Schweden »orientieren«. In seinem Referat empfahl der Professor die Restitution der Länder, um so über die innerdeutsche Grenze hinweg mit den Ländern der Bundesrepublik wirtschaftlich zu kooperieren, »ohne die Zweistaatlichkeit zu berühren«. Offensichtlich rechnete Biedenkopf zum damaligen Zeitpunkt, wie die meisten Politiker, bei allen Umwälzungen noch mit einer relativen Stabilität des Staates DDR und damit, daß sich deren Führung die Art und Weise der zu bewerkstelligenden Veränderungen noch selbst aussuchen könnte.

Sehr ähnlich äußerte sich Biedenkopf in einem vertraulichen Gespräch mit Hans Modrow; er meinte, es sei zunächst wichtig, »Schnittstellen« mit den Staaten der EG zu schaffen, um sie schrittweise »kompatibel« zu machen. Dabei müsse sich die DDR durchaus nicht an dem bundesrepublikanischen Modell ausrichten, sondern könnte sich beispielsweise Spanien zum Vorbild nehmen. In seinem Vortrag vor der Universität hatte er ebenfalls die DDR-Wirtschaft mit der Spaniens vor dem EG-Beitritt verglichen.

Die Debatte über eine staatliche Einheit begann zwar gerade – im Osten –, aber auch mit ganz anderen Zeitvorstellungen, als sie nur wenig später gelten sollten. Lothar de Maizière nannte damals als mögliches Vereinigungsdatum 1992; die SPD-Finanzexpertin Ingrid Matthäus-Maier, die als eine der ersten von einer Währungsunion gesprochen hatte, wurde von der *Frankfurter Rundschau* bezeichnenderweise höhnisch gefragt, was dieser Vorschlag solle, da eine D-Mark-Einführung in der DDR ohnehin erst Anfang der neunziger Jahre in Frage komme und damit keine Abhilfe für die aktuellen wirtschaftlichen Probleme im Osten sei.

Nur wenig später, im Februar 1990, stellte sich für Biedenkopf das Bild der DDR bereits ganz anders dar: Der Sachverständigenrat der »Fünf Weisen« hatte am 20. Februar 1990 ein Sondergutachten über die wirtschaftliche Situation der DDR vorgestellt; eine Woche später, am 27. Februar, präsentierte Biedenkopf ein Gegengutachten, das im Grunde einen Verriß der »Fünf Weisen« darstellte.

Die zentrale Feststellung der Gutachtergruppe der »Fünf Weisen«

war die, daß die entscheidenden politischen Schritte zum wirtschaftlichen Gesundungsprozeß von der DDR-Regierung selbst unternommen werden müßten. Daß die Regierung unter Hans Modrow die Energie, die Legitimation und zumindest den Willen besaß, diese Reformen zu unternehmen, hielten die Sachverständigen für sehr wahrscheinlich. Auf jeden Fall gingen sie von einer noch längere Zeit fortdauernden Autonomie beider deutscher Staaten aus.

Mit der empfohlenen Umstrukturierung der Wirtschaft in Richtung eines marktwirtschaftliches Systems, so die Gutachter, sollte dann schrittweise die Konvertibilität der DDR-Währung angestrebt werden, dann ein Regime fester Wechselkurse mit der D-Mark. In einer Währungsunion zwischen beiden deutschen Staaten sahen sie – in späterer Zukunft – den Abschluß dieses Prozesses.

Biedenkopf machte eine ganz andere Rechnung auf. Weder habe die Administration Modrows, die nur bis zum 17. März regieren würde, die Zeit, die Kraft und die Durchsetzungsfähigkeit bei der Bevölkerung der DDR, diese Reformen zustandezubringen, noch könnte sich die neugewählte Regierung sofort an die Arbeit machen, denn auch dort würden in der Mehrzahl Leute sitzen, denen die Marktwirtschaft eine fremde Ordnung sei. Ehe eine Stabilisierung theoretisch überhaupt zu erwarten sei, würde also die Destabilisierung der DDR durch die Abwanderungswelle ungemindert fortschreiten – allein im Januar 1990 siedelten 60 000 Ostdeutsche in den Westen über.

Den ökonomischen Circulus vitalis, den die Sachverständigen in ihrem Gutachten erhofften, erkannte Biedenkopf als Illusion: Ohne den Anschluß an den Wirtschaftsraum der Europäischen Gemeinschaft durch die Einführung einer harten Währung würden die Investitionen von außen ausbleiben, die aber nötig waren, um die DDR-Volkswirtschaft überhaupt umbauen zu können. Ohne Umbau der Wirtschaft wiederum war auch ein eigener hypothetischer

Weg der DDR-Währung zur Konvertibilität unmöglich – und damit die festen Wechselkurse und eine Währungsunion.

»Folgt man den Ausführungen des Gutachtens«, schrieb Biedenkopf in seinem Gegenentwurf, »dann befindet sich die DDR in der Lage eines Arbeitssuchenden, der einen Arbeitsplatz nur erhalten kann, wenn er eine Wohnung nachweist, und eine Wohnung nur erhält, wenn er eine Arbeit nachweisen kann.«

In seinem Memorandum stellte er folglich das Szenario der Sachverständigen vom Kopf auf die Füße: Die Währungsunion, folgerte er, müsse nicht der Schlußpunkt, sondern der Beginn und Auslöser des wirtschaftlichen Umbaus in der DDR sein. Die Gründe dafür konnte er bei seinen häufigen Aufenthalten in der DDR studieren: Die Grenzen waren offen; sie konnten auch nicht wieder geschlossen werden, um der DDR irgendeine »separate« Entwicklung zu garantieren, die Menschen in Leipzig oder Rostock orientierten sich – verständlicherweise – nicht am Lebensstandard der Polen oder Ungarn, sondern an dem der Westdeutschen, denen sie sich als Landsleute zugehörig fühlten. Täglich siedelten Menschen in den anderen deutschen Staat über, und immer mehr arbeiteten im Westen, blieben aber im Osten wohnen. Die DDR-Gesellschaft drohte sich in zwei grundsätzlich unterschiedliche Gruppen aufzuspalten – diejenigen, die über Westgeld verfügten, was im Begriff war, zur Erstwährung zu werden, und jene, die mit der zunehmend wertlosen DDR-Währung zurechtkommen mußten. Um die Ostdeutschen, vor allem die hochqualifizierten Fachleute, zum Bleiben zu bewegen, und es gleichzeitig den Unternehmen zu ermöglichen, ihre dringendsten Investitionen zu tätigen, blieb also nur ein Weg: die Einführung der D-Mark zum frühestmöglichen Zeitpunkt.

Nur damit wäre eine tatsächliche Monetarisierung der DDR-Gesellschaft zu erreichen – der Anreiz für die Arbeitnehmer, mehr und an ihrem angestammten Platz zu arbeiten, wenn sie mit einer Währung entlohnt würden, die außerhalb ihres Landes etwas galt.

Über eine entscheidende Konsequenz der Währungsunion irrte sich Biedenkopf allerdings: die schlagartige Verteuerung aller Produkte, die zwischen Ostsee und Zittau hergestellt wurden. Er glaubte, die neuen D-Mark-Löhne in der DDR würden sich noch für eine längere Zeit relativ niedrig halten lassen, ebenso die Lebenshaltungskosten. »Es besteht gute Aussicht«, schrieb Biedenkopf, »die Bevölkerung der DDR für ein lohnpolitisches Verhalten zu gewinnen, denn das Einkommensgefälle zwischen DDR und Bundesrepublik wird auch nach der Aufhebung der Subventionierung der Preise für Güter des täglichen Bedarfs noch längere Zeit durch die niedrigeren Lebenshaltungskosten in der DDR teilweise ausgeglichen werden.«

Wie sollte sich aber bei dieser starken Differenz im Lebensniveau zwischen Ost und West eine weitere Massenwanderung vermeiden lassen? Biedenkopf schlug vor, im Gebiet Ostdeutschlands so gut wie keine Steuern und Sozialabgaben zu erheben und damit ein Verhältnis im Einkommen zwischen ostdeutschem und westdeutschem Staat von 100 : 60 herzustellen; das sollte seiner Ansicht nach genügen, um die Übersiedlung im großen Stil zu stoppen.[*]

---

[*] Wobei Biedenkopf kaum wahrnahm, daß viele Menschen die DDR nicht nur wegen des vergleichsweise niedrigeren Lebensniveaus verließen, sondern auch, weil sie die Funktionselite des alten SED-Staates immer noch am Werk sahen. Die DDR war eben, wie Klaus von Dohnanyi in seinem Buch »Das deutsche Wagnis« treffend beschrieb, in jeder Hinsicht nicht nur ein Land, das unter einem wirtschaftlichen Rückstand, einem Modernisierungsdefizit von rund 25 Jahren litt. »Eine Bundesrepublik des Jahres 1965«, so von Dohnanyi, »hätte man leicht integrieren können.« Tatsächlich stellte die DDR auch 1990 wirtschaftlich, aber auch politisch und mental ein grundlegend anderes System dar als die Bundesrepublik. Der Unterschied stellte sich mithin auch für einen großen Teil der DDR-Bevölkerung nicht als bloße – kalkulierbare – Zeitdifferenz dar, sondern als Wahl zwischen fundamental verschiedenen Lebensmöglichkeiten – und viele entschieden sich erwartungsgemäß für die, die sich im Westen bot.

Die Haushalte der öffentlichen Hand – Kommunen, Länder, Zentralregierung –, die dann nichts einnehmen würden, sollten nach Biedenkopfs Vorstellungen durch Transferleistungen aus dem Westen alimentiert werden.

Diese Skizzierung der Dinge, die Biedenkopf in dem Gegengutachten wagte – zum einen den Sog des Westens dadurch zu vermindern, daß das Wohlstandsgefälle durch Steuerverzicht im Osten erträglich gering gehalten werden könnte, und zum anderen durch Überweisungen aus dem Westen den Steuerausfall wieder kompensieren, wird erst plastisch, wenn man betrachtet, wie Biedenkopf den öffentlichen Investitionsbedarf dort einschätzte. Die zunehmende Problemsicht Biedenkopfs kann wie auf einer Skala relativ genau an der Einschätzung des Umfangs der Überweisungen abgelesen werden, die seiner Meinung nach für den Osten notwendig waren.

Die wurde freilich zur Jahreswende 1989/90 nicht nur von den politisch Verantwortlichen, sondern auch von Vertretern der Wirtschaft und von Wissenschaftlern für relativ gering gehalten. In einem Gespräch mit der *Zeit* vom 19. Januar 1990 meinte Biedenkopf:

»Die Zeit: Ohne Kapital aus dem Westen wird es aber nicht gehen. Da geistern Billionenbeträge durch die Diskussion.

Biedenkopf: Das sind Nonsenszahlen. Jetzt sprach Wolfgang Röller, Chef der Dresdner Bank, sehr bescheiden von zehn Milliarden Mark pro Jahr.* Unter dem Gesichtspunkt des Kapitaleinsatzes, der Notwendigkeit, Kapital zur Verfügung zu stellen, ist die Erneuerung der DDR-Wirtschaft mit keiner unüberwindlichen Schwierigkeit verbunden.«

Damit unterschied sich Biedenkopfs Sicht am Ausgangspunkt der

---

* Allein für die Sanierungsarbeiten an den Häusern der 500000-Einwohner-Stadt Leipzig sind nach Schätzungen des Leipziger Planungsdezernates in gesamt Investitionen von 14 Milliarden Mark nötig.

Debatte gar nicht so sehr von der Helmut Kohls (der seine Einschätzung allerdings viel länger beibehalten sollte), zumal Biedenkopf zu jener Zeit auch den fundamentalen Irrtum fast der gesamten politischen und wirtschaftlichen Klasse der Bundesrepublik teilte, die nötigen Investitionen könnten überwiegend durch die Privatwirtschaft aufgebracht werden. Im gleichen *Zeit*-Interview sagte er: »Der überwältigende Teil dieses Geldes (der von Röller geschätzten 10 Milliarden – d. A.) wird von der Privatwirtschaft zur Verfügung gestellt werden ohne Schwierigkeiten!«

Sicherlich gehörte er, schon wegen seiner Kontakte zum Zentrum für Internationale Wirtschaftsbeziehungen in Leipzig, zu jenen im Westen, die über die wirtschaftlichen Schwierigkeiten in der DDR relativ genau Bescheid wußten, und er glaubte mit Sicherheit nicht – was viele in der Bundesrepublik für bare Münze nahmen –, daß die ostdeutsche Volkswirtschaft die zehntstärkste der Welt war.

Der Illusion jedoch, die DDR-Wirtschaft habe noch eine wesentliche Substanz, die den Umbau zum Marktmechanismus relativ schnell verkraften könnte, zum anderen der Täuschung über die gewaltige Höhe der dringenden Investitionen im öffentlichen Bereich – Häuser, Straßen, Schienenwege, Telefonnetz, Umweltsanierung – erlagen so kurz nach dem politischen Zusammenbruch der SED-DDR noch die meisten Beobachter im Westen.

Als Detlev Karsten Rohwedder den Vorsitz der Treuhandanstalt von dem ehemaligen Bundesbahnchef Rainer Maria Gohlke übernahm, glaubte er noch, »der ganze Salat« – rund 8000 Unternehmen – sei »500, 600 Milliarden wert«. Klaus von Dohnanyi, der sich sehr frühzeitig als Aufsichtsratsvorsitzender der Leipziger Takraf AG engagierte, resümierte 1991 völlig desillusioniert: »Dieses idiotische System sah von außen aus wie eine Wirtschaft, war aber in Wirklichkeit gar keine.«

An die finanzielle Größe, die tatsächlich nötig war, um in der DDR die dringendsten Dinge zu tun, näherten sich einige Politiker und

Wirtschaftswissenschaftler in den nächsten Monaten Schritt für Schritt an. Kurt Biedenkopf zählte schon zu den Mutigen, als er in einer Rede vor dem Bundestag als »Preis für die Einheit« (der griffige Fokus, unter dem die Debatte über den nötigen Transfer stattfand) den jährlichen Zuwachs des Bruttosozialproduktes in der Bundesrepublik nannte. Von Otto Graf Lambsdorff erntete er damals den Zwischenruf: »Das ist aber viel, Herr Kollege!«

In einem Gespräch mit Lothar de Maizière vor dem 17. März, dem Tag der letzten Volkskammerwahlen, wiederholte er diese Auffassung: Der jährliche Wohlstandszuwachs, rund 50 Milliarden, reichten für die Überweisungen in den Osten aus. Diese Leistung, so Biedenkopf zu dem damaligen stellvertretenden DDR-Premier, würden die Westdeutschen gar nicht merken. Die Rechnung bedeutete freilich, daß die Einheit, die im Frühjahr 1990 keiner mehr bezweifelte, kaum eine Erschütterung für das Gefüge der alten Bundesrepublik und damit auch nicht die Zäsur dargestellt hätte, wie sie Biedenkopf ein Jahr später zutreffend konstatierte.

Doch je stärker bereits Gelder in die DDR flossen, und je genauer sich Wirtschaftsexperten mit dem Fundus der DDR beschäftigten, desto höher stiegen die Schätzungen über die zu erwartenden Kosten. Als eines der ersten Institute im Westen, die eine Prognose wagten, schätzte das von Biedenkopf gegründete Bonner Institut für Wirtschaft und Gesellschaft unter Professor Meinhard Miegel die Gesamtinvestitionssumme, die nötig sein würde, um Ostdeutschland dem Standard des Westens anzupassen, auf zwei Billionen Mark, zweitausend Milliarden. Verteilt auf rund 20 Jahre bedeutete das jene 100 Milliarden DM Transfer pro Jahr, die Mitte 1990 zur festen Diskussionsgröße wurden. Biedenkopf gehörte zu den ersten Politikern, die diese Zahl schon vor der Währungsunion nannten.

Mit diesen Erfahrungen, die Kurt Biedenkopf in den neun Monaten bis zum August 1990 gesammelt hatte, war er theoretisch für ein öffentliches Amt in den neuen Ländern gut vorbereitet. Doch er war überrascht über die Nominierung als sächsischer Spitzenkandidat. Trotz seines Engagements im Osten war er bis zum 25. August, als ihn der Landesvorstand in Dresden bestätigte, in der Partei relativ unbekannt. Etliche sächsische Christdemokraten hatten sogar Lothar Späth, der nur als Vermittler tätig gewesen war, für den besten Bewerber um das Amt des Ministerpräsidenten gehalten. Erst auf dem Parteitag am 1. September im Großen Saal des Dresdner Hygienemuseums, zu dem auch de Maizière und Späth angereist waren, gelang es Biedenkopf, die Delegierten auf seine Seite zu ziehen.

Reichenbach und Prießnitz hatten, da ihre Kandidaturen beide aussichtslos waren, ihren Anspruch auch offiziell zurückgezogen, Reichenbach sogar mit Erleichterung, denn ihm war für die Zeit nach dem 3. Oktober ein Posten im Bundeskanzleramt angeboten worden (den er dann allerdings nicht bekam). De Maizière hatte noch einmal an die sächsischen Parteimitglieder appelliert, die Kräfte nicht in »pharisäischem Eifer« zu verschleißen. Die Aufforderung wirkte ebenso wie Biedenkopfs rhetorische Leistung; er wurde mit knapp 98 Prozent der Stimmen offiziell zum Kandidaten bestimmt. Von diesem Tag an hatte er noch eineinhalb Monate Zeit, in denen er rund 170 Wahlkampfveranstaltungen absolvierte.

DIE LANDTAGSWAHL 1990

Es ist oft darüber spekuliert worden, warum die SPD ausgerechnet in ihrem traditionellen Kernland, dem vormals »roten« Sachsen, ihr schlechtestes Wahlergebnis im Osten erhielt und die CDU gerade dort, als einzigem Land der Ex-DDR, die absolute Mehrheit für sich verbuchen konnte. Tatsächlich hat die CDU zur Zeit, nach einem beträchtlichen Mitgliederschwund, noch rund 35 000 Parteigänger in dem Freistaat, während die SPD gerade in dem städtisch und nach wie vor industriell geprägten Land bis heute keine Bindungswirkung entfaltet hat – nur kapp 5000 der rund 5 Millionen Sachsen sind eingeschriebene Sozialdemokraten. Dabei gerät leicht aus dem Blickfeld, daß die Hochzeiten der Sozialdemokraten in Sachsen in der Kaiserzeit lagen. In der letzten Reichstagswahl vor dem 1. Weltkrieg hatte die SPD noch 22 von 23 sächsischen Wahlkreisen erobert. Schon in der Zeit der Weimarer Republik hatte jedoch die KPD einen großen Teil des linken Wählerpotentials gebunden. In gewisser Weise fand sich die SPD in Sachsen in dieser Situation der Vorkriegszeit wieder – eingezwängt zwischen der SED-Nachfolgepartei PDS und dem bürgerlichen Lager. 1990 waren die Traditionen der SPD auch deshalb verschüttet, weil die Sozialdemokraten auch nach 1945, gerade wegen ihrer noch verhältnismäßig starken Position, eine Verfolgung durch die sowjetische Besatzungsmacht und die deutschen Kommunisten zu erdulden hatten.

1946 stimmten beispielsweise noch im Bahnbetriebswerk Leipzig-Wahren über neunzig Prozent aller dort versammelten SPD-Mitglieder gegen eine Vereinigung mit der KPD. Rund 300 sozialdemokratische Funktionäre aus Sachsen wurden Ende der vierziger Jahre verhaftet, teils ins Zuchthaus Bautzen, teils nach Buchenwald gebracht (das ehemalige Konzentrationslager wurde vom NKWD, dem sowjetischen Innenministerium, weiterbetrieben), etliche wurden in sowjetische Gulags deportiert, um die Tradition und Renitenz der SPD in ihrer einstigen Hochburg endgültig zu brechen.

Das war nach dem Terror des Nationalsozialismus die zweite Verfolgungswelle, die dritte folgte nach dem 17. Juni 1953: Die SED-Bezirksleitung hatte unter den Anführern der Demonstrationen und der (damals nach DDR-Recht noch legalen) Streiks alte Sozialdemokraten ausgemacht und ordnete wiederum ein gnadenloses Vorgehen gegen ehemalige SPD-Mitglieder an, die nicht in die SED eingetreten und für ihre ablehnende Haltung gegenüber Ulbricht bekannt waren.

Nach diesem doppelten Schlag waren die Wurzeln des einstmals im sozialdemokratischen Sinn roten Sachsens endgültig abgestorben.

Das erklärt jedoch nicht den triumphalen Sieg der CDU; schließlich konnte die SPD in den anderen Ländern ebensowenig an alte Traditionslinien anknüpfen. Für den Wahlausgang mag es auch eine Rolle gespielt haben, daß das SPD-Wahlkampfteam mit der ehemaligen SPD-Geschäftsführerin Anke Fuchs an der Spitze den Wahlkampf viel zu leicht eingeschätzt hatte, und glaubte, nach den Volkskammerwahlen vom März, die die CDU gewonnen hatte, werde das Pendel nun angesichts der wachsenden wirtschaftlichen Probleme ohnehin in Richtung der SPD ausschlagen. Vor allem Anke Fuchs unterschätzte ihren Konkurrenten. Noch einige Wochen vor der Wahl meinte sie herablassend: »Kurt Biedenkopf ist ein netter Professor, aber von Politik versteht er einfach zu wenig.« Auch kam es Biedenkopf zugute, daß er als Gastprofessor und politischer Reisender in Ostdeutschland ein Gespür für den Umgang mit den Menschen dort entwickelt hatte. Er hätte sich wohl kaum öffentlich so geäußert wie Anke Fuchs, die während des Wahlkampfes gefragt wurde, was sie mit Sachsen verbinde, und antwortete: Sie habe in ihrer Kindheit zu Hause von Meißner Porzellan gegessen.*

Der entscheidende Grund für den Sieg der CDU in vier von fünf neuen Ländern war jedoch, daß die Wählermehrheit bei ihrer Entscheidung weniger eine Landesregierung vor Augen hatte, sondern Helmut Kohl und seine CDU. Sie verstand ihr Votum ganz offensichtlich weniger als Richtungsbestimmung im Land, sondern in der Bundesrepublik. Was noch am 17. März zutraf, als die CDU-Stimmen auch nicht Lothar de Maizière, sondern Helmut Kohl und dem

---

* Meißner Porzellan gab es in der DDR nur in einem Ostberliner Laden Unter den Linden zu Preisen zu kaufen, die für den Normalbürger unerschwinglich waren, ansonsten wurde der größte Teil der Manufaktur-Produktion in die Bundesrepublik exportiert.

Ziel der schnellen Währungsunion und der schnellen staatlichen Einheit galten, war nun nicht mehr der Fall. Beides war am 14. Oktober schließlich erfüllt. Das Gros der Wähler traute offenbar der CDU (des Westens) und Helmut Kohl die größere wirtschaftliche Kompetenz zu, um die Lebensverhältnisse im Osten schnell an die des Westens anzupassen. Eine Nebenrolle mag dabei auch das tief eingewurzelte zentralistische Denken der Ostdeutschen gespielt haben, das die Bedeutung der Zentrale – inzwischen Bonn – in altgewohnter Manier überschätzte.

Umgekehrt war das Stimmverhalten der Wähler auch kein Votum gegen die Kandidaten der SPD in den Ländern, sondern gegen die Bundes-SPD. Deren zentrale Figur, der Kanzlerkandidat Oskar Lafontaine, hatte bei vielen Ostdeutschen mit seiner Kritik an der Währungsunion zum Kurs 1 : 1 beziehungsweise 1 : 2 als »schweren Fehler« den Eindruck erweckt, er wolle die Einheit überhaupt nicht. Kurz vor der Wahl meinte Biedenkopf über Anke Fuchs: »Sie ist eine respektable Politikerin. Im übrigen bin ich der Meinung, daß der Einsatz von Anke Fuchs in Sachsen durch das Verhalten der Bundespartei außerordentlich erschwert wird.« Nach der Wahl sagte Fuchs selbst, sie müsse mit Lafontaine »noch einmal reden: er müsse runter von diesem Rechthaberischen und hier mehr um Vertrauen werben«.

In diesem auf Helmut Kohl und seine Regierungspartei und gegen Oskar Lafontaine und seine SPD fixierten Trend hätte die CDU in den Ländern auch Besenstiele als Spitzenkandidaten aufstellen können – und so etwas ähnliches waren die späteren Wahlsieger Alfred Gomolka, Josef Duchac und Gerd Gies ja auch. Gies etwa war kurz vor der Wahl ganzen 12 Prozent der wahlberechtigten Anhaltiner bekannt gewesen. Das, was Biedenkopf über diesen »normativen« Stimmanteil der CDU, den auch ein Reichenbach oder Prießnitz erhalten hätte, hinaus erwirtschaftet hatte, war zweifellos sein Verdienst.*

Er war als Gastprofessor in Leipzig kein Unbekannter mehr, er hatte sich schon vor seiner Nominierung immer wieder öffentlich und bundesweit zu den Problemen der Einheit geäußert und beispielsweise frühzeitig – in seinem Gegengutachten vom 27. Februar 1990 – für einen Umtauschkurs von 1 : 1 für Löhne, Gehälter und Renten plädiert; im Wahlkampf hatte er seine wirtschaftspolitische Kompetenz ausgespielt, in der er sich von allen anderen Bewerbern, ob CDU oder SPD, unterschied. Er durfte zudem, im Gegensatz zu Duchac, Gomolka und Gies – allesamt Mitglieder der alten Götting-CDU – als unbelastet gelten.

Alles in allem war es in dieser Lage, der allgemeinen in Ostdeutschland und Biedenkopfs besonderer in Sachsen, fast zwangsläufig, daß er das beste Wahlergebnis für sich verbuchen konnte: die absolute Mehrheit von 53,8 Prozent. Es war durchaus eine Ironie der Zeitgeschichte, daß Biedenkopf den Sockel seines Erfolges Helmut Kohl verdankte, und umgekehrt der Gewinn der zweiten absoluten CDU-Mehrheit in einem Bundesland das Verdienst Biedenkopfs war. Jetzt hatte Helmut Kohl wieder unausweichlich mit dem »Traumtänzer« zu tun.

DER MINISTERPRÄSIDENT
1990

Im Alter von 60 Jahren trat Kurt Biedenkopf das erste öffentliche Amt seines Lebens an, die Stellung, die auch den gewichtigsten Teil seiner Biographie ausmachen wird. Bereits nach seiner vierjährigen

---

* Wenn man davon absieht, daß auch die Liberalen in Sachsen wegen der Stasi-Verdächtigungen gegen ihren Spitzenkandidat Axel Viehweger mit 5,3 Prozent das schlechteste Ergebnis aller Ost-Länder einfuhren.

Amtszeit wird sein Name inzwischen zunächst mit Sachsen und seiner Position eines mit absoluter Mehrheit regierenden Ministerpräsidenten assoziiert.

Getreu seinem Motto, am liebsten gerufen zu werden, ohne etwas dafür zu tun, hatte er sich unter für ihn besonders günstigen Umständen auf Wunsch der sächsischen Union zur Wahl gestellt und sie gewonnen. In den Jahren vorher war er Angeboten gefolgt, die ihn jeweils, bei einem Erfolg seiner Partei, ein Amt eingetragen hätten: 1972 war er für den Fall des Sieges Heinrich Köpplers in Nordrhein-Westfalen als Wirtschaftsminister fest gebucht; ein Wahlsieg der Union 1976 hätte ihn in das Bundeskabinett oder das Kanzleramt gebracht, 1980 trat er selbst im Wahlkampf als Spitzenkandidat in Nordrhein-Westfalen an.

Seine Wahl in Sachsen war ohne Zweifel die tiefste Zäsur seines Lebens. Das Amt verschaffte ihm mit einem Schlag das, was ihm in der alten Bundesrepublik stets gefehlt hatte: eine Machtbasis für seine Ideen. Er war nun den Wählern, aber keiner übergeordneten Autorität mehr verpflichtet, er mußte sich nicht mehr taktisch verhalten.

Sein Gestaltungsspielraum war nun viel größer, als er in einem Amt im Westen je hätte sein können, denn in Sachsen traf er auf keine vorgeprägten Strukturen, sondern genoß das Privileg, eine Landesregierung aus dem Nichts aufbauen zu können. Außerdem ist er sowohl unter den Politikern in Sachsen als auch unter den ostdeutschen Ministerpräsidenten ein Solitär – der älteste; der einzige, der Erfahrungen in der freien Wirtschaft gesammelt hatte; neben Manfred Stolpe der einzige, der von der 1990 gewählten Ost-Ministerpräsidentenriege übrigblieb; und er ist derjenige, der im Gegensatz zu allen anderen sein Kabinett ohne größere Pannen und Skandale über die erste Legislaturperiode brachte. Eine Sonderrolle unter den Regierungschefs in den neuen Ländern mußte ihm damit zwangsläufig zufallen.

Der rasche Umbruch in Ostdeutschland wurde – und wird – zudem von einem Wandel ganz Deutschlands begleitet, der Biedenkopf die Möglichkeit eröffnete, von Sachsen aus deutschlandweit wirksam in entscheidende Debatten einzugreifen.

Allerdings war die Herausforderung deshalb auch größer, als sie in jeder öffentlichen Position im alten Deutschland hätte sein können. Nicht nur der Erwartungsdruck, der in Sachsen auf ihm lastet, ist größer als der Druck, dem ein Amtskollege im Westen ausgesetzt ist; für die Umwälzungen im Osten gibt es kaum Theorien und Paradigmen, auf die er sich stützen konnte, so wenig wie jeder andere an seiner Stelle. Er sprach wiederholt von der »Sondersituation« der ersten drei Amtsjahre, in denen er überhaupt erst die Strukturen schaffen mußte, mit denen er zu arbeiten hatte. In einem Beitrag für die *Leipziger Volkszeitung* vom 29. Februar 1992 schrieb Biedenkopf: »Die Wirklichkeit in Sachsen diktiert uns tagtäglich Entscheidungen, die insgesamt gesehen einen ganz neuartigen Fahrplan ergeben. Wir ziehen Lehren aus der Wirklichkeit, anstatt die Wirklichkeit nach der Lehre zu gestalten. Wir können auch gar nicht anders.« Insofern trifft auch der Vorhalt nicht, er müsse nun in Sachsen in der Praxis beweisen, was er im Verlauf vieler Jahre an Gesellschaftstheorien entwickelt hatte. Jeder andere, der sich weniger zu theoretischen Problemen geäußert hätte, wäre in Ostdeutschland mit den gleichen unvorhersehbaren Aufgabenstellungen konfrontiert worden.

In dieser vorbildlosen Situation können drei Arten von Auseinandersetzungen ausgemacht werden, mit denen er sich beschäftigen mußte:

Erstens die Konflikte, die zwangsläufig heranreiften und ihm eine gewisse Zeit ließen, Lösungsvorschläge zu entwickeln, wie die Aufbaufinanzierung in den neuen Ländern und die Bewahrung industrieller Kerne in Sachsen. Der Fonds Deutsche Einheit war von vornherein eine bis 1994 befristete Übergangslösung, die Einbeziehung der neuen Länder in den Länderfinanzausgleich war ebenfalls keine Alternative, da dieses Instrument nur für die Austarierung vergleichsweise geringer Finanzkraftunterschiede geeignet war, nicht aber für ein Gefälle, wie es zwischen West- und Ostländern generell bestand. Hier mußte also eine ganz neue Lösung gefunden werden, wie sie später im Solidarpakt auch ausgehandelt wurde.

Länger absehbar war auch, daß nach Geschäftsschluß der Treuhandanstalt Unternehmen, vorwiegend aus der Schwerindustrie, übrigbleiben würden, für die sich bis dahin noch kein Käufer gefunden haben würde. Sie können jedoch auch nicht geschlossen werden, da von manchen Unternehmen ganze Regionen abhängen, die dann – völlig ohne produzierendes Gewerbe – Gefahr liefen, zu dauerhaften Problemgebieten zu werden. Auch hier mußte eine Lösung gefunden werden, wie sie sich inzwischen im sächsischen Konzept zur Rettung der Industriekerne, dem sogenannten Atlas-Programm, abzeichnet.

Zweitens hatte Kurt Biedenkopf mit Konflikten zu tun, die relativ schnell über ihn hereinbrachen, so die parteiinterne Auseinandersetzung in der sächsischen CDU, die Anfang 1991 mit unvermittelter Heftigkeit ausbrach, oder der Tarifkampf in der Metallbranche im Frühjahr 1992, der weitgehend in Sachsen ausgetragen wurde.

Drittens griff Biedenkopf ad libitum in Auseinandersetzungen ein, die Sachsen nur mittelbar betrafen, die allerdings in Beziehung zu seiner Auffassung standen, daß sich nicht nur Sachsen und Ostdeutschland, sondern die gesamte Bundesrepublik in einer Zäsur befand: Als Exempel können seine Bemühungen hinter den Kulissen gelten, für die Präsidentschaftskandidatur Johannes Raus einen parteiübergreifenden Konsens herzustellen. Zu grundlegenden Diskussionen, vor allem, wenn sie seine favorisierten Themen berührten, meldete er sich ebenfalls, wie in der Debatte um die Pflegeversicherung, in der er den unsinnigen »Arbeitgeberanteil« attackierte und vorschlug, die vollen Lasten konsequenterweise

130

direkt den Arbeitnehmern aufzuerlegen, oder der Rentendiskussion, die er mit seinen Äußerungen Ende Dezember 1993 wesentlich vorantrieb.

Wie bei einem Sechzigjährigen, der seine Erfahrungen zudem in sehr verschiedenen Lebenspositionen gesammelt hatte, nicht anders zu erwarten, setzte sich Biedenkopfs Gesellschaftssicht im wesentlichen aus festen Größen zusammen, die sich auch nach seinem Amtsantritt in Dresden nicht substantiell änderten. Auf zwei wichtigen Gebieten revidierte er jedoch seine Anschauungen: Erstens auf ökonomischem Gebiet, als er schon im ersten Regierungsjahr erkannte, daß die wirschaftliche Regeneration des Ostens weit länger dauern und unter größeren Härten verlaufen würde, als er ursprünglich prognostiziert hatte. 1990 war er noch davon überzeugt, Sachsen werde »innerhalb von fünf Jahren« den »Standard von Rheinland-Pfalz« erreicht haben. Die doppelte Korrektur dieser Vorhersage – er rechnete ein Jahr später eher mit 10, 15 Jahren, um das Sozialprodukt eines hochentwickelten Westlandes zu erreichen, und relativierte zugleich das Ziel der bloßen Aufholjagd – führte zu einem gewissen Bruch mit seinem ordoliberalen Denken. Denn das Engagement des Staates in der Wirtschaft, das er in Sachsen befürwortete und befürwortet, um industrielle Kerne durch eine schwere Umgestaltungsphase zu retten, war im Vergleich zu dem, was er im Westen der Republik zu Verhältnis von Staat und Wirtschaft gedacht hatte, wirklich etwas Neues – so, wie die Situation etwas Neues war.

Zum zweiten war er mit seinem triumphalen Erfolg am 14. Oktober 1990 nach allen Niederlagen in Nordrhein-Westfalen und überhaupt im alten Deutschland wieder mit sich und der Welt versöhnt. In Sachsen ist er unangefochten, ernsthafte Intrigen muß er nicht befürchten. Die Sachsen erleben einen innerlich gelösten Biedenkopf, der zwar nach wie vor liebend gern doziert, aber inzwischen auch zum Umgang aus geringerer Distanz bis zum Menscheln neigt und eine Beziehung zu seinen Landsleuten gefunden hat, die er zu den Leuten im Revier trotz aller Mühen nie recht entwickeln konnte. Diese Gelassenheit hat er auch dadurch gewonnen, daß sein Ehrgeiz nun befriedigt ist: Das Amt als Ministerpräsident wird mit hoher Wahrscheinlichkeit sein letztes sein.

DAS KABINETT

Obwohl die sächsische CDU Kurt Biedenkopfs am 14. Oktober 1990 als einzige Partei der neuen Länder die absolute Mehrheit eroberte und keine Koalitionsgespräche zu führen brauchte, war Kurt Biedenkopf der letzte ostdeutsche Ministerpräsident, der sein Kabinett vorstellen konnte. Er versuchte lange, für den Posten des Wirtschafts- und Finanzministers, deren Auswahl er sich allein vorbehalten hatte, die Wirtschaftsexpertin der westfälischen CDU, Christa Thoben, heute Vorsitzende der Industrie- und Handelskammer in Münster, zu gewinnen. Auch Birgit Breuel machte er das Angebot, nach Dresden zu wechseln; den Staatssekretär im Bundesarbeitsministerium Werner Tegtmeier, Sozialdemokrat und enger Vertrauter Norbert Blüms, hätte er ebenfalls gern in seinem Kabinett gesehen. Er führte lange Gespräche mit seinen Wunschkandidaten, und anschließend mit allen Personen, die grundsätzlich zur Verfügung standen. Als sicher kann gelten, daß die Regierungsmannschaft, die letztendlich zustande kam, von seinen ursprünglichen Vorstellungen ein gutes Stück entfernt ist.

Von der Stabilität des Kabinetts, das war ihm klar, würde sein Erfolg als Ministerpräsident entscheidend abhängen. Die beiden wichtigsten Posten besetzte er mit Vertrauensleuten: Das Amt des Finanzministers, den wichtigsten Posten im Kabinett, mit dem Kämmerer der Stadt Münster Georg Milbradt, Jahrgang 1945. Milbradt, seit 1981 Lehrstuhlvertreter für Finanzwissenschaften und Volkswirtschaft der Universität Münster und ab 1985 außerplanmäßiger Professor der Wirtschaftswissenschaftlichen Fakultät der Westfälischen Wilhelmsuniversität, und Biedenkopf kannten sich bereits geraume Zeit. Für Biedenkopfs Entscheidung mag eine Rolle gespielt haben, daß Milbradt wie er akademische mit politischer Erfahrung verband: Er war nicht nur Finanzstadtrat in Münster, sondern 1990 auch Mitglied einer Sachverständigenkommission, die Finanzminister Waigel in Fragen der Investitionsförderung beriet.

Einen zweiten wichtigen Posten in Dresden besetzte der Ministerpräsident mit einem alten Gefolgsmann: Sein Geschäftsführer des Parteiverbandes Westfalen-Lippe Günter Meyer, der ihn bei seinem Auf- und Wiederabstieg in Nordrhein-Westfalen begleitet hatte, wurde Staatssekretär der Staatskanzlei. Stück für Stück zog Meyer die Leitung der Kanzlei an sich, ungeachtet der Tatsache, daß ihr Arnold Vaatz bis zum 31. 12. 1991 formell vorstand. Meyer leitete sie schon faktisch, als Vaatz auf Biedenkopfs Betreiben ins Umweltressort wechselte. Für den Kabinettschef ist der Westfale Günter Meyer rechte Hand und Stallwache; ein unauffällig-effektiver Beamter ohne eigene politische Ambitionen.

Zu Biedenkopfs importierter Hausmacht gehört auch Ina Martens, seine Sekretärin seit 1981. Sie meldet sich am Telefon nicht mit »Hier Vorzimmer des Ministerpräsidenten«, sondern: »Hier Büro Professor Biedenkopf.«

Das Amt des Wirtschaftsministers besetzte Biedenkopf mit dem ehemaligen Stadtkämmerer, Wirtschaftsdezernenten und Bürgermeister von Neumünster Kajo Schommer. Die restlichen Kabinettsposten gingen an Ostdeutsche, wobei es Biedenkopf jedoch vermied, in erster Linie CDU-Mitglieder des Landes zu bedenken. So holte er den damals parteilosen Kirchenjuristen und Berater der *Gruppe der 20* Steffen Heitmann an die Spitze des Justizministeriums. Staatsminister für Wissenschaft und Kunst wurde der Anglistikprofessor und letzte DDR-Bildungsminister Hans Joachim Mayer.

Die Kabinettsmitglieder, die der sächsischen CDU angehören, vermitteln beziehungsweise vermittelten – soweit sie mittlerweile zurückgetreten sind – ein Spiegelbild der Landespartei. Der Leipziger Rudolf Krause, Innenminister und Biedenkopfs Stellvertreter, hatte sich zum einen durch eine starke Anhängerschaft in der Partei, zum anderen durch sein Amt als sächsischer Landessprecher, der mit dem Aufbau einer Verwaltung in Sachsen betraut war, für ein Regierungsamt empfohlen. Er gehörte, sicher am deutlichsten von allen Staatsministern, zu den Vertretern der alten Block-CDU.

Aus der CDU der Vorwendezeit kamen auch der gebürtige Pirnaer Rolf Jähnichen, von 1964 bis 1970 Leiter der Abteilung Landwirtschaft beim Rat des Bezirkes Leipzig, der das Landwirtschaftsressort übernahm, und die Kultusministerin Stefanie Rehm, Lehrerin aus Aue und Parteimitglied seit 1969. Zu den Exponenten des Reformflügels zählte Staatskanzleichef Arnold Vaatz, der als stellvertretender Landessprecher ebenfalls mit dem Aufbau der Verwaltungen in Sachsen vertraut war, und Sozialminister Hans Geisler, von 1976 bis 1990 Mitarbeiter am Dresdner Diakonissenkrankenhaus. Der ehemalige Bornaer Tierarzt Karl Weise gehörte auch zu denjenigen, die ihre politische Erfahrung erst nach dem Herbst 1989 zu sammeln begannen, wenngleich er im Grunde nie zu den sächsischen Landespolitikern zählte. Er spielte in der Riege Biedenkopfs die geringste Rolle.

In seinem Kabinett war Kurt Biedenkopf die unangefochtene und überragende Figur. Er konnte neben seiner Erfahrung auch den Vorteil seines deutlichen Altersunterschiedes zu den Kabinettsmitgliedern ausspielen. Nur Karl Weise, Jahrgang 1927, war älter als er, sonst trennten ihn Jahrzehnte des biographischen Vorsprungs von seinen Ministern: Er war bei seinem Amtsantritt 60, Wissenschaftsminister Mayer 54, Landwirtschaftsminister Jähnichen 51, Innenminister Rudolf Krause, Wirtschaftsminister Schommer und Sozialminister Geisler 50, Finanzminister Milbradt 45, Kultusministerin Stefanie Rehm 39 und Staatskanzleichef Arnold Vaatz 35, so alt wie Biedenkopfs ältester Sohn. Keiner von ihnen hatte in einem Kabinett gesessen, mit Ausnahme Hans Joachim Mayers, der vom 17. März bis zum 3. Oktober 1990 Bildungsminister unter Lothar de Maizière gewesen war.

Auf seine absolute Dominanz, persönlich wie politisch – er mußte schließlich die Macht mit keinem Koalitionspartner teilen – gründete sich eine Ebenenteilung, die sich bis heute noch verstärkt hat. Biedenkopf betreibt im Grunde keine klassische Landespolitik; die ist im wesentlichen Sache seiner Ministerriege.

Nahezu überall dort, wo er sich engagiert und öffentlich äußert, ob bei den Verhandlungen zum Solidarpakt, dem Programm zur Rettung industrieller Kerne, in der Bildungspolitik, im Tarifkonflikt der Metallindustrie, agiert er als Politiker mit bundespolitischem Anspruch, der seine Landesstellung als sichere Basis nutzt. Die Distanz zwischen Ministerpräsident und seinem Kabinett läßt sich auch deutlich an dem Bekanntheitsgrad der sächsischen Politiker nach dreijähriger Amtszeit ablesen[7]: Kurt Biedenkopf führt mit 100 Prozent, gefolgt von Steffen Heitmann mit 83 und Heinz Eggert mit 66 Prozent, wobei zweifellos die Bundespräsidenten-Kandidatur des einen und der stellvertretende CDU-Parteivorsitz des anderen eine gewichtige Rolle spielt. Mit deutlichem Abstand folgen Wirtschaftsminister Schommer (54 Prozent), Umweltminister Vaatz (49 Prozent), Sozialminister Geisler (46 Prozent), Finanzminister Milbradt (42 Prozent), Landwirtschaftsminister Jähnichen (35 Prozent) und der erst im März 1993 eingewechselte Kultusminister Friedbert Groß (21 Prozent).

Die Distanz zum eigenen Kabinett führte, neben den anderen Vorteilen, die sich für ihn boten, zu einem für ihn außerordentlich günstigen Phänomen: Die Fehlleistungen seiner Mannschaft einschließlich der Rücktritte dreier Minister berührten ihn als Regierungschef so gut wie gar nicht. Dabei gingen die drei Demissionen im wesentlichen auf Fehlgriffe Biedenkopfs bei der Besetzung der Ministerposten 1990 zurück; wobei zwei läßlich und einer schwerwiegend war. Bildungsministerin Rehm schied aus, weil sie fachlich und später auch nervlich den Belastungen des Amtes nicht standhielt; Karl Weise war, was schon nach kurzer Amtszeit deutlich wurde, fachlich und physisch völlig überfordert. Nichtsdestotrotz wurde für ihn, nachdem er den Posten des Umweltministers für Arnold Vaatz geräumt hatte, das Verlegenheitsamt eines Sonderministers für die Euro-Region Sachsen-Schlesien-Böhmen geschaffen, wo er solange amtieren konnte, bis er die Mindestzeit zur Inanspruchnahme von Versorgungsansprüchen absolviert hatte. Stefanie Rehm wurde am 2. März 1993 durch den Leipziger Kreisvorsitzenden der CDU Friedbert Groß ersetzt, einen ehemaligen Kruzianer und Lehrer für musikalische Bildung und Rhythmik an der Leipziger Hochschule für Körperkultur.

Bei Rudolf Krause kamen mehrere Dinge zusammen: Seine Vergangenheit in der DDR als langjähriges Mitglied der Ost-CDU. Krauses Engagement in der DDR ging deutlich über das hinaus, was Wolfgang Thierse einmal im Bezug auf ostdeutsche Christdemokraten geäußert hatte – daß sich ihre Mitgliedschaft in der Blockpartei »wohlmeinend als Akt nachvollziehbarer Anpassung an die herrschenden Verhältnisse beschreiben« lasse. Krause war Mitglied der Blockpartei seit 1959 und bis in die siebziger Jahre Zentralrats-Mitglied der Staatsjugendorganisation FDJ. Darüber hinaus diente der Katholik Krause der Staatssicherheit als Informant. Selbst in der CDU-Fraktion schwand deshalb sein Rückhalt schon lange vor seiner Demission, unter den Unionsabgeordneten kursierte eine scheinheilige Abkürzung für ›Innenminister‹: IM.

Krause, ein freundlicher, umgänglicher, aber auch unsicherer Mann, war bereits als Landesbeauftragter über seine Kräfte gefordert worden. Aus seiner Lebenserfahrung hatte er die Fähigkeit zur lautlosen Anpassung bezogen. Die im hohen Grade eigenständige Aufgabe des Aufbaus einer Landesverwaltung und am Ende 1990 des Innenministeriums überstieg seine Kräfte bei weitem. Als stellvertretender Ministerpräsident sagte er wiederholt, er sei »auf diesem Stuhl jeden Tag ein Lernender«, allerdings sagte er es so oft, daß auch wohlmeinenden Parteifreunden angst und bange wurde. In den Tagen der ausländerfeindlichen Krawalle in Hoyerswerda wurde sein Versagen als Innenminister offensichtlich. Die ostdeutsche Polizei war sicherlich Anfang 1991 in ihrem miserabelsten Zustand – schlecht ausgerüstet, ihrer eigenen Vorschriften unkundig, unterbezahlt und durch die Überprüfungen im öffentlichen Dienst, die entschieden, wer gehen mußte und wer auf die noch ferne Verbeamtung hoffen durfte, nahezu jeder Motivation beraubt.

Krauses persönlicher Anteil an dem Desaster lag darin, daß er die Dimensionen der Gewalttaten in Hoyerswerda, die weltweit registriert wurden, überhaupt nicht begriff. Selbst auf dem Höhepunkt der Ausschreitungen äußerte er, das, was er auf jeden Fall vermeiden wollte, sei ein »größerer Polizeieinsatz«. Der und nicht die vorübergehende Aufhebung der öffentlichen Ordnung durch den Mob schien ihm das denkbar Schlimmste zu sein. Er versäumte es in diesen entscheidenden Tagen, die Polizei der Partnerländer Baden-Württemberg und Bayern oder den Bundesgrenzschutz um Amtshilfe zu bitten, wie es später bei kritischen Situationen für die öffentliche Sicherheit im Freistaat üblich wurde. Selbst die Evakuierung der Asylbewerber aus der sächsischen Kleinstadt, die einer Kapitulation des Freistaates vor der Straße gleichkam, konnte die von ihm geleitete Polizei nur ungenügend absichern.

Nicht genug des handwerklichen Scheiterns als Polizeiminister; Rudolf Krause erklärte nach Hoyerswerda in Interviews ganz im alten DDR-Stil, die Ereignisse dort seien von »westlichen Medien« hochgespielt worden. Paradoxerweise war es gerade die Koinzidenz von politischem Versagen und persönlicher Verwicklung, die für einen relativ lautlosen Abgang Krauses aus der Landespolitik sorgten.

Beide Gründe überlagerten einander, so daß der Rücktritt des Innenministers nur mittelbar mit den Ereignissen von Hoyerswerda in Zusammenhang gebracht wurde. Außerdem holten Biedenkopf und die Fraktion mit dem Zittauer Landrat Heinz Eggert, der als Leiter des Aufbaustabes für den sächsischen Verfassungsschutz schon enge Kontakte zum Innenministerium hatte, einen Politiker mit scharfem Profil ins Kabinett, das ganze Gegenteil des farblosen Rudolf Krause.

Biedenkopf war es gelungen, bei den Umbesetzungen im Kabinett Herr des Verfahrens zu bleiben und Debatten über die Revirements auch zeitlich zu begrenzen. Eggert trat am 30. September 1991 ins Kabinett ein; im Oktober fiel die Entscheidung, Arnold Vaatz an die Spitze des Umweltministeriums zu versetzen und den bisherigen Umweltminister Karl Weise de facto aus der Regierung zu entfernen.

In den zurückliegenden Amtsjahren trat Biedenkopfs solitäre Stellung in Sachsen noch deutlicher hervor, sowohl in seiner Distanz zu seiner eigenen (Bundes-)Partei wie auch zu landespolitischen Themen. Während die absolute Mehrheit des Jahres 1990 (53,8 Prozent) vor allem durch den Großtrend in der Republik verlorenging (im Oktober 1993 lag die CDU Sachsens bei 39 Prozent), berührte das seine persönliche Stellung überhaupt nicht. Laut Emnid-Umfrage vom Oktober 1993 vertrauen ihm 80 Prozent der Sachsen und selbst 50 Prozent der PDS-Anhänger. Deutlich ist die Distanz zur sächsischen Staatsregierung insgesamt: Ihr vertrauen 66 Prozent der Sachsen beziehungsweise 37 Prozent der PDS-Anhänger. Bei einer Direktwahl des Ministerpräsidenten bekäme Biedenkopf 74, sein Herausforderer Karl-Heinz Kunckel, SPD, 19 Prozent der Stimmen.

Nach der Infas-Umfrage für den *Spiegel* lag er Ende 1993 in der Beliebtheit aller deutscher Politiker an dritter Stelle; nach Wolfgang Schäuble (66%) und Johannes Rau (64%) wünschten ihm 59 % der Befragten in Zukunft eine wichtigere Rolle.

Im Februar 1994 lag er auf einer +5/−5-Sympathie-Skala bei den sächsischen CDU-Wählern mit +4,1 unerreichbar vorn: »Sachsens

CDU-Wähler verehren ihn, wie einst den starken August«, schrieb der *Spiegel,* »nicht mal Bundespräsident von Weizsäcker erreicht diese Spitzenwerte«. Bemerkenswert: Selbst die SPD-Wähler halten mehr vom CDU-Regierungschef als vom Chef der SPD-Opposition.

Er verdankt also seine Stellung längst nicht mehr der Partei, sondern die Partei ihre – im Vergleich zu anderen ostdeutschen Ländern relativ gute – Position ihrem Ministerpräsidenten. In keinem Bundesland ist der Unterschied zwischen den Zustimmungraten zur Regierungspartei und zu dem Regierungschef so stark. Diese Sonderstellung nutzt Biedenkopf intensiv für bundespolitische Interventionen, die 1993 dicht aufeinanderfolgten: Die Abschlußdebatte zum Solidarpakt; der gemeinsame Versuch mit Bayern, eine Öffnungsklausel für das Hochschulrahmengesetz zu erreichen; seine Aktivitäten, eine parteiübergreifende Unterstützung für die Bundespräsidenten-Kandidatur Johannes Raus zustandezubringen; seine ganz persönlichen Wortmeldungen in der Debatte um die Anpassung der ostdeutschen Löhne an das Westniveau (die er für gerechtfertigt hält); die Auseinandersetzung um die Pflegeversicherung (in der er vorschlug, im Interesse der Transparenz die Lasten gleich den Arbeitnehmern komplett aufzuerlegen); der von ihm persönlich angefachte Streit um das Rentensystem (an dessen Stabilität bis ins nächste Jahrtausend er zweifelt) und sein Affront gegen Helmut Kohl (dem er den Wahlsieg 1994 nicht zutraut).

Hier ergibt sich eine positive Rückkopplung für ihn – je stärker seine Stellung im Land ist, desto deutlicher kann er sich bundespolitisch äußern, und je öfter er sich äußert, desto mehr festigt er seine Sonderrolle in Sachsen. Die war schon nach kurzer Amtszeit schon so weit gediehen, daß die Rücktritte der Minister ihn kaum tangierten. Heute müßte sich ein Erdbeben in der sächsischen Landespolitik ereignen, um seine Stellung auch nur zu erschüttern. Die Position Kurt Biedenkopfs in seinem Land ist mittlerweile der von vormals Franz Josef Strauß in Bayern durchaus nicht unähnlich.

DIE OPPOSITION

Karl-Heinz Kunckel hatte 1990 seine Arbeit in der Tat unter baye-
risch anmutenden Verhältnissen aufnehmen müssen. Anke Fuchs,
die SPD-Spitzenkandidatin der Landtagswahl, hinterließ ihm mit
19,1 % ein Ergebnis, wie es die Sozialdemokraten nur aus dem anderen deutschen Freistaat kannten. Kunckels Bekanntheitsgrad lag
bei seinem Antritt als Oppositionsführer in Sachsen bei 4 Prozent.
In der Euphorie des Sieges konnte es sich Kurt Biedenkopf sogar
leisten, die anderen Parteien als Objekt der Auseinandersetzung
überhaupt nicht wahrzunehmen. »Meine Opposition«, so sein Motto
kurz nach der Amtsübernahme, »ist die Wirklichkeit.«

Tatsächlich ergaben sich jedoch aus den eindeutigen Machtver-
hältnissen im Landtag keine zwangsläufigen Folgen für die parlamentarische Arbeit. Unter den sächsischen Abgeordneten hat sich ein Stil
entwickelt, der sich deutlich von den Ritualen der westdeutschen
Parlamente unterscheidet. Abgeordnete, die erst im Herbst 1989 ihr
politisches Coming out erlebten, verstehen sich in der Regel gut über
die Grenzen der Parteien hinweg, deren Mitglied sie mittlerweile
sind, so wie Altmitglieder verschiedener Richtungen oft Gemeinsamkeiten entdecken. Selbst die Sozialisation in einer Partei ging bei
etlichen der Neueinsteiger nicht auf ein tiefgreifendes ideologisches
Zugehörigkeitsgefühl zurück. So hatte etwa der heutige stellvertretende CDU-Vorsitzende Heinz Eggert im Oktober 1989 die Einladung zur Gründung der Sozialdemokratischen Partei (SDP) im
brandenburgischen Schwante bekommen, war aber verhindert. Wäre
er damals gekommen, so bemerkt er heute nicht ohne Koketterie
mit seiner Rolle als Nonkonformist der CDU, dann könnte er heute
genausogut SPD-Mitglied sein.

Zum einen spielt die Verbindung einer gemeinsamen Biographie
eine wichtige Rolle für das politische Klima in Dresden. So betrieben
beispielsweise der Vorsitzende des Rechtsausschusses im Landtag

Volker Schimpff, ein rechter Flügelmann der CDU, und der Bürgerrechtler Martin Böttger, damals Vorsitzender der Fraktion Bündnis 90/Grüne, gemeinsam eine halboffizielle Außenpolitik. Im Auftrag des Landtagspräsidenten Erich Iltgen flogen sie im Februar 1991 nach Litauen, um dort das Unabhängigkeitsreferendum zu überwachen. Zum gleichen Zweck und ohne den Auftrag ihrer Fraktionen reisten sie im gleichen Jahr nach Kroatien.

In den Verbindungen quer zum Parteischema spiegelten sich zum anderen während der Legislaturperiode die Auseinandersetzungen innerhalb der Unionsfraktion selbst und von Gruppen der Fraktion mit der Regierung wider. Die fielen bisweilen so heftig aus, daß im Landtag der Spruch umging: Die CDU braucht keine Opposition, sie hat selbst genug Streit. So ist es durchaus üblich, daß Unionsabgeordnete mit der SPD ein gemeinsames Vorgehen absprechen, etwa als 1991 das sächsische Polizeigesetz debattiert wurde: Auf Anregung etlicher CDU-Parlamentarier brachte die SPD ihren eigenen Entwurf ein, um das Innenministerium zu dem Regierungsentwurf anzutreiben, der nach Ansicht der Abgeordneten zu lange auf sich warten ließ. Bei der Diskussion um das sächsische Hochschulgesetz wurde der Entwurf des Wissenschaftsministers Mayer wiederum nicht am heftigsten von der eigentlichen Opposition angegriffen, sondern vom hochschulpolitischen Sprecher der CDU Matthias Rößler, dem die Erneuerung in den Hochschulen nicht weit genug ging. Die folgende Debatte in der CDU-Fraktion legte auch wieder den Blick auf die latente Auseinandersetzung zwischen den Altmitgliedern frei, die die Erneuerung der sächsischen CDU als abgeschlossen betrachteten, und den Reformern, denen sie längst nicht weit genug ging.

Anfangs fanden weder Kurt Biedenkopf noch Parteistrategen der SPD großen Gefallen an diesem Umgang, der die Parteigrenzen gelegentlich bis zur Unkenntlichkeit verwischte. Biedenkopf meinte zunächst, das Wahlergebnis von 53,8 Prozent sei ein deutlicher Auftrag an die CDU, die politische Gestaltung allein zu übernehmen, statt immer wieder die Verständigung zu anderen Fraktionen zu suchen. Der damalige Bundesgeschäftsführer der SPD Karlheinz Blessing versuchte seine Genossen in Dresden davon zu überzeugen, daß sie mit einem Wahlergebnis von 19,1 % nur mit einer Totalopposition die Chance hätten, auf Dauer bayerische Verhältnisse zu vermeiden. Sowohl Biedenkopf als auch Ratgeber der Sozialdemokraten sahen jedoch im Verlauf der parlamentarischen Arbeit ein, daß es unmöglich war, die Abgeordneten mit ihrer im Vergleich zum Westen völlig anderen politischen Sozialisation einfach in das disziplinierte und zugleich altbackene Parteienschema der alten Bundesrepublik zu pressen. Schließlich fand Biedenkopf auch Lust an der anderen Art des Umgangs, denn sie kam seiner angestrebten Integrationsrolle entgegen, in der er gelegentlich keine Parteien mehr kennt. Außerdem gehörte die Zusammenarbeit über Parteigrenzen nach einer Weile auch zu seinem Bild der insgesamt geänderten Bundesrepublik.

Der SPD-Fraktionschef Karl-Heinz Kunckel, ein Ingenieur der Elektrotechnik, der vor der Wende an der Technischen Universität Dresden lehrte, lehnte alle Vorschläge für eine Fundamentalopposition gegen die CDU ab, weil diese Strategie weder seiner politischen Sicht der Dinge noch seinem Naturell entsprach. Die gravierenden Probleme in Sachsen, so sein Motto, ließen auch der SPD keine andere Wahl, als in vielen Dingen mit der CDU zusammenzuarbeiten. »Wäre ich dem Rat gefolgt und hätte auf Totalopposition gesetzt«, glaubt Kunckel, »wäre die SPD in Sachsen heute dort, wo die CDU in Brandenburg unter Ulf Finck hingeraten ist.«

Der SPD bleibt ohnehin kaum eine Alternative, denn für eine harte Oppositionsstrategie findet sie in Sachsen kaum Angriffsflächen.

• Erstens befindet sich Sachsen, von allen generellen Problemen Ostdeutschlands abgesehen, in der günstigsten Position aller neuen

142

Länder, und die Sachsen selbst sehen das ebenso. 55 Prozent der Bevölkerung des Freistaates erwarteten Ende 1993 für sich ein gutes bis sehr gutes Jahr 1994, dagegen nur 42 Prozent der Ostberliner, 40 Prozent der Brandenburger und Anhaltiner, 36 Prozent der Thüringer und 30 Prozent der Mecklenburger.[8]

• Zum zweiten betreibt die Regierung Biedenkopf dort, wo die Probleme der neuen Länder am drängendsten sind, bei der Erhaltung industrieller Arbeitsplätze, eine Politik, die sich von sozialdemokratischen Ansätzen nicht unterscheidet, sondern sie im Gegenteil weitgehend übernommen hat. So wurde das Konzept zur Rettung industrieller Kerne in Sachsen, das sogenannte Atlas-Programm, in wesentlichen Zügen schon vor seinem Beschluß durch die Staatsregierung von der sozialdemokratischen Opposition entworfen. Die Argumente des Wirtschaftsministers Kajo Schommer, daß der Staat in der besonderen Lage der Unternehmen in der Ex-DDR nicht nur die Rahmenbedingungen gestalten könnte, sondern sich auch für eine begrenzte Zeit selbst unternehmerisch engagieren müsse, griff, wie sich Karl-Heinz Kunckel 1992 beklagte, »bis in sprachliche Wendungen hinein« Ideen der SPD-Opposition auf.

Auch die Wirtschaftskontakte zu den ehemaligen GUS-Ländern, die sächsischen Firmen beim Absatz ihrer Waren helfen sollten, wurden durch Sozialdemokraten vorbereitet. Kunckel, der noch aus seiner Arbeit in der DDR-Industrie über Kontakte in die frühere Sowjetunion verfügte, war der erste sächsische Politiker, der im Oktober 1992 nach Kasachstan und Tartarstan reiste. Der SPD-Wirtschaftsexperte Friedemann Tiedt knüpfte die ersten Fäden nach Bashkortestan, einer unabhängig gewordenen Republik im Südural, die durch Rohstoffexport über Deviseneinnahmen verfügt. Tiedt und Kunckel bereiteten die Vereinbarung zwischen Sachsen und Bashkortestan vor, der Republik einen umlaufenden Kredit von 100 Millionen Mark zur Verfügung zu stellen, mit dem zu 80 Prozent Waren aus Sachsen bezogen werden sollten.

Als Biedenkopf mit seiner Delegation in der bashkortischen Hauptstadt Ufa eintraf, waren die Grundlagen für das Wirtschaftsabkommen schon gelegt. Das Kommuniqué der Staatsregierung über die Reise erwähnte die Vorarbeit der Sozialdemokraten mit keinem Wort. In geradezu protestantischer Verzichtsethik meinte Kunckel in solchen Fällen, wichtig sei schließlich, was Sachsen nützt. Die Lorbeeren erntete jedoch auch beim Aufbau der Handelsbeziehungen nach Mittelasien die Regierung Biedenkopf. Hier bewährte sich wieder Biedenkopfs bevorzugte Technik, sich die Regeln eines Diskurses nicht vom Kontrahenten aufzwingen zu lassen, sondern im Gegenteil dessen politische Begriffe und Themen nach Möglichkeit selbst zu besetzen, mitunter auch, wie es Biedenkopf in wichtigen Teilen seiner Industriepolitik tat, geradezu handstreichartig.

• Drittens berücksichtigen auch viele seiner bundespolitischen Aktivitäten, etwa bei den Verhandlungen zum Solidarpakt und zu Sachsens Beitrag zur Bahnreform, zwangsläufig Vorstellungen der Sozialdemokraten, gegen deren Bundesratsmehrheit ohnehin nichts durchzusetzen ist. Und nicht zuletzt hat die SPD-Opposition, aber auch Bündnis 90/Grüne kaum etwas einzuwenden, wenn Biedenkopf sich mit Helmut Kohl auseinandersetzt, etwa mit der Frage, mit welchen Themen die Union die Bundestagswahl überhaupt gewinnen wolle.

Kurt Biedenkopf als die dominierende Gestalt der sächsischen Union ist für die oppositionellen Parteien kaum zu fassen; nicht auf bundespolitischem Gebiet und auch nicht in der Landespolitik. Mit letzterer beschäftigt er sich bei öffentlichen Auftritten nämlich nur sporadisch.

DER STEUERSTREIT

Die erste große Auseinandersetzung, die Kurt Biedenkopf als sächsischer Ministerpräsident bestehen mußte, hatte im Grunde schon vor seiner Wahl begonnen. Weiter oben ist beschrieben worden, wie in dem Maße, in dem er mit den Problemen in Ostdeutschland konfrontiert wurde, sich auch seine Vorstellungen darüber wandelten, welche Transferleistungen für die neuen Länder nötig waren.

Schon Mitte 1990 war die Debatte über die zentrale Frage im Gange: Sind Steuererhöhungen für die Kosten der Deutschen Einheit nötig? In der kollektiven Erinnerung war das von der Regierungskoalition heftig verneint worden, schließlich stand am 2. Dezember die Wahl des gesamtdeutschen Bundestages an. Tatsächlich zählt die Debatte über eine Steuererhöhung Mitte/Ende 1990 zu den seltsamsten politischen Auseinandersetzungen der Bundesrepublik, denn alle öffentlichen Bekundungen der Koalitionspolitiker deuteten genau darauf hin.

Am 1. Juli 1990 formulierte Helmut Kohl zwar ungefähr den Standpunkt, den Biedenkopf schon erheblich früher eingenommen hatte, nämlich, daß der jährliche Zuwachs des Bruttosozialproduktes auf noch unabsehbare Zeit in die neuen Länder fließen müsse, aber das auch nur mit Einschränkungen:

»Für die Menschen in der Bundesrepublik gilt: Keiner wird wegen der Vereinigung Deutschlands auf etwas verzichten müssen. Es geht allenfalls darum, Teile dessen, was wir in den kommenden Jahren zusätzlich erwirtschaften, unseren Landsleuten in der DDR zur Verfügung zu stellen – als Hilfe zur Selbsthilfe.« Mit den »Teilen dessen, was wir zusätzlich erwirtschaften«, meinte er zweifellos sowohl die Mehreinnahmen der Wirtschaft durch den Nachfrageschub aus dem Osten, den die Währungsunion auslöste, als auch die Zusatzeinnahmen der öffentlichen Hand. Mit anderen Worten, er glaubte zumindest offiziell an das Trugbild eines selbsttragenden Aufschwungs. Dabei hatte sein Finanzminister Theo Waigel schon wenig später, zum Einheitstag am 3. Oktober, nichts mehr ausschließen wollen: »Es ist völlig sinnlos, diese Frage (nach den Kosten der Einheit – d. A.) zu stellen, und niemand kann die Entwicklung eines Jahres voraussehen. Wer hätte 1989 das voraussehen können, was heute ist?« Am Tag zuvor hatte sich Waigel mit Karl Schiller unterhalten, der meinte: »Wenn man uns 1948 gefragt hätte, ›was kostet die Einheit‹, dann hätte es niemand sagen können, und wenn es jemand ausgerechnet hätte, wären wir wieder in unsere Keller gegangen, so entmutigt wären wir gewesen.« Auch in späteren Verlautbarungen hütete sich der CSU-Vorsitzende, Steuererhöhungen definitiv auszuschließen.

Bereits im September hatte der Stuttgarter CDU-Oberbürgermeister Manfred Rommel mit Blick auf die Lage der ostdeutschen Kommunen gefordert, die Steuern müßten für die Einheit erhöht werden. Lothar Späth verlangte eine Anhebung der Mineralölsteuer, Kurt Biedenkopf kurz nach seiner Wahl zum Ministerpräsidenten eine höhere Spitzensteuer, vor allem, um den Ausbau der Verkehrswege in den neuen Ländern zu finanzieren. In einem Gespräch mit dem *Stern* vom 13. September 1990, also noch vor seiner Wahl zum Ministerpräsidenten in Sachsen, zeigte er sich davon überzeugt: »Es wird nicht nur mit Schuldenmachen gehen. Wir müssen auch einen eigenen Beitrag leisten – nicht nur unsere Kinder belasten. Außerdem: noch stärkere Zinsen durch stärkere Kreditnachfrage wären gefährlicher für die Konjunktur als steuerliche Mehrbelastungen. Nur müßte das kein Wahlkampfthema sein, weil die Opposition auch höhere Steuern will.«

CDU-Generalsekretär Volker Rühe hielt Steuererhöhungen ebenfalls für unabweisbar, der stellvertretende Parteivorsitzende Lothar de Maizière ebenso, denn er kannte schließlich die verheerenden Zahlen des DDR-Haushaltes, der nun in den bundesdeutschen eingegangen war. Im *Spiegel* vom 5. November meinte CDU-Vorstandsmitglied Heiner Geißler: »Ich halte es für einen Fehler zu sagen, Steuererhöhungen kommen für eine Partei nie in Frage. Ich halte es aber auch für einen Fehler, Steuererhöhungen zu verlangen, wenn sie überhaupt nicht notwendig sind. Ich finde, das muß man generell offenlassen.«

Im Grunde schien es in der Debatte der Union, auch nach dem, was schon nach außen gedrungen war, nur noch darum zu gehen, ob man schon vor den Wahlen am 2. Dezember die Steuererhöhungen ankündigen oder damit bis zu den Tagen danach warten sollte.

In einem Interview mit dem *Kölner Stadtanzeiger* vom 17. November 1990 sagte Kohl: »Ich habe nicht gesagt, es gibt keine Steuer- und Abgabenerhöhung. Ich sage, es gibt keine Steuererhöhungen im Blick auf die Probleme der deutschen Einheit.« Diese ständig offenstehende Hintertür wurde zumindest in der Bundesvorstandssitzung der CDU im November für kurze Zeit geschlossen, denn Kohl hielt es offenbar für wahlentscheidend, sich und die Partei, vor allem seine gerade wieder als Kritiker hervorgetretenen Freunde Biedenkopf und Späth, kurz vor dem 2. Dezember, dem Tag der ersten gesamtdeutschen Wahlen, auf einen eindeutigen Verzicht auf Steuererhöhungen festzulegen und das Kleingedruckte für die Zeit danach aufzuheben. Die Sitzung in Bonn begann mit Verspätung, weil Kohls Mannschaft Biedenkopf zuvor noch ein Gespräch im kleineren Kreis angedeihen ließ. Biedenkopf war sich noch wenige Tage zuvor mit de Maizière einig gewesen, daß Steuererhöhungen unausweichlich waren und daß man das auf der Bundesvorstandssitzung auch so sagen müsse.

Als er jedoch aus der Runde im Separée kam, hatte er seine Ansicht offenbar geändert. Er ließ sich nun wie die anderen einen Rückzugsweg offen. Biedenkopf meinte, wenn Theo Waigel die erforderlichen Finanzmittel für den Aufbau Ost tatsächlich durch Kürzungen und Umschichtungen erreichen könnte – mit einer Steuererhöhung höchstens als Ultima ratio –, dann wolle auch er die Forderung nach höheren Steuern nicht weiter erheben. Lothar de Maizière rechnete zwar noch einmal die Eckdaten des letzten DDR-Haushaltes vor, der ja eigentlich bis Ende 1990 gelten sollte: Für das zweite Halbjahr 1990 waren dort 63 Milliarden Mark eingestellt worden, die bereits aus 22 Milliarden Mark Bundeszuschüssen und 10 Milliarden Krediten finanziert werden mußten.

Dabei stand auch diese Planung auf äußerst wackligen Beinen, da im Herbst 1990 niemand seriöse Prognosen über das Steueraufkommen in dem gerade beigetretenen Landesteil abgeben konnte. Das bundesdeutsche Steuersystem galt erst ab 1. Juli, dem Tag der Währungsunion, und realistischerweise mußte jeder Finanzpolitiker davon ausgehen, daß nur sehr wenige Unternehmen Gewinn erwirtschaften und damit auch Gelder an den Fiskus abführen würden. Zum anderen stieg die Summe der überhaupt erst grob oder noch gar nicht kalkulierten Kosten ständig – für die Stillegung der Atomkraftwerke, den Abzug der sowjetischen Truppen, die drängende Sanierung des Schienennetzes, um nur einige der unumgänglichen Ausgaben zu nennen.

In den Fonds Deutsche Einheit, mit dem Bund und Länder die Transferleistungen zu bestreiten dachten, waren jedoch nur 120 Milliarden Mark eingeordnet – für die nächsten vier Jahre. Doch diese Zahlen überzeugten niemand in der Runde – abgesehen von jenen, die schon überzeugt waren, aber den Mund hielten – von der Notwendigkeit, die Steuern zu erhöhen. De Maizière wurde bedeutet, daß das Zahlenmaterial schon von Experten durchgerechnet worden sei, die von Haushaltsdingen sicherlich mehr verstünden als er. Und diese Fachleute wären zu dem Ergebnis gelangt, daß die Steuern nur im äußersten Notfall angehoben werden mußten. Der entscheidende Punkt war der, daß Helmut Kohl in der Bundesvorstandssitzung an einer Analyse der Situation überhaupt nicht gelegen war.

Bezeichnenderweise war die gebremste Aussprache zum Thema

Steuern auch nicht Punkt eins der Tagesordnung; für die Mannschaft des Kanzlers gab es offenbar Wichtigeres.

Es ist oft darüber spekuliert worden, ob Helmut Kohl tatsächlich glaubte, den Osten ohne Steuererhöhungen aufbauen zu können, oder ob er nur aus wahltaktischen Gründen daran festhielt; ungeachtet der Tatsache, daß schon Wochen vor dem 2. Dezember rund 80 Prozent der Bundesbürger damit rechneten, daß die Steuern danach doch erhöht werden würden. Manches spricht dafür, daß nicht nur er, sondern auch Theo Waigel und andere annahmen, das sogenannte »Steuerversprechen« doch halten zu können. Der Bundesfinanzminister hatte noch 1991 geglaubt, die Treuhand werde ihre Geschäfte mit einem neutralen Ergebnis, vielleicht sogar mit Gewinn abschließen.

Entscheidend für die Debatte war jedoch, daß der Kanzler und seine Regierung ebenso wie der CDU-Bundesvorstand zu keiner Zeit eine Zusammenschau der Zahlen und Fakten für nötig hielten, die sich aus der Einheit ergaben. Es gab nie eine Kabinettsrunde mit dem generellen Thema »Deutsche Einheit«, sondern nur ein Konglomerat vieler Einzelentscheidungen. In einem Interview mit der *Zeit* vom 12. Juni 1992 sagte Kurt Biedenkopf: »Wir haben den inneren Prozeß der deutschen Einheit ohne geschlossenes Konzept begonnen. Es hätte niemand gegeben, der diesen Prozeß 1990/91 mit einem geschlossenen Konzept hätte beginnen können.«

In seinem Buch »Das deutsche Wagnis« schrieb Klaus von Dohnanyi 1991: »Für die Zeit nach der Währungsunion war so gut wie nichts vorbereitet worden.«

Tatsächlich kam die Chance zur staatlichen Einheit für die gesamte politische Klasse Deutschlands so überraschend, daß es mediokker wäre, ihr ein mangelndes Konzept vorzuwerfen. Die Ansichten der allermeisten Politiker zu den Kosten und vor allem zur Geschwindigkeit eines Einigungsprozesses waren, wie bereits gezeigt, zur Jahreswende 1989/90 relativ ähnlich.

Auch Kurt Biedenkopf ragte damals noch nicht mit einer wesentlich divergierenden Meinung hervor.

Im Laufe des Jahres 1990 hatte sich das Feld jedoch deutlich gegliedert; eine Gruppe von Politikern, zu der Volker Rühe, Lothar Späth und die SPD-Opposition ohnehin zählten, war nun überzeugt, daß die erheblichen Einheitslasten ohne höhere Steuern nicht aufzubringen waren. Auch Kurt Biedenkopf war ein dezidierter Verfechter dieser Richtung. Warum zog er dann seine Forderung weitgehend zurück und modifizierte sie mit dem Verweis, wenn die Bundesregierung die nötigen Mittel tatsächlich durch Einsparung und Umschichtung zur Verfügung stellen könne, wolle er nicht weiter auf höhere Steuern bestehen? Denn diese Aussage glaubte er wohl selbst nicht: Ein Beobachter erinnerte sich, nach der Bundesvorstandssitzung habe man Biedenkopf ansehen können, »daß er davon innerlich nicht überzeugt war«.

Sein Rückzug wog um so schwerer, da ihm sein wirtschaftlicher Sachverstand als auch seine unmittelbare Anschauung von der Situation in Ostdeutschland nahelegen mußte, daß sich ein Verzicht auf höhere öffentliche Einnahmen nicht lange würde aufrechterhalten können, zumal er auch deutlich darauf hingewiesen hatte, daß umfangreiche Kreditaufnahmen die Zinsen nach oben treiben und so die Lage weiter verschlechtern würden.

Der wesentliche Grund für seine – äußerlich – gewandelte Haltung war offenbar, daß der Höhepunkt der Debatte in seine ersten Amtswochen als Ministerpräsident in Sachsen fiel und er sich der Sicherheit dieser Position noch nicht so bewußt war wie zu späteren Zeiten und so wieder sein alter Reflex zurückkehrte, sich erst mit Ideen weit vorzuwagen, sich dann unter Druck allerdings auch rasch wieder zurückzuziehen. Immerhin waren sein Gegenentwurf zum neuen Grundsatzprogramm der Union 1991, seine Kritik an der Art und Weise, wie Helmut Kohl sich ohne jede Debatte in der Partei zum Kanzlerkandidaten für 1994 ausrief, und sein öffentlicher

Zweifel daran, daß die CDU mit Kohl 1994 noch einmal gewinnen könnte, abweichende Meinungen von ganz anderem Format. Sie wogen weit schwerer als die Forderung nach Steuererhöhungen 1990, die ja neben ihm noch andere führende Unionspolitiker erhoben hatten.

Sein Rückzug in dieser Frage, nur wenige Monate, bevor die Steuererhöhungen dann doch verkündet wurden, war zweifellos die schwerste Niederlage seiner Karriere nach seiner Abwahl als Landesvorsitzender in Nordrhein-Westfalen 1987. An dem Tag, als Helmut Kohl sein Wahlversprechen offiziell brach, so ein Mitarbeiter des Ministerpräsidenten, habe er Biedenkopf »so wütend wie noch nie« erlebt.

FINANZDEBATTE UND SOLIDARPAKT

Das überragende Thema Biedenkopfs seit seinem Amtsantritt 1990 war die Finanzierung der Einheit, die sich in zwei Fragen zuspitzte: Bis 1994 sah eine Übergangslösung des Einigungsvertrages vor, den neuen Ländern Finanzmittel aus dem Fonds Deutsche Einheit zufließen zu lassen, an dem sich Bund und Länder beteiligten. Dafür erhielten die neuen Länder weder den Länderanteil an der Mehrwertsteuer, noch waren sie in den Länderfinanzausgleich einbezogen (der das Gefälle zwischen Ost- und Westländern auch gar nicht hätte bewältigen können). An Stelle dieses Provisoriums mußte eine dauerhafte Regelung treten, die die Interessen von Bund, alten und neuen Ländern berücksichtigte.

Zum zweiten war längst eine Grundsatzdebatte darüber ausgebrochen, wie die Kosten in den neuen Ländern überhaupt definiert werden sollten: Indem die alte Bundesrepublik – Bund und Länder – mitteilten, was sie entbehren konnten, und die neuen Länder ihre

Ausgaben nach dieser Summe auszurichten hatten? Oder dadurch, daß die Länder im Osten zunächst formulierten, was sie für notwendig hielten, und sich der Transfer an dieser Größe orientiert?

Die erste Variante bedeutete, davon auszugehen, daß das vereinigte Deutschland eine um 108 000 Quadratkilometer vergrößerte Bundesrepublik ist und der Finanzbedarf der neuen Länder als Ausgabenposten irgendwie in die laufende Haushaltsrechnung integriert werden müßte, möglichst ohne große Verschiebung der überkommenen Interessen und Besitzstände. Die zweite Variante setzt die Überzeugung voraus, daß die Republik seit 1990 insgesamt eine andere geworden und der Aufbau im Osten ein gesamtdeutsches Thema von überragender Bedeutung ist. Bei allen Veränderungen, die seine Kostenschätzung zwischen 1989 und Ende 1990 erfahren sollte, vertrat Biedenkopf durchgehend die Auffassung, daß die Einheit eine deutsche Gemeinschaftsaufgabe sei, die die Republik auch insgesamt verändern würde.

Diese Vorstellung von einer nationalen Solidaritätspflicht blieb nicht nur von 1990 bis zur Gegenwart seine Überzeugung; er vertrat sie auch in Ost und West, vor seinen Wählern in Sachsen und gegenüber Managern im Westen der Republik.

In dem *Zeit*-Interview, in dem er die vom Vorstand der Dresdner Bank Wolfgang Röller genannte Transfersumme von jährlich 10 Milliarden noch für eine vernünftige Größe hielt, sagte er gleichzeitig: »Nehmen wir an, ab 1953 hätte sich die DDR-Wirtschaft unter der gleichen Wirtschaftsordnung entwickeln können wie die Wirtschaft der Bundesrepublik. Dann wäre sie heute etwa so leistungsfähig wie unsere Wirtschaft. Die eigentliche, für die Menschen der DDR verheerende Kriegsfolgelast war der Oktroi einer fremden Wirtschafts- und Gesellschaftsordnung. Dieser Oktroi als Kriegsfolge begründet nach meiner Überzeugung eine Solidaritätspflicht zum Lastenausgleich, eine Verpflichtung, die Menschen in der DDR in die Lage zu versetzen, das Entwicklungsdefizit möglichst schnell abzubauen.

Das heißt, wir müssen das zur Verfügung stellen, was nötig ist.«
Zwei Jahre später, am 7. Juli 1992 – die Transferleistungen wurden nun auf ein Volumen von 150 Milliarden pro Jahr geschätzt –, hatte sich an seinem Grundtenor, daß die deutsche Einheit eine »große nationale Generationenaufgabe« sei, nichts geändert: »Das (die wirtschaftliche Zerrüttung Ostdeutschlands – d. A.) sind die späten Folgen des verlorenen Krieges, nach dessen Ende Ostdeutschland unter stalinistische Herrschaft geriet und ausgeplündert wurde. Die Überwindung der Schäden und der Wiederaufbau des Ostens ist Aufgabe aller Deutschen. Das ist eine Volksaufgabe. Genau wie nach 1945 im Westen die Kriegsfolgen beseitigt wurden, muß das jetzt auch im Osten geschehen.«

Auf die Frage der *Neuen Revue*: »1945 haben die Deutschen im Westen den Wiederaufbau für ihr Gebiet geleistet. Wie kann man verlangen, daß sie jetzt auch den Osten aufbauen müssen?« antwortete Biedenkopf: »Die Westdeutschen haben in 45 Jahren viel wirtschaftliche Kraft erworben. Ist es da nicht zumutbar, die nötigen fünf Prozent aus dem Bruttosozialprodukt an die zu geben, die 45 Jahre lang ausgegrenzt und unterdrückt waren, und die ja auch Deutsche sind? – das ist die Grundfrage! Wenn die Menschen im Westen sagen würden: Die Ostdeutschen interessieren uns nicht, das war eben Pech, was haben wir damit zu tun? – dann wäre das ein nationales Trauerspiel.«

In einem Vortrag zum »Thyssentag« in Düsseldorf am 2. März 1993 führte er aus: »Normalerweise reden wir über die Risiken, die Lasten, die Opfer, die Schwierigkeiten, die Einschränkungen, wenn über die deutsche Einheit gesprochen wird. Ich habe vor einigen Wochen einen Mitarbeiter gebeten, alle Regierungserklärungen und wesentliche Debattenbeiträge zur deutschen Einheit im Bundestag seit 1991 zu analysieren unter dem Gesichtspunkt, wie die Einheit dargestellt wird. Die Behandlung der Chancen der Einheit findet praktisch nicht statt. Es ist von Opfern, von Verzicht die Rede. Ich finde, das ist ein falscher Zugang zu dieser großen Herausforderung. Für ganz Deutschland ist die Einheit eine Chance, wenn wir sie und das, was ihr folgt, als gesamtstaatliche Aufgabe begreifen.«

Sein Appell auf diesen pragmatischen Patriotismus weist Biedenkopf als Vertreter eines bestimmten parteiübergreifenden Teils der politischen Klasse aus, dessen gemeinsames Credo sich überhaupt erst seit der Einheit herausschält: eine wertkonservativ-liberale Bürgergesinnung, die den in Deutschland nicht unproblematischen Begriff ›Patriotismus‹ nach innen, als Gegenprinzip zu einer partikularisierten, zerstrittenen Gesellschaft verwendet. Zu nennen wären hier vor allem Helmut Schmidt, Klaus von Dohnanyi, Theo Sommer, Marion Gräfin Dönhoff. (Dagegen ist es ein Phänomen, daß gerade Vertreter des klassischen Nationalkonservatismus wie der baden-württembergische Finanzminister Gerhard Mayer-Vorfelder oder der Publizist Arnulf Baring eine nationale Pflicht zur Solidarität mit den Ostdeutschen ablehnen.)

Biedenkopfs Grundauffassung zur Finanzierung der Einheit bestand schon 1992, als die ersten Gespräche zum Solidarpakt begannen, in drei wesentlichen Punkten:

Erstens: Der Aufbau im Osten ist die zentrale gesamtstaatliche Aufgabe der nächsten Jahre.

Zweitens: Die Transferleistungen können folglich nicht nach dem Muster ausgehandelt werden, daß sich die Vertreter des Ostens als Bittsteller an den Westen wenden, der dann entscheidet, was er zu geben bereit ist. Denn das mußte zwangsläufig zu einem ewigen Wechselspiel von Forderungen und Ablehnungen und damit zu einem fruchtlosen Dauerstreit führen.

Drittens konnte die Feststellung eines »Status«, also die langfristige Formulierung dessen, was für den Aufbau Ost nötig war, nur gelingen, wenn möglichst viele Kräfte einbezogen würden: Bund, alte und neue, SPD- und CDU-regierte Länder, aber auch die SPD als Partei, die schließlich die Mehrheit im Bundesrat hatte.

Biedenkopf hatte im Laufe des Jahres 1992 gemerkt, wie dringend ein solcher großer Konsens wurde, denn zwei Jahre nach der Einheit verlief die Debatte um deren Gestaltung denkbar verhakt und unorganisiert. Der sächsische Ministerpräsident war Ende '92 in eine schwere, persönlich gefärbte Auseinandersetzung mit Bundesfinanzminister Theo Waigel geraten, dem er vorwarf, mit falschen Zahlen zu operieren: Statt der 92 Milliarden, die Waigel als Bundeshilfe für den Osten nannte, seien es nach Abzug der zurückfließenden Steuern von 42 Millarden nur 50 Milliarden, die tatsächlich dem Osten zugute kämen. Nur 23,6 Milliarden gingen davon direkt in die neuen Länder. Und das, so monierte Biedenkopf, seien 3,4 Milliarden weniger, als die Bundesrepublik in die Kassen der Europäischen Gemeinschaft zahlen würde. Die Auseinandersetzung mit Waigel wurde dadurch nicht eben leichter, daß sie von Biedenkopf noch mit einem Streit um die praktisch bedeutungslose Deutsche Soziale Union verknüpft wurde.

Die hatte zwar bei den Landtagswahlen 1990 in Sachsen, ihrem Stammland, ganze 3,8 Prozent bekommen und lag 1992 in Umfragen noch unter diesem Ergebnis. Biedenkopf fürchtete allerdings, daß sie ihn 1994 möglicherweise, ohne selbst in den Landtag zu kommen, um die entscheidenden Prozentpunkte und damit um die absolute Mehrheit bringen könnte. Plötzlich kehrte das Gespenst der »vierten Partei« wieder, mit dem sich Biedenkopf schon in seiner Zeit als CDU-Generalsekretär konfrontiert sah. *

---

* Die »vierte Partei«, die sich Mitte der siebziger Jahre schon einmal mit Billigung Strauß' unter Führung des ehemaligen bayrischen FDP-Chefs Dietrich Bahner und dem Getränkegroßhändler Kurt Mayer gebildet hatte, nannte sich ebenfalls DSU. 1975 erreichte die CDU Nordrhein-Westfalens mit ihrem Spitzenkandidaten Heinrich Köppler von der DSU die Zusage, daß sie 1976 nicht zu Landtagswahl antreten würde.

Kurt Biedenkopf erhob diese Vorwürfe gegen Waigel in einem vertraulichen Brief an Helmut Kohl und verschärfte damit den Ton der
Debatte erheblich:

»Lieber Helmut, seit Ende der Sommerpause zeichnen sich drei
Bereiche ab, in denen es zu Konflikten mit dem Finanzminister und
Vorsitzenden der CSU kommen kann. Ich möchte Dich von dieser
Entwicklung unterrichten und vorschlagen, daß wir bald über die
Frage sprechen, wie ein offener Konflikt vermieden werden kann.

Der erste Bereich betrifft die Finanzierung der Haushalte der ostdeutschen Bundesländer für 1993. Auf der Grundlage der Zahlen,
die Waigel vorgelegt hatte, war offensichtlich, daß die ostdeutschen
Länder ihre Haushalte 1993 nur würden finanzieren können, wenn
sie ihre investiven Mittel kürzen und sich in einer Höhe verschul-
den, die mit dem Aufbau Ost unvereinbar wäre. Alle Versuche nach
der Sommerpause, zu einem solchen Gespräch zu kommen, sind bisher gescheitert. Statt dessen wächst der Druck, der auf ostdeutsche
Abgeordnete ausgeübt wird, die sich für eine Verbesserung der
unzureichenden Finanzausstattung ihrer Länder einsetzen. Von einer
treuhänderischen Haltung der Westdeutschen zugunsten der Ostdeutschen, die noch nicht die Kraft haben können, sich im gesamtdeutschen Verteilungskampf zu behaupten, kann keine Rede sein.

Wichtigstes Argument für die ablehnende Haltung Waigels ist die
Behauptung, der Bund transferiere im kommenden Jahr rund
92 Mrd. in die ostdeutschen Bundesländer. Daß die Belastungen des
Bundeshaushalts netto im für Waigel günstigsten Fall nur knapp
30 Mrd. betragen werden, weiß das BMF (Bundesministerium der
Finanzen – d. A.). Das hielt Waigel nicht davon ab, die Zahl auch
in seiner Etatrede wieder zu verwenden.

Der dritte Bereich betrifft nicht das BMF, sondern die CSU. Waigel
hat kürzlich wieder eine größere DSU-Veranstaltung in Sachsen
durchgeführt. Man hatte aus allen Landesteilen Anhänger der DSU
zur Kundgebung gebracht. Der ›Bundesvorsitzende‹ der DSU, Keller

– Bürgermeister in Dresden und ein vernünftiger Mann – wurde praktisch in die Pflicht genommen, die Selbständigkeit der DSU weiter zu betreiben. Vielversprechende Gespräche über eine Aufnahme der DSU in die CDU sind damit vorerst auf Eis gelegt. Waigel erklärte auf der Kundgebung, die DSU könne die Probleme im Osten besser lösen als die CDU.

Dort müsse man wohl erst lernen, daß das Geld, das man verlangt, erst erarbeitet werden müsse etc. Derzeit wirbt die DSU im Kreis von Vertriebenen mit dem Versprechen, 4000 DM Entschädigung werden gezahlt; dies, obwohl Waigel genau dies ablehnt. DSU-Geschäftsstellen werden dem BdV als Standorte angeboten usw.

Der ganze Spuk ist nur möglich, weil die CSU die DSU finanziert. Ohne finanzielle Unterstützung aus Bayern gäbe es die DSU nicht mehr. Offenbar will man mit der DSU in die nächsten Kommunal- und Landtagswahlen gehen. Anscheinend verspricht man sich Chancen, statt der Republikaner all diejenigen um sich zu scharen, die in der unzureichenden Aufarbeitung der Vergangenheit, in Asyl-fragen und in zu wenig Härte gegen Bonn die Ursache für ihre Probleme sehen.

Durch das Verhalten Waigels werden vor allem Thüringen und Sachsen in eine unmögliche Lage gebracht. Als Finanzminister hat uns Waigel praktisch in der Hand und kann fehlendes Wohlver-halten bestrafen. Als CSU-Vorsitzender ist er Chef der Regierungs-partei unseres Partnerlandes Bayern. Auf dessen Kooperation sind wir dringend angewiesen, nachdem Baden-Württemberg weniger be-rechenbar geworden ist. Gleichwohl hat Bayern gerade gefordert, wir müßten in Zukunft 60 Prozent der Kosten für Leihbeamte aus Bayern übernehmen, die mit Abstand höchste Forderung aller west-lichen Bundesländer.

Mit Hilfe dieser Kombination Finanzminister und CSU-Vorsit-zender, also nicht abhängig von der CDU-Entwicklung im Bund, kann Waigel sich Möglichkeiten sichern, in Sachsen, Thüringen und

Sachsen- Anhalt eine Konkurrenz zur CDU aufzubauen, ohne Sanktionen befürchten zu müssen.

Mir raubt er damit die Chance, noch einmal eine echte CDU-Mehrheit zu erhalten. Die Folge wäre voraussichtlich eine große Koalition in Sachsen. Mit der DSU wäre eine Koalition kaum politisch möglich, angesichts des politischen Personals dieser Partei aber auch nicht zumutbar.

Für die Sächsische Union ist eine solche Politik nicht akzeptabel. Wenn es nicht zum offenen Bruch mit der CSU und zu politischen Aktivitäten in Bayern – etwa aus Anlaß des nächsten CSU-Parteitages – kommen soll, muß hier so schnell wie möglich eine Änderung eintreten. Die finanzielle Unterstützung der DSU muß beendet werden. Die CSU muß unsere Bestrebungen unterstützen, die DSU in die CDU aufzunehmen. Bereitschaft dazu besteht auf beiden Seiten, vor allem auf kommunaler Ebene.

Interventionen von außen, vor allem gestützt auf die Autorität des Bundesfinanzministers, machen alle Versuche zunichte, hier weiter zu kommen. Ich kann nicht ausschließen, daß dieses Problem bereits den Bundesparteitag in Düsseldorf beschäftigen wird. Mit Sicherheit wird es auf unserem Landesparteitag angesprochen werden. Ich halte es deshalb für wichtig, daß bald etwas unternommen wird. Sonst könnte die Auseinandersetzung sich verselbständigen. Für die Rolle der Union im Einigungsprozeß wäre dies angesichts der gemeinsamen Fraktion in Bonn verheerend.

Mit besten Grüßen Dein Kurt.«

Damit war der Streit da, den Biedenkopf vorausgesehen hatte – denn sein »Lieber Helmut« sorgte umgehend dafür, daß der vertrauliche Brief den Medien zugeleitet wurde. Nun schlug die CSU öffentlich zurück, und Biedenkopf hatte, um bei einem seiner Lieblingsworte zu bleiben, einen »Riesenkrach«. Theo Waigel schrieb einen Brief an Helmut Kohl: »Professor Biedenkopf wirft mir vor, ich würde mein Amt als Bundesminister der Finanzen nicht sachgerecht führen und Entscheidungen am Wohlverhalten der Beteiligten orientieren. Parallel dazu unterstellt er mir, daß ich als CSU-Vorsitzender Einfluß nehme, um überhöhte Forderungen auf die Erstattung von Bezügen für im Freistaat Sachsen tätige Landesbeamte zu stellen. Diese Vorwürfe sind eine böse Beleidigung. Sie treffen mich nicht nur in meiner politischen, sondern auch in meiner persönlichen Ehre. Sie, Herr Bundeskanzler, haben diese Vorwürfe bei der Zusammenkunft der Ministerpräsidenten am Vortag entschieden zurückgewiesen. Letztlich trifft Professor Dr. Biedenkopf mit seinen Vorwürfen die gesamte Bundesregierung und auch den Bundeskanzler.«

CSU-Generalsekretär Erwin Huber sah in Biedenkopfs Brief ebenfalls »einen massiven Angriff auf die Bundesregierung«. Für den anhaltinischen Ministerpräsidenten Werner Münch bot der Streit ebenfalls eine willkommene Gelegenheit, Kurt Biedenkopf am Zeug zu flicken. Der *Welt* sagte Münch am 24. 12. 1992, Biedenkopfs »unzulässige Beleidigung« Waigels sei für die neuen Länder kontraproduktiv. Der auffällig kanzlertreue Magdeburger Regierungschef mißgönnte Biedenkopf offensichtlich dessen Primus-Rolle unter den ostdeutschen Ministerpräsidenten. Er, Münch, könne es »nicht zulassen, daß Biedenkopf als einziger Anwalt der neuen Bundesländer in der Öffentlichkeit registriert wird, weil das nicht den Tatsachen entspricht«. Außerdem »lasse er sich nicht mehr wie ein Schuljunge behandeln« – Gott weiß, welche Belehrungen sich Münch von Biedenkopf in irgendeiner Gesprächsrunde hatte gefallen lassen müssen.

Nicht genug mit dem Streit in der Union, zu dem die Auseinandersetzung über die Finanzen über weite Strecken geworden war. Zwischen dem brandenburgischen Ministerpräsidenten Manfred Stolpe und Biedenkopf hatte sich im Verlauf des Jahres 1992 eine besondere Beziehung, eine Art strategischer Allianz herausgebildet.

Beide versuchten, über Parteigrenzen hinweg Interessen des Ostens zu artikulieren. Im Mai unterzeichneten sie in Cottbus das Positionspapier »Aufbau Ost vor Ausbau West«.*

Das stieß nicht nur auf Mißtrauen in der Union, sondern auch bei Stolpes Parteifreunden. Die sahen ihre Pläne gestört, die SPD-Mehrheit im Bundesrat für die Oppositionspolitik zu nutzen. Mit Recht, denn Stolpe stimmte im Bundesrat mit den Unions-Ländern für eine Erhöhung der Mehrwertsteuer, weil ihm die Finanzen seines Landes wichtiger waren als die Parteiräson.

In dieser Gemengelage, in der nicht nur die Interessen von Bund, Ost- und West-, SPD- und unionsgeführten Ländern auseinanderdrifteten, sondern die Gegensätze auch quer durch die Parteien liefen, hätte bei den Verhandlungen um eine gemeinsame Anstrengung – den Solidarpakt – leicht alles schiefgehen können. Daß es am 27. Februar 1993 zu dem Wunder von Potsdam kam, war alles andere als selbstverständlich. An dem Tag einigten sich die 16 deutschen Ministerpräsidenten bei einer Vorbesprechung auf Schloß Cecilienhof, dem Bund in den Verhandlungen mit einer geschlossenen Position gegenüberzutreten.

Eine solche grundlegende Vereinbarung wurde seit 1991 diskutiert; 1992 tauchte zum erstenmal der Begriff »Solidarpakt« auf. Der Gedanke eines langfristigen Vertrages kam Biedenkopfs Überzeugungen sehr entgegen: Erstens, weil hier ein »Status« formuliert werden konnte, eine Einschätzung des langfristigen Bedarfs der neuen Länder. Damit könnte das Wechselspiel von Forderungen aus dem Osten und Antworten aus dem Westen endlich durch eine übergreifende Sicht der Dinge abgelöst werden. Einer von Biedenkopfs Lieblingsbegriffen in Kabinettssitzungen und Diskussionen ist

---

* Das bis zum Herbst 1992 allerdings auch von den anderen Ost-Ministerpräsidenten unterzeichnet wurde.

»Sachverhalt«: Den galt es zunächst einvernehmlich festzustellen, ehe zwischen Ländern und Bund über die Lösung der Finanzierungsaufgaben verhandelt wurde.

Zweitens entsprach ein solcher großer Konsens auch seinem Bild einer insgesamt veränderten Bundesrepublik: Nach seiner Ansicht sollten nicht nur ungelöste Probleme des Ostens zusammen mit der Länderfinanzierung geklärt werden – etwa die Regelung für die Altschulden der ostdeutschen Wohnungsgesellschaften – sondern auch verschleppte Probleme des Westens wie die Bahnreform. Im Herbst 1992 sagte er dem *Spiegel*: »Die Diskussion wird wohl so lange dauern, bis die Kräfte aller Beteiligten erschöpft sind. Es wird einen Riesenkrach geben, und das Ergebnis sage ich Ihnen voraus. Entweder entsteht eine modernisierte und erneuerte Bundesrepublik – das ist meine große Hoffnung. Oder es bleibt ein total zerstrittenes Land zurück, das sich als unfähig erweist, seine Probleme zu lösen.«

Sein Interesse war es zunächst, dafür zu sorgen, daß sich die Kräfte der Beteiligten nicht schon zu Beginn der eigentlichen Verhandlung erschöpften. Biedenkopfs wesentliches Verdienst ist es, daß er an seine Partei appellierte, die Verhandlungen zu einem Solidarpakt aus den parteipolitischen Auseinandersetzungen von Anfang an herauszuhalten, denn ohne die SPD mit ihrer Ländermehrheit war eine Einigung nicht zu haben. Deshalb war es für ihn unerläßlich, daß nicht die Union, sondern der Bundeskanzler als Institution die Opposition zu Gesprächen einlud. Auf der Klausurtagung des Bundesvorstandes der CDU/CSU in Windhagen am 3./4. September 1992 sagte er: »Helmut, ich bin Dir eigentlich sehr dankbar, daß Du der Diskussion, die wir hier führen, eine etwas weitere Dimension gegeben hast. (...) Dabei ging es zunächst einmal um die Herstellung einer Kooperationsfähigkeit im Rahmen eines Solidarpakts. Und jetzt ist die Frage, wenn vom Bundeskanzler – ich sage bewußt Bundeskanzler – eine Initiative ausgehen soll, die auch die Zwecke erfüllt, die in diesem Papier angesprochen sind, dann muß diese

Initiative in einer ganz anderen Dimension angelegt sein. Das kann nicht nur eine Frage sein von Lohnverhandlungen und Steuern, sondern der Bundeskanzler muß genau diesen Tatbestand bezeichnen und sagen, daß wir jetzt zwei Jahre Einheit hinter uns haben, daß wir das zunächst mit einer gewissen Euphorie betrieben haben, daß wir alle die Dinge sicherlich einfacher eingeschätzt haben als sie waren, das betrifft ja keinesfalls nur die CDU. Und jetzt vor diesem Hintergrund, das ist gar nicht gegen Ihre (Wolfgang Schäubles – d. A.) Initiative gesprochen, sondern das ist gewissermaßen eine Ergänzung der Dimension. Vor diesem Hintergrund frage ich mich, ob es sinnvoll ist, wenn der Bundesvorstand der CDU gleich mit spezifischen Erwartungen zum Solidarpakt einlädt. Ich habe da erhebliche Probleme. Ich glaube, das ist der falsche Absender. Der richtige Absender ist der Bundeskanzler. Die Institution Bundeskanzler an der richtigen Stelle eingesetzt wird viel weniger in Verdacht gebracht werden, daß das ein Versuch ist, sich parteipolitisch zu behaupten.

Ich will Dir (Helmut Kohl – d. A.) voraussagen, was jetzt passiert, wenn wir diesen Beschluß fassen (im Namen der CDU und mit der Vorformulierung einzelner Punkte zu Gesprächen über einen Solidarpakt einzuladen – d. A.). In dem Augenblick wird die SPD drei Dinge tun: Erstens, sie wird sagen, die sind am Ende. Alleine können sie nicht mehr, und jetzt geben sie es auch noch zu. Zweitens, das haben wir schon längst gefordert. Und drittens, wenn wir das mit Bedingungen versehen, werden sie sagen, aber sie meinen es überhaupt nicht ehrlich, denn sie haben da Sachen reingeschrieben, von denen sie wissen, daß wir sie ablehnen. (...) Wolfgang Schäuble, jede Debatte über ein Finanzierungsinstrument, auch wenn es als Köder für die Solidaraktivitäten gedacht ist, wird die Diskussion von dem eigentlichen Zwang, den wir erzielen wollen, ablenken, das sage ich Ihnen auch voraus.«

In dieser Sache setzte sich Biedenkopf mit anderen Unionsvorständlern gegen Schäuble und andere durch. Die Einladung zu Gesprächen ging vom Bundeskanzler aus, und er vermied es, konkrete Erwartungen zu nennen. (Hätte er etwa die – dann beschlossene – Wiedereinführung des Solidarzuschlags ab 1995 vorab genannt, so hätte die SPD geantwortet, das könne die Regierung auch allein beschließen, und wäre zu Hause geblieben.) Im zweiten Halbjahr 1992 konzentrierte Biedenkopf einen großen Teil seiner Energie auf die Vorbereitung der Gespräche. Er beauftragte seine Mitarbeiter, ihm alles zusammenzustellen, was an öffentlichen und halböffentlichen Ideen zu einem Solidarpakt publiziert worden war, um vor jeder Überraschung gefeit zu sein. Das Wochenende vor dem Treffen in Potsdam verbrachte er am Chiemsee mit dem Studium von Papieren und Rechenexempeln.

Worin bestand das Wunder von Potsdam? Denn es war eins; auch Biedenkopf gebrauchte das Wort, das in seinem Vokabular ansonsten sehr spärlich vorkommt. 16 Länder, alte und neue, unions- und SPD-geführte, einigten sich in einer Debatte, die bis tief in die Nacht dauerte, auf eine gemeinsame Strategie gegenüber dem Bund, der ja eigentlich für die Verhandlungen viel zentraler und damit besser organisiert war. Er hatte das Kabinett, vor allem das Finanzministerium, das sich über seine Verhandlungsführung mit niemand mehr abstimmen mußte. Außerdem waren die (West-)Länder durch die Probleme eher angesprochen, denn es mußte ja eine Alternative zum – unmöglichen – Länderfinanzausgleich für die neuen Länder gefunden werden. Später sollte sich zeigen, daß der Bund handwerklich sehr schlecht vorbereitet in die Verhandlungen mit den Länderchefs ging. Daß Theo Waigels Arbeitsfähigkeit in der entscheidenden Vorbereitungszeit durch eine Grippe eingeschränkt war, ist eine Marginalie; der Bund hatte einfach nicht mit einer so deutlichen Einigung der Länder quer zu allen Sonderinteressen gerechnet.

Für die Einigung selbst gab es einen wesentlichen Grund: Die

Länder erkannten, daß es für den Föderalismus in Deutschland eine empfindliche Schwächung wäre, wenn der Bund sie gegeneinander ausspielen könnte, um dann große Teile der Finanzregelung an sich zu ziehen.

In den Potsdamer Verhandlungen dominierte Biedenkopf nicht nur formell – er war Vorsitzender der Ministerpräsidentenkonferenz –, sondern auch inhaltlich. Von seinen ostdeutschen Kollegen kamen kaum Beiträge, aber auch einige der West-Ministerpräsidenten hielten sich weitgehend zurück. Björn Engholm blieb auch, als die Türen sich geschlossen hatten, bei seiner unverbindlichen Ein-Stück-weit-Rhetorik, Oskar Lafontaine interessierte sich vor allem für die Elemente der Sozialpolitik, hatte aber kein eigenes Konzept, Gerhard Schröder ebensowenig. Max Streibl war in der Runde kaum zu gebrauchen und ohne Souffleure praktisch hilflos.

Unter den westdeutschen wie den sozialdemokratischen Regierungschefs ragte Rudolf Scharping hervor und brillierte mit umfassender Sach-, vor allem Zahlenkenntnis. Er hatte, wie Kurt Biedenkopf, auch alles zu dem Thema studiert. Von diesen Verhandlungen rührt eine besondere Wertschätzung und auch eine »Special relationship« zu dem rheinland-pfälzischen Ministerpräsidenten her.

In der Klausur der Länder mit der Bundesregierung vom 11. bis 13. März 1993, in der Biedenkopf als Länder-Verhandlungsführer im Nato-Saal des Kanzleramtes Helmut Kohl gegenübersaß, wurde folgendes vereinbart:

• Zur langfristigen Finanzierung der deutschen Einheit ab 1995 wird ab 1. 1. 1995 der 7,5prozentige Solidaritätszuschlag auf die Lohn- und Einkommensteuer wieder eingeführt.

Als soziale Komponente wird gleichzeitig die Vermögenssteuer erhöht und der Steuerfreibetrag angehoben, so daß Besserverdienende stärker belastet und die Leistungen von weniger gut Verdienenden kompensiert werden.

• Der Fonds Deutsche Einheit wurde 1993 um 3,7 Milliarden auf-

gestockt, im Jahr 1994 um 10,7 Milliarden. 1995 erhalten die ostdeutschen Länder insgesamt einen Transferbetrag von 55,8 Milliarden Mark und erreichen damit bei den Pro-Kopf-Einnahmen 97 Prozent des Westniveaus.

Die Länder erhalten generell einen Anteil von 44 statt wie bisher
37 Prozent der Mehrwertsteuer.

• Zur Sicherung der industriellen Kerne wird der Kreditrahmen
der Treuhandanstalt um 45 Milliarden Mark erweitert – das entspricht einer Aufstockung um 20 Prozent.

• Das für die neuen Länder besonders drückende Problem der Altschulden der Wohnungsgesellschaften wird durch eine Kappungs-
grenze von 150 Mark pro Quadratmeter des Bestandes geregelt; was
darüber hinausgeht, wird erlassen, wenn die Gesellschaften einen
bestimmten Anteil der Wohnungen privatisieren. Bei den großen
Gesellschaften in Leipzig, Chemnitz oder Ostberlin entspricht das
etwa der Hälfte der gesamten Altschulden. (Von dem Privatisierungs-
erlös müssen jeweils Anteile zur Schuldentilgung abgeführt werden,
wobei gilt, das der Anteil steigt, je später privatisiert wird.)

• Die Programme der Kreditanstalt für Wiederaufbau (KfW) für
die Wohnungssanierung werden von 30 auf 60 Milliarden DM erhöht.

• Der Bund stellt zusätzliche 2 Milliarden für Arbeitsbeschaffungs-
maßnahmen zur Verfügung.

• Bund und Länder einigen sich grundsätzlich auf die Durchführung der Bahnreform.

Der Solidarpakt war tatsächlich eine große Übereinkunft, wie sie
Kurt Biedenkopf gewünscht hatte. Sie stellte zum erstenmal eine
weitgehende Gleichberechtigung der neuen Länder mit den alten
her. Nach Abschluß des Solidarpakts konnte Biedenkopf, vormals
Hauptforderer aus den neuen Ländern, versprechen, daß nun aus
Sachsen keine weiteren Finanzforderungen gestellt werden würden.

Sein Anteil am Zustandekommen des Vertrags erhöhte sein Gewicht unter den ostdeutschen Ministerpräsidenten zweifellos. Auf die Frage, was in der laufenden Legislaturperiode die wichtigste Entscheidung für Sachsen gewesen sei, antwortete er: »Der Solidarpakt.«

DER LANDESVORSITZENDE

Zu Biedenkopfs Grundsätzen gehörte über Jahrzehnte eine Trennung von öffentlichem und Parteiamt, für die er schon, wie beschrieben, zum erstenmal auf dem Saarbrücker Bundesparteitag der Union 1971 plädiert hatte. Seitdem hatte er diese Ansicht vor allem gegenüber Kohl immer wieder vertreten, von seinem Memorandum 1978, in dem er den Parteivorsitzenden aufforderte, den Fraktionsvorsitz in Bonn aufzugeben – schon diese Ämterdoppelung schien ihm problematisch –, bis zu seinem Vorstoß Anfang 1989, in dem er Kohl riet, das Amt des Vorsitzenden niederzulegen. Die Attacke gegen Kohl hatte er ausdrücklich damit begründet, daß er über seine Arbeit als Regierungschef die Partei zwangsläufig vernachlässigen müsse. Auch Innenminister Heinz Eggert, der mit Biedenkopfs Wohlwollen und Förderung auf dem Düsseldorfer Parteitag der CDU im Oktober 1992 zu einem der vier Kohl-Stellvertreter gewählt worden war, nahm Biedenkopfs Thema auf und dachte öffentlich darüber nach, ob es nicht besser wäre, Kanzlerschaft und Parteivorsitz personell zu trennen.

Seit dem außerordentlichen Parteitag der sächsischen Union am 7. und 8. Dezember 1991 im erzgebirgischen Annaberg-Buchholz ist Biedenkopf selbst nicht nur alleinregierender Ministerpräsident, sondern auch unangefochtener Parteivorsitzender in Sachsen. Er war, wieder einmal, gefragt worden, aber nie in seiner Karriere hatte er ein Amt so widerstrebend und nur unter dem Druck der

Verhältnisse angenommen wie den Vorsitz der sächsischen Union, den er bis heute reichlich lustlos wahrnimmt.

Was war dem Entschluß Biedenkopfs vorausgegangen?

Die Entscheidung im September 1990, Kurt Biedenkopf als Spitzenkandidaten für die Landtagswahl zu nominieren, nachdem Klaus Reichenbach unter Druck seine Kandidatur zurückgezogen hatte, war ein Triumph der innerparteilichen Reformergruppe in Sachsen um Arnold Vaatz, Herbert Wagner und Dieter Reinfried. Nach dem CDU-Erfolg bei den Landtagswahlen war die Partei jedoch längst nicht befriedet; die Auseinandersetzung zwischen den Parteierneuerern und den Strukturkonservativen fand jetzt lediglich auf einer anderen Ebene statt. Arnold Vaatz war nun ein beträchtlicher Einfluß zugewachsen, als Staatskanzleichef hatte er auch in der Partei ein größeres Gewicht. Seine Verbündeten verfügten ebenfalls über Posten, mit denen sie in der Partei zu einer festen Größe geworden waren – Hans Geisler als Sozialminister, Herbert Wagner als Dresdner Oberbürgermeister, Dieter Reinfried als Dresdner CDU-Vorsitzender. Im gerade gewählten Parlament standen rund 20 der 92 CDU-Abgeordneten auf Seiten der Erneuerer.

Andererseits blieb Klaus Reichenbach Parteivorsitzender, wenn auch ein geschwächter: Auch auf Betreiben der Erneuerer hatte er den sächsischen Spitzenplatz auf der Unionsliste zur Bundestagswahl bekommen und konnte als Pendler zwischen Bonn und Dresden das Parteiamt nur halb wahrnehmen. Volker Schimpff, Vorsitzender des Rechtsausschusses im Landtag und späterer stellvertretender Landesvorsitzende der Union, höhnte denn auch über Reichenbach, dessen häufige Abwesenheit sei sein »größter Vorzug«. Der Leipziger Rolf Rau, ebenfalls ein Altkader der DDR-CDU, wurde sächsischer Landesgruppenchef der CDU-Bundestagsfraktion.

Den einflußreichen Posten des CDU-Fraktionschefs in Dresden bekam Herbert Goliasch, ein Politiker mit einer farbigen bis durchwachsenen Biographie: gebürtiger Oberschlesier, ehemaliger DDR-

Meister im Judo, strenggläubiger Mormone, seit 1957 Mitglied der Ost-CDU, Redakteur bei der CDU-Zeitung *Neuer Weg* und dem *Thüringer Tageblatt,* Mitarbeiter in einem CDU-eigenen Verlag und, für kurze Zeit, Instrukteur für die Parteizeitungen beim Hauptvorstand der Götting-CDU. Der taktisch versierte Goliasch suchte als Fraktionschef offiziell eine Mittlerrolle zwischen Erneuerern und Altkadern; seine Distanz zu den Mitgliedern um Vaatz blieb allerdings immer augenfällig. Auch die deutliche Mehrheit der Fraktion stand auf der Seite derjenigen, die die Debatte um die Vergangenheit der Ost-CDU am liebsten schon ein Jahr nach der Wende beendet hätten. Damit wußten sie sich auch auf der Seite der Mehrheit im Landesverband; bis 1992 waren gerade 16 Prozent der Mitglieder nach dem November 1989 eingetreten.

Allerdings läßt sich die Auseinandersetzung in der sächsischen Union nur unzureichend mit Begriffen wie »Altmitglieder« respektive »Blockflöten« und »Neumitglieder« gleich »Erneuerer« beschreiben. So war etwa Dieter Reinfried, einer der engsten Verbündeten von Vaatz und entschiedener Erneuerer, langjähriges Mitglied der Ost-CDU. Umgekehrt war nicht jedes neueingetretene Mitglied automatisch Unterstützer des Reformerflügels. Zudem war der Landesverband quer zu den politischen Intentionen der Akteure von einem Geflecht aus Mißtrauen, Eifersucht, Rivalitäten zwischen Leipziger und Dresdner Politikern, persönlicher Abneigung und bisweilen irrationalen Feindschaften durchzogen. So verbindet Arnold Vaatz und Heinz Eggert neben einer sehr ähnlichen politischen Biographie ein tiefer persönlicher Haß. Auch Volker Schimpff, der sich vehement für eine personelle Erneuerung in der sächsischen und überhaupt in der ostdeutschen CDU einsetzte, hielt nicht viel von der Dresdner Gruppe um Vaatz und Wagner. Auf der Seite der Strukturkonservativen ging es ähnlich zu: Landesvorsitzender Reichenbach und Landesgruppenchef Rolf Rau waren zwar, in Chemnitz und Leipzig, langjährige und linientreue stellvertretende Bezirksvorsitzende, was sie aber nicht daran hinderte, in der Landespartei heftig gegeneinander zu agieren. Es war nur zwangsläufig, daß Kurt Biedenkopf sich so weit als möglich aus diesem Minenfeld der CDU-Landespolitik heraushalten wollte, zumal es sich bei den Auseinandersetzungen nicht um einen Flügelkampf, sondern, wie Biedenkopf sich einmal äußerte, um Personen ging (und bis heute geht). Er war auch sehr beeindruckt von der Bemerkung eines Abgeordneten zu dem heikelsten Part der Debatte, den ehemaligen Verbindungen von Politikern mit der Staatssicherheit: Darüber zu urteilen, so der Parlamentarier, sollte grundsätzlich Sache der Ostdeutschen sein; Westdeutschen fehle einfach Kenntnis und Einfühlungsvermögen.

Aus dem beständig unter der Decke schwelenden Streit in der sächsischen Union hätte Biedenkopf sich auch heraushalten können, wenn es einen halbwegs akzeptierten Landesvorsitzenden gegeben hätte. Doch Klaus Reichenbach brach seit Beginn des Jahres 1990 förmlich der Boden unter den Füßen weg.

Paradoxerweise provozierten die Vertreter der alten Garde in der Ost-CDU das große, öffentlich ausgetragene Gefecht des Jahres 1991 selbst. Reichenbach, dessen Stellung schon umstritten genug war, ging im Mai 1991 mit dem Vorschlag an die Öffentlichkeit, »nach gründlicher Prüfung« auch ehemalige SED-Mitglieder in die CDU aufzunehmen. Ihm schlug, obwohl er in dieser Frage die Rückendeckung Wolfgang Schäubles hatte, der Widerstand der Erneuerer und der Schlußstrich-Mehrheit im Landesverband und darüber hinaus entgegen. Während die Reformer aus naheliegenden Gründen gegen eine Aufnahme von alten SED-Genossen waren, wandten sich auch die dezidierten ehemaligen Blockparteiler gegen ihn. Der Dresdner CDU-Fraktionschef Herbert Goliasch faßte deren Stimmung in der Formulierung zusammen: »Wenn die zu uns kommen, dann sind die wohl die neuen, und es ist schlimmer, Blockflöte gewesen zu sein?«

Zur gleichen Zeit, als sich Reichenbach durch seinen unge-
schickten Vorstoß politisch isolierte, wurde auch deutlich, daß die
Funktionärsgeneration, die er repräsentierte, unter den Verhältnissen einer offenen Gesellschaft kaum eine Chance hatte. Sie waren
Männer des Apparats; gewohnt, zu taktieren und sich anzupassen,
aber nicht, um Mehrheiten in ihrer Partei oder bei den Wählern zu
werben. Dem sachsen-anhaltinischen Ministerpräsidenten Gerd Gies
war es ebenfalls gelungen, alle Pfeile der Kritik auf sich zu ziehen.
Er hatte im Mai 1991 dreist verkündet, der »Selbstreinigungsprozeß«
der ostdeutschen CDU sei im wesentlichen abgeschlossen. Er könne
zwar nicht »für jedes Mitglied im letzten Ortsverein sprechen«; doch
bei denen, die jetzt Verantwortung trügen, handle es sich »durch-
weg um neue Namen und Gesichter«. Gies selbst, »der farbloseste
unter den farblosen Ministerpräsidenten« *(Spiegel)*, war 19 Jahre
lang Mitglied der Götting-CDU, außerdem ein engagiertes Mitglied
in der Christlichen Friedenskonferenz der DDR, eine von Staat und
Staatssicherheit als »progressive Kraft« in der Evangelischen Kirche
gehätschelte Organisation. Zur gleichen Zeit, als Gies im Brustton
der Überzeugung von der vollzogenen Selbstreinigung sprach,
begann in Magdeburg der Skandal um seinen Innenminister Wolfgang Braun, ebenfalls ehemaliges Blockparteimitglied und Inoffizieller Mitarbeiter der sogenannten K1, einer Abteilung der Krimi-
nalpolizei, die eng mit dem Staatssicherheitsdienst kooperierte.

In dieser Situation fanden sich zwei Kräfte zusammen, die den
Zustand der Ost-CDU dringend ändern wollten – zum einen die
Reformkräfte in der Partei, die vor allem in Sachsen stark vertreten
waren, zum anderen CDU-Generalsekretär Rühe, der als einer der
ersten westdeutschen Politiker erkannte, daß mit der alten Block-
parteiriege keine Wahlen zu gewinnen waren. Daß die Wahlen 1990
in einer Ausnahmesituation stattfanden, war ihm nur zu gut bewußt.
Noch einmal würden die Wähler keine nahezu unbekannten Politiker wie Gerd Gies oder Josef Duchac ins Amt heben, nur weil sie

für die CDU standen. Anfang Juli trat Gies zurück, weil er Parlamentarier der eignen Fraktion zur Mandatsaufgabe genötigt hatte; im Adenauer-Haus fragte man sich, wie lange wohl noch Duchac und Alfred Gomolka in Mecklenburg-Vorpommern durchhalten würden. Rühe signalisierte den Kräften um Vaatz, Wagner, Geisler, aber auch jenen um den thüringischen Landtagspräsident Gottfried Müller, sie könnten auf seine Unterstützung rechnen, wenn sie in die Offensive gingen.

Eine Auseinandersetzung hatte in der sächsischen Union schon längst begonnen, in den Parteigremien wurde das Klima für alle Beteiligten immer unerträglicher. In den Sitzungen des Landesvorstandes brüllten Arnold Vaatz und sein Intimfeind, der Leipziger Bürgermeister Rudolf Ahnert, einander derart an, daß die übrigen Versammelten die beiden einmal vor die Tür schickten – wo sie fortfuhren, sich anzuschreien. Kurt Biedenkopf hatte die Brisanz der Situation offenbar längere Zeit unterschätzt. Zwar äußerte er öfters im intimen Kreis, was er von »diesen Duchacs und Gomolkas« hielt – nämlich nichts. Zum anderen war er dringend an halbwegs ruhigen Verhältnissen in seinem Landesverband interessiert und wußte, daß die Mehrheit der CDU-Abgeordneten im Landtag, die er für seine politische Arbeit brauchte, auf Seiten der Strukturkonservativen stand. So versuchte er, wenn ein Umbruch in der sächsischen Union unvermeidlich war, wenigstens Herr des Verfahrens zu bleiben. Auf dem sächsischen Landesparteitag Ende Juni in Hoyerswerda sorgte er gemeinsam mit Herbert Goliasch dafür, daß eine von einer Reformergruppe im Handstreich geplante Absetzung Reichenbachs scheiterte. Der Delegierte Peter Schowtka hatte bereits die nötigen 20 Stimmen für einen Antrag auf Abwahl Reichenbachs gesammelt; nach der Pause vor der Abstimmung waren jedoch wieder fünf Stimmen zurückgezogen worden. Biedenkopf und die Mehrheit im Landesvorstand einschließlich der Reformer waren sich einig, daß sich ein Wechsel an der Spitze des Landesverbandes geordnet vollziehen müsse. Das war die Bedingung Biedenkopfs, der schon seit dem Frühjahr als einzig möglicher Kandidat für das Amt gehandelt wurde, den Posten überhaupt zu übernehmen. Spätestens im August wurde deutlich, daß Reichenbach dem Druck nicht länger standhalten konnte und wollte. In einer Sitzung des Landespräsidiums in der vorletzten Augustwoche schimpfte er, er habe »die Schnauze voll«, und drohte der sächsischen Unionsführung einschließlich des gerade aus dem Urlaub zurückgekehrten Kurt Biedenkopf, sofort zurückzutreten.

Die Präsidiumsmitglieder, auch Arnold Vaatz, überredeten ihn, wenigstens noch bis zur Landesvorstandssitzung am 14. September im Amt zu bleiben, um einen harten Bruch zu vermeiden. Bis dahin sollte ein Interimsvorsitzender gefunden werden, bis Biedenkopf sich auf einem Parteitag zu Wahl stellen konnte. Allerdings hatte er es nicht eilig, den ohnehin ungeliebten Posten zu übernehmen. Den Landesparteitag am 28. Oktober in Görlitz wollte er auf jeden Fall von Personaldebatten freihalten; mit Übernahme des Vorsitzes rechnete er erst im Februar 1992.

Doch so kalkulierbar, wie Biedenkopf den Übergang wünschte, ging er nicht vonstatten. Denn jetzt griff, sehr zum Mißfallen Biedenkopfs, auch CDU-Generalsekretär Rühe verstärkt in die Debatte ein. Im *Spiegel* vom 8. Juli 1991 erschien ein Interview mit unter der Schlagzeile »Die Lage ist katastrophal«. Obwohl dieses ohnehin verkürzte Rühe-Zitat allgemein auf die Alters- und Mitgliederstruktur der Landesverbände bezogen war, wurde es fortan ständig auf die Debatte in der ostdeutschen Union bezogen. Tatsächlich kritisierte Rühe intern – und im Sommer zunächst noch ohne breite Rückendeckung in der Unionsführung – die Landesvorsitzenden im Osten: Klaus Reichenbach in Sachsen, Gerd Gies in Sachsen-Anhalt, Willibald Böck in Thüringen, Lothar de Maizière in Brandenburg und – mit Abstrichen – Günter Krause in Mecklenburg-Vorpommern. Damit war das ohnehin heikle Thema im öffentlichen Meinungsbild

zu einer Ost-West-Auseinandersetzung geworden, die eher eine Soli-
darisierung der Altparteimitglieder mit ihren Landeschefs bewirkte.
Am 27. August 1991 trafen sich die fünf ostdeutschen Landesvorsitzenden mit Volker Rühe und schieden nach dem Gespräch in un-
verändert eisiger Stimmung voneinander.

»Mit diesem Umgang«, sagte de Maizière nach dem Treffen, »sind
wir nicht bereit zu leben.«

Das Blatt wendete sich allerdings wieder, als im September der
Bundesvorstand der CDU über die Situation in den östlichen Verbän-
den beriet. In die Beratung hinein platzte die »Erklärung der 16«,
ein Papier von 16 sächsischen Unionsmitgliedern, das dringend zu
Veränderungen in der ostdeutschen Union aufrief. Es war unter an-
derem von Arnold Vaatz, dem sächsischen Landtagspräsident Erich
Iltgen, dem wissenschaftspolitischen Sprecher der Landtagsfraktion
Matthias Rößler und dem sächsischen Bundestagsabgeordneten
Manfred Kolbe unterzeichnet. Reichenbach trat zurück, den Inte-
rimsvorsitz des sächsischen Landesverbandes übernahm der 1989
in die CDU eingetretene Burghard Rink. Die federführend von
Arnold Vaatz initiierte »Erklärung der 16« nahm Biedenkopf seinem
Staatskanzleichef übel. Sie war mit ihm nicht abgesprochen worden
und folglich in seinen Augen »untaktisch«. Schließlich bestätigte sie
Volker Rühe in seinen Bestrebungen, die Biedenkopf sehr miß-
trauisch beobachtete. Denn er sah in ihnen einen unbotmäßigen Eingriff des Adenauer-Hauses in die sächsische Politik. Schon am
28. August, vor der entscheidenden Bundesvorstandssitzung, hatte
er auf Rühe gemünzt geäußert, die neue Identität der ostdeutschen
Parteimitglieder dürfe nicht »von oben herabgereicht werden«.

Ob der Durchbruch der Reformer in Sachsen wirklich gelingen
würde – in den anderen Landesverbänden hatte die Diskussion
gerade erst begonnen –, war bis kurz vor den eilig einberufenen
Sonderparteitag in Annaberg-Buchholz noch unsicher. Daß Biedenkopf zum neuen Vorsitzenden gewählt werden würde, stand außer

Zweifel. Auf sein Betreiben hatte auch der innenpolitische Sprecher der Landtagsfraktion Volker Bandmann seine Kandidatur zurückgezogen, die ohnehin aussichtslos gewesen wäre und dem sächsisch-niederschlesischen Politiker eher zur Profilierung dienen sollte.

Biedenkopf wollte jedoch, nachdem ihn die führenden Landespolitiker dringend gebeten hatten, den Vorsitz so rasch wie möglich zu übernehmen, als einziger Kandidat antreten und auch jeden Anschein vermeiden, als dränge er sich um das Amt, das er eher als unwillkommene Belastung empfand. Als seinen Ersten Stellvertreter, der ihm die eigentliche Parteiarbeit abnehmen sollte, hatte er den 1990 in die CDU eingetretenen Ingenieur Fritz Hähle ausersehen, der nicht in Verdacht stand, auf dem De-facto-Generalsekretärsposten der Landespartei durch große politische Eigenständigkeit aufzufallen.

Entscheidend für Sieg oder Niederlage der Reformer war die Besetzung der Stellvertreter- und Vorstandsposten. Noch am 4. Dezember, drei Tage vor dem Sonderparteitag, fiel Dieter Reinfried bei den Wahlen für den Fraktionvorstand spektakulär durch. Er war für das Amt des stellvertretenden Fraktionschefs angetreten und bekam nur ganze 19 der 92 Stimmen. Dagegen setzte sich Horst Metz, Parlamentarischer Staatssekretär im Umweltministerium und einer der erbittertsten Gegner von Reformern wie Vaatz und Reinfried, mit 48 Stimmen als Fraktionsvize durch. In Annaberg kam es dagegen zu einem Mirakel: Trotz der konservativen Mehrheit im gesamten Landesverband rückten die Landespolitiker in den Vorstand und auf die Stellvertreterposten vor, die für eine deutliche Veränderung in der sächsischen CDU standen.

Der Machtkampf im sächsischen Landesverband endete jedoch nicht nur mit der Übernahme des Landesvorsitzes durch Biedenkopf; er führte indirekt auch zur Versetzung Arnold Vaatz von der Spitze der Staatskanzlei in das Umweltressort. Biedenkopf hatte Vaatz schon im Herbst zu verstehen gegeben, daß kein Ministerpräsident einen politisch selbständigen Leiter in seiner Staatskanzlei dulden könne; die Politik der Staatskanzlei bestimme in allen Ländern ausschließlich der Regierungschef. Und Selbständigkeit in der politischen, vor allem öffentlichen Äußerung war in der Auseinandersetzung seine Waffe schlechthin gewesen, denn nach Zahlen waren die Reformer weit unterlegen (und sind es heute im Grunde immer noch).

Das Verhältnis zwischen Biedenkopf und Vaatz erlebte jedoch 1991 eine tiefere Zäsur. Zwar war Biedenkopf, als er 1973 mit 43 Jahren in die Politik ging, bereits ein in der gesamten Bundesrepublik bekannter und etablierter Mann; Arnold Vaatz, bis 1989 ein völlig unbekannter Mathematiker, wurde als 36jähriger Staatskanzleichef im wichtigsten östlichen Bundesland. Aber beide kamen als Neulinge und Seiteneinsteiger, die keine Ochsentour durchlaufen mußten und in ihrer Partei folglich auch ein Instrument, aber nie eine stallwarme politische Heimat gesehen hatten. Biedenkopf hatte gute Gründe, in Vaatz Parallelen zu seinem eigenen Werdegang zu sehen und ihn, ebenfalls einen eminent politischen Denker, als Ziehsohn zu behandeln. Ihr Verhältnis wurde aber auch dadurch belastet, daß sich Vaatz in dem innerparteilichen Streit, wie es Biedenkopf einmal nannte, »um Kopf und Kragen redete«. Seine rhetorischen Ausfälle in den Landesvorstandssitzungen waren so heftig gewesen, daß schon im Mai eine Gruppe Dresdner Unionspolitiker – Reformer, keine Gegner von Vaatz – Biedenkopf in einem vertraulichen Gespräch gebeten hatten, Vaatz zu entlassen.

Biedenkopf sah sehr wohl die entscheidende Schwäche, an der Vaatz litt – er steigerte sich so stark in politische Auseinandersetzungen hinein, daß er Gefahr lief, seine physische und psychische Leistungskraft bis zum Exzeß zu erschöpfen. In dieser Situation entwickelte Biedenkopf die Idee, Vaatz zum Beginn des Jahres 1992 als Ersatz für den überforderten Karl Weise an die Spitze des Umweltministeriums zu versetzen.

Ein anderer Politiker, zu dem nicht dieses besondere Verhältnis bestanden hätte, wäre vom Ministerpräsidenten vermutlich entlassen worden. Biedenkopf hätte für einen solchen Schritt auch die Unterstützung der überwiegenden Mehrheit in der sächsischen Union bekommen und keinesfalls ein Schisma in der Partei heraufbeschworen. Er hielt Vaatz jedoch für ein politisches Talent, auf das die CDU nicht verzichten sollte. Die Disziplin eines eigenen Ressorts sollte Arnold Vaatz einbinden und gewissermaßen zähmen.

DER LANDESVATER

Neben Manfred Stolpe und Johannes Rau ist Kurt Biedenkopf der deutsche Ministerpräsident, auf den der Begriff nahezu lückenlos paßt, mehr noch als auf seine beiden Kollegen. In der Landespresse – die überwiegend aus ehemaligen SED-Organen besteht – wird er geradezu servil behandelt und deutschlandweit als »König Kurt« apostrophiert; sein Porträt wird von Souvenirherstellern auf Medaillen geprägt, auf dem »Tag der Sachsen« dirigiert er als unentbehrliche Hauptperson der Veranstaltung die Sachsenhymne. Zu den Dingen, auf die er besonders stolz ist, zählt die Tatsache, daß er noch auf keinem öffentlichen Auftritt in Sachsen ausgepfiffen wurde.

Dabei war gerade ihm, in seiner Zeit als Politiker der alten Bundesrepublik, die Rolle eines »Landesvaters« denkbar fremd. Hätte er 1980 gegen Johannes Rau in Nordrhein-Westfalen gewonnen, wäre ihm eine solcher Politikstil nicht nur schwergefallen, er hätte ihn vermutlich auch aus grundsätzlichen Erwägungen heraus abgelehnt. In seinem Buch »Die neue Sicht der Dinge« von 1985 schrieb er: »Der ›Vater Staat‹ ist ein Relikt aus der Feudalzeit. Der Feudalherr war das Oberhaupt der Feudalgesellschaft; er war der ›Landesvater‹. Die Mitglieder der Gesellschaft waren seine ›Landeskinder‹.

Wir sollten den Begriff ›Vater Staat‹ aufgeben. Den irdischen Staat als Vater zu bezeichnen ist Sprachbarbarei. Sich als Repräsentant eines Staates so bezeichnen zu lassen ist anmaßend.«

Zwischen der Niederschrift dieser Worte und Biedenkopfs Amtsantritt in Sachsen liegen fünf Jahre. Alle, die ihn damals kannten, hätten einen Kurt Biedenkopf, der im Trachtenlook eine Landeshymne dirigiert, für eine völlig groteske Vorstellung gehalten.

Hier zeigt sich, wie bereits beschrieben, die Zäsur in Biedenkopfs Biographie am deutlichsten. Zwar beteuert er immer wieder in Interviews, er habe sich im Vergleich zu seiner Zeit in der alten Bundesrepublik nicht geändert, der Einschnitt ist jedoch unverkennbar. Der wesentliche Grund für Biedenkopfs gewandeltes Verhältnis zur Repräsentation, zur Landesvaterrolle war die Erkenntnis, daß Staatssymbolik, die aus der Perspektive des Westens als paternalistisches Relikt erscheint, im Osten eine ganz andere Bedeutung besitzt: Für die Menschen, die einen völligen Umbruch ihrer Lebensverhältnisse erfahren, sind Symbole wie Landeswappen und -hymne, der Begriff ›Freistaat‹, die goldene Krone auf dem Gebäude der Staatskanzlei am Dresdner Elbufer willkommene Orientierungsmarken. Während die Suche nach einer gesamtdeutschen Identität für die meisten Ostdeutschen problematisch und eine originär ostdeutsche nur als Trotz-Identität erlebbar ist, bietet sich die landsmannschaftliche Zuordnung an. Die Sachsen sind neben den Thüringern diejenigen in den neuen Bundesländern, die sich am stärksten mit ihrem Land identifizieren.

In Sachsen hat Kurt Biedenkopf eine Rolle gefunden, in der er ganz aufgegangen ist – er, der als CDU-Generalsekretär und Landespolitiker in Nordrhein-Westfalen teils gewollt, teils ungewollt die Geister schied, ist im Osten tatsächlich der Integrator, der seinen Schwebezustand über seinem Kabinett, über seinem Landesverband und gelegentlich auch über den Parteien bewußt kultiviert. Nichts könnte stärker belegen, daß er in dieser Rolle auch akzeptiert wird, als das Ergebnis einer Umfrage vom Oktober 1993, wonach ihm selbst jeder zweite PDS-Anhänger in Sachsen vertraut. Nach dem »Tag der Sachsen« 1993 in Görlitz meinte er in einem MDR-Interview, »die Art und Weise, wie man angenommen wird bei aller Kritik« sei für ihn das wichtigste Erlebnis auf dieser Veranstaltung gewesen. Obwohl Biedenkopf diese Anerkennung weit über die Grenzen der CDU-Wählerschaft hinaus zum erstenmal in seiner politischen Laufbahn erlebt und genießt, ist das öffentliche Bild von »Kurt dem Starken« eigentlich keine Nahrung für seine Eitelkeit, die eher intellektueller Natur ist. Auf Insignien der Macht hatte Kurt Biedenkopf nie allzu großen Wert gelegt. Als er 1971 in den Henkel-Vorstand berufen wurde, meinte Biedenkopf gegenüber der *Welt am Sonntag*, er nehme der Posten nicht an, »damit ein Chauffeur den Hut vor mir zieht. Jemand, der Bienen züchtet, kann dieselbe Befriedigung haben.«

Sein Bonmot, »wer mich König von Sachsen nennt, greift den Dingen vor«, ist zwar geläufig. In der Bundespolitik, seinem Hauptbetätigungsfeld, stößt er jedoch immer wieder an seine Grenzen, und schon dieser Umstand verhindert, daß er, bei allem Zuspruch in Sachsen, die Bodenhaftung verliert. So, wie er kopfschüttelnd darüber räsonniert, daß Heiner Geißler ihn nach seinem Vorstoß in der Rentendebatte im Dezember 1993 verdächtigte, den Sozialstaat zum Abbruch freigeben zu wollen, und die SPD ihm vorwarf, Büchsenspanner der privaten Versicherungskonzerne zu sein, wirkt er bisweilen wie vormals der in Bayern unangefochtene, aber aus Bonn ausgesperrte Franz Josef Strauß, der daran verzweifelte, daß die anderen Politiker die Welt einfach nicht so sehen wie er.

Zum politischen Biotop in Dresden gehört allerdings auch seine Ehefrau Ingrid, die er 1978 zum erstenmal nach den gemeinsamen Jugenderlebnissen in Sachsen-Anhalt wiedertraf. Er heiratete sie nach der Scheidung von seiner ersten Ehefrau Sabine 1979.

Als Ministerpräsidenten-Gattin führt Ingrid Biedenkopf ihre

Geschäfte mit Unterstützung einer eigenen Halbtagssekretärin in der Politikerkommune Schevenstraße 1 in Dresden von jenem Schreibtisch aus, der in Kurt Biedenkopfs Generalsekretärszeit in dessen Bonner Büro stand. Sie ist, obwohl in der Verfassung nicht vorgesehen, eine Institution von bisweilen bemerkenswerter Interventionslust im Lande.

Ingrid Biedenkopf bekommt monatlich rund 50 Briefe von Bürgern, aus deren Klagen sie gelegentlich »Vorlagen« für Minister und Staatssekretäre fertigt. Ihren Handreichungen als »Meisterin des kleinen Dienstweges« *(Stern)* verleiht sie mitunter auch durch unangemeldete Besuche in Ministerbüros Nachdruck. Den Leiter der Chemnitzer Treuhandniederlassung Dirk Wefelscheidt forderte sie auf, dem dubiosen Unternehmer Eberhard Hottenroth den Zuschlag für die Erzgebirgische Kunststoffverarbeitungs GmbH zu erteilen. Der Treuhanddirektor tat dies auch, wenig später ermittelte die Chemnitzer Staatsanwaltschaft gegen Hottenroth wegen betrügerischen Konkurses. An den Leipziger Planungsdezernenten Nils Gormsen wandte sie sich mit der Bitte, einer Bekannten von ihr ein Ladenlokal in der Stadt zu besorgen. Als sie sich über die schlechten Flugverbindungen zwischen Dresden und München ärgerte, teilte sie dies postwendend dem Lufthansa-Vorstand mit. Beim Besuch der britischen Queen im Oktober 1992 in Leipzig trat die Ministerpräsidenten-Gattin noch vor dem Staatsgast als erste auf den Balkon des Alten Rathauses und winkte dem Publikum zu, als sei sie die Hauptperson der Veranstaltung.

In ihren öffentlichen Auftritten und Äußerungen fällt außerdem der Kontrast zu den rhetorischen Fähigkeiten ihres Mannes deutlich ins Auge. In einem Interview produzierte sie Stilblüten wie: »Ich bekomme monatlich etwa 40 bis 100 Briefe, in denen manche Menschen ganz bewußt als Landeskinder an mich schreiben. Sogar ältere Männer. Das stört mich nicht.« Oder: »Man kann doch nicht nach 40 Jahren Mißwirtschaft von heute auf morgen das Schlaraffenland überstülpen.« Über ihren Mann: »Mein Mann denkt immer.« Und: »Mein Mann kommt leider viel zu wenig ins Land, er muß dauernd nach Bonn.«

In einer Umfrage im Auftrag der Staatskanzlei urteilten allerdings 70 Prozent der Befragten positiv über das Engagement Ingrid Biedenkopfs, das vorrangig, neben anderen sozialen Dingen, den Multiple-Sklerose-Kranken gilt (sie ist Schirmherrin der Deutschen Gesellschaft für Multiple Sklerose). Deshalb sieht Kurt Biedenkopf auch keinen Grund, seine Frau um mehr öffentliche Zurückhaltung zu bitten.

DER INDUSTRIEPOLITIKER

Zwischen Biedenkopfs Prognose ganz zum Anfang seiner Ministerpräsidentenzeit in Sachsen, das Land werde binnen fünf Jahren »den Standard von Rheinland-Pfalz« erreichen, und seiner Erkenntnis, daß eine Aufholjagd weder in dieser Zeit machbar noch überhaupt wünschenswert ist, liegt ein reichliches Jahr sächsische Praxis. Noch 1990 glaubte Biedenkopf, eine Analyse, welche Unternehmen der Treuhand überlebensfähig seien und welche abgeschrieben werden müßten, ließe sich in einigen Wochen machen. Noch in einem Interview mit der *Neuen Zeit* vom 31. Januar 1991 meinte er: »Wir wissen im Spätsommer (1991 – d. A.) ziemlich genau, was aus dem alten industriellen Erbe der DDR lebensfähig ist, und wo neu aufgebaut werden muß.«

Tatsächlich sollte es bis zum März 1993 dauern, bis im Solidarpakt auch die Erweiterung des Kreditrahmens für die Treuhand beschlossen und damit die Finanzierung der industriellen Kerne überhaupt erst auf eine solide Basis gestellt wurde. Auch für die Wirkung der Investitionen in Sachsen veranschlagte Biedenkopf ursprünglich eine wesentlich kürzere Zeit. Dem *Tagesspiegel* vom 15. Februar 1991 prophezeite er: »Ich sage Ihnen voraus: 1993 boomt in Sachsen alles.«

Auch hier entwickelte sich seine Anschauung, die er bis heute vertritt, durch die wachsende Beschäftigung mit den Problemen. Spätestens seit 1992 schätzt er den Zeitraum bis zu einer Angleichung der Wirtschaftskraft zwischen Ost- und Westländern auf wenigstens 10, eher aber auf 15 Jahre. Wächst die Wirtschaft im Westen durchschnittlich um 1,5 Prozent jährlich, dann bräuchte der Osten ein Wirtschaftswachstum von 16 Prozent pro Jahr, um im Jahr 2000 den Gleichstand erreicht zu haben – und ein solches Wachstum ist illusorisch. Gleichzeitig fächerten sich Biedenkopfs Ansichten auf und paßten sich so an die komplizierte Wirklichkeit in Ostdeutschland an. So stand er, der Ordo-Liberale, im Tarifstreit der sächsischen Metallindustrie im April 1993 deutlich auf Seiten der Gewerkschaft.

In einer Nacht, als in den Verhandlungen zwischen beiden Seiten nichts mehr zu gehen schien und ein Flächenstreik drohte, setzte er sich an seinen Schreibtisch und schrieb ein zwölfseitiges Gutachten, in dem er der Arbeitgeberseite vor Augen führte, daß eine Kündigung eines Tarifvertrages vor Gericht keinen Bestand haben würde.

Von Seiten der Arbeitgeber brachte ihm der Vorstoß eine etwas knirschende Anerkennung ein, von der Gewerkschaft den Hans-Böckler-Preis, die höchste Auszeichnung des DGB. Er verteidigte grundsätzlich die rasche Anpassung der ostdeutschen Löhne an das Westniveau, obwohl Wirtschaftsexperten des Westens wie Karl Schiller, aber auch sein Kollege Meinhard Miegel, in Lohnsprüngen wie den im April 1993 geforderten 26 Prozent einen Todesstoß für die Wirtschaft der neuen Länder sahen. Biedenkopf argumentierte auch gegenüber Oskar Lafontaine, der im gleichen Jahr eine langsamere Lohnanpassung im Osten forderte, viel differenzierter: Er wies darauf hin, daß es in Sachsen Unternehmen gibt, die schon die Produktivität des Westens erreicht oder sogar überschritten haben, wie auch Unternehmen, die davon noch weit entfernt sind. Er konterkariert so die gängige Vorstellung im Westen über Ostdeutschland als weitgehend einheitliches Strukturgebiet. In Wirklichkeit werden die Differenzen zwischen den neuen Ländern, etwa zwischen Sachsen und Mecklenburg-Vorpommern, immer deutlicher, aber auch in den Ländern selbst: Während der Abstieg der traditionellen Industriestadt Chemnitz noch immer nicht abgeschlossen ist, vollzieht Leipzig, wo zur Jahreswende 1993/94 bereits Investitionen von 25 Milliarden Mark angelaufen sind oder unmittelbar bevorstehen, einen regelrechten Qualitätssprung.

Wie bereits oben beschrieben, wich Biedenkopf in seinem Konzept der industriellen Kerne am weitesten von seinen Anschauungen ab, die er im Westen vertreten hatte. Hier ergibt sich auch die größte Differenz zwischen Biedenkopf und seinem langjährigen Freund und Kollegen Meinhard Miegel. Biedenkopf favorisierte gemeinsam mit Wirtschaftsminister Kajo Schommer eine Industriepolitik, wie sie zuvor schon die sozialdemokratische Opposition und die Gewerkschaften gefordert hatten. In einer Rede vor dem sächsischen Landtag am 19. Februar 1992 umriß Schommer diese Vorstellungen, die zum Vorbild auch für andere ostdeutsche Länder wurden: Etwa 100 Unternehmen, für die die Treuhand bis zu ihrem Geschäftsschluß noch keine Käufer gefunden haben wird, sollen in eine Industrieholding eingehen: »Je nach Branche sind für den Neuaufbau eines solchen Unternehmens mehrere Jahre erforderlich. Es können im Einzelfall drei Jahre oder auch fünf Jahre erforderlich sein.

Die Fristen müssen sich am einzelnen Unternehmen orientieren. Sie können nicht pauschal festgesetzt werden. Und hier haben wir das Problem, für das es gilt, eine vernünftige Lösung zu finden. Auf der einen Seite kann die Erneuerung eines Unternehmens drei bis fünf Jahre dauern, auf der anderen Seite hat die Präsidentin der Treuhandanstalt erklärt, die Treuhandanstalt stelle bis zum Jahresende 1993 oder im Verlauf des nächsten Jahres ihr operatives Geschäft ein. Das heißt: Wenn die Treuhand nicht mehr Gesellschafter der zu erneuernden Unternehmen sein kann, muß die Aufgabe von anderer Seite wahrgenommen werden.«

Das Holding-Konzept sieht jedoch nicht vor, die Unternehmen als klassische Staatsbetriebe zu führen. Vielmehr soll die öffentliche Hand – der Bund, nicht Sachsen – den finanziellen Rahmen stellen; die eigentliche unternehmerische Aufgabe soll Managern aus der Wirtschaft übertragen werden, die am geschäftlichen Erfolg über einen Bonus auch beteiligt werden sollen. Am Ende steht das Ziel einer Privatisierung – oder, wenn auch die öffentlichen Kapitalhilfen das Unternehmen nicht wettbewerbsfähig gemacht haben, die endgültige Liquidation.

Dieses strukturpolitische Programm, dessen Erfolg oder Mißerfolg frühestens 1996 absehbar ist, wird vermutlich für die entscheidenden Konflikte in Biedenkopfs zweiter Amtszeit sorgen; zum einen, wenn der im Solidarpakt festgeschriebene Kreditrahmen für die industriellen Kerne sich als zu gering erweist – dann müssen neue Forderungen an den Bund gestellt werden –, zum anderen, wenn Unternehmen der Holding sich als nicht sanierungsfähig erweisen: Dann ist es die Staatsregierung, die ihre Schließung öffentlich vertreten muß.

DER IDEELLE
GEGENKANZLER

Das erstemal wurde Biedenkopf 1974, kurz nach seinem Amtsantritt unterstellt, er wolle Helmut Kohl als Kanzlerkandidat der Union ablösen und selbst den Sprung nach Bonn wagen. Im Bundestagswahlkampf 1979/80 meinte Strauß über Biedenkopf, vermutlich eher, um Kohl zu demütigen, »aus diesem Holz werden Kanzler geschnitzt«. Am Samstag, dem 4. September 1993, zum »Tag der Sachsen« in Görlitz, erschien der druckfrische *Spiegel* mit der Nachricht, Biedenkopf betreibe Helmut Kohls Ablösung noch vor der Bundestagswahl 1994 und wolle selbst Kanzler oder Vizekanzler einer großen Koalition werden. Ob Biedenkopf zu irgendeinem Zeitpunkt die Ambition hegte, Kanzler zu werden, weiß man nicht. Wenn überhaupt, dann konnte er nur 1977, als er in die Landespolitik wechselte, mit dem Gedanken gespielt haben, 1980 nordrhein-westfälischer Ministerpräsident zu werden und bei der nächsten Bundestagswahl als Herausforderer anzutreten – eine Überlegung, die sich, wenn er sie überhaupt angestellt hatte, angesichts seiner Schwierigkeiten in Westfalen-Lippe schon bald erledigten.

Die *Spiegel*-Spekulation über Biedenkopfs angebliche Absichten fußte dagegen auf einem offenbar gewollten Mißverständnis. Biedenkopf hatte tatsächlich einmal in einem Hintergrundgespräch mit Journalisten, allerdings ein gutes Jahr vor dem *Spiegel*-Artikel, rhetorisch in die Runde gefragt, woher sie überhaupt wüßten, daß Helmut Kohl der Unionskandidat des Jahres 1994 sein werde. Damit meldete er jedoch keine eigene Kandidatur an, sondern wies darauf hin, daß Kohl sich ganz selbstverständlich und ohne Diskussion in den Parteigremien wieder zum Spitzenmann für die Wahlen erklärt hatte. Die Geschichte, die keinerlei faktische Substanz enthielt, kam in einer eigenartigen Liaison zwischen dem Hamburger Nachrichtenmagazin und dem Kanzleramt zustande: Dieses wollte ein lautes und deutliches Dementi Biedenkopfs, um zu verhindern, daß er im öffentlichen Erscheinungsbild zum Standby-Kanzler wurde, jenes war daran interessiert, die Story zu drucken.

An dem Samstag, als gegen Mittag im Rundfunk die Vorab-Informationen über den *Spiegel*-Artikel liefen, gab es für zwei Stunden gewissermaßen eine offene Nachrichtenlage; gegen 14 Uhr kam das Dementi aus der Staatskanzlei. In dieser Zeit wurde Biedenkopf auf dem »Tag der Sachsen« immer wieder auf das Gerücht angesprochen, und er genoß es, neben aller Verärgerung, daß etliche Bürger aus dem Publikum meinten, er sei geeigneter als der Amtsinhaber in Bonn.

Tatsächlich ist die Spekulation absurd; Kurt Biedenkopf will nicht Kanzler werden. So wie die politische Lage ist, hat die Union nach dem 16. Oktober 1994 nur in einer großen Koalition mit den Sozialdemokraten eine Chance, Regierungspartei zu bleiben. Da gleichzeitig alles dafür spricht, daß die SPD 1994 die Zweidrittelmehrheit im Bundesrat gewinnt, wäre ein Unionskanzler einer großen Koalition der Gefangene seines Partners und in seinem Amt kaum mächtiger als der Bundespräsident. Ein Vizekanzler der Union säße ohnehin nur als Frühstücksdirektor am Kabinettstisch. Biedenkopf mokierte sich über die Spekulation, es sei unbegreiflich, wie jemand glauben könne, daß sein Ehrgeiz auf eine Vizekanzlerschaft unter Scharping gerichtet sei. In einem MDR-Interview zum Abschluß des Sachsentages meinte er pikiert, diese Unterstellung markiere »eine Deformation im politischen Denken«.

Biedenkopf braucht auch kein bundespolitisches Amt, um Bundespolitik betreiben zu können. Daß er auch bei sozialdemokratischen Mehrheitsverhältnissen im Bund Konzepte durchsetzen kann, hat er in den Verhandlungen zum Solidarpakt bewiesen. Als Ministerpräsident hat er Rederecht im Bundestag und Bundesrat. Da sich der Bundesrat durch die zu erwartende Machtverschiebung zu den Ländern in den nächsten Jahren zu einer Art deutschem Oberhaus entwickeln dürfte, hat Biedenkopf damit begonnen, seine Einflußmöglichkeiten über die Länder langfristig auszubauen. Eine solche Verständigungsebene als Pendant zum Bund ist die sogenannte

Südschiene: Zwischen Sachsen, dem ostdeutschen Nachbarland Thüringen und den Partnern der beiden ostdeutschen Freistaaten, Bayern und Baden-Württemberg, hat sich eine Abstimmung in der Politik – bis zu gemeinsamen Kabinettssitzungen der sächsischen und bayrischen Regierung in Dresden – entwickelt, die einen deutlichen strategischen Verbund erkennen läßt.

Zum anderen beschäftigt Biedenkopf auch der 1990 von seinem Kollegen Meinhard Miegel entwickelte Plan einer föderalen Neuordnung Deutschlands, der statt der bestehenden 16 nur noch sieben Länder empfiehlt: Bayern, Baden-Württemberg, Hessen-Pfalz, Rheinland-Westfalen, Niedersachsen unter Einschluß von Hamburg und Bremen und gemeinsam mit Schleswig-Holstein, Mecklenburg-Brandenburg unter Einschluß von Berlin sowie Sachsen-Thüringen. Mit Ausnahme von Rheinland-Westfalen hätte jedes dieser neuen Länder zwischen 9 und 12 Millionen Einwohnern, jeweils ein urbanes Zentrum und eine gemeinsame Grenze mit einem europäischen Nachbarn. Die ersten Konturen eines Sachsen-Thüringens, das auch die Hälfte Sachsen-Anhalts umfassen würde, sind bereits erkennbar, etwa in der gemeinsamen Landesbank Sachsen-Thüringen oder dem Staatsvertrag zwischen Sachsen und Sachsen-Anhalt zum Ausbau der Verkehrswege.

Wesentlicher als die Gestaltungsmöglichkeiten, die sowohl auf Bundesebene als auch in der Kooperation von Land zu Land weit über Sachsen hinausreichen, ist jedoch das inhaltliche Gegenprofil zu dem Amtsinhaber in Bonn. In allen wichtigen Fragen sind Biedenkopfs Ansichten jeweils der Kontrapunkt zur Politik Helmut Kohls.

• Helmut Kohl ist geradezu Symbol der Überzeugung, daß mit dem »Anschluß« Ostdeutschlands die deutsche Einheit auch im wesentlichen abgeschlossen ist; für ihn hat sich die Bundesrepublik nur vergrößert, aber in ihren politischen Koordinaten nicht verändert. Seine Ansichten zeigen von 1990 bis heute eine Kontinuität, vom öffentlich erklärten Verzicht auf Steuererhöhungen zur Finanzierung der

deutschen Einheit, und damit dem Verzicht auf den Eingriff in westdeutsche Besitzstände, bis zu der Formel, die unter seiner Regie in
den Entwurf des Bundesvorstandes der CDU zum »Dresdner Manifest« 1992 hineingeschrieben wurde, man dürfe die Westdeutschen
mit dem Einheitsprozeß – und den damit verbundenen Bedürfnissen der Ostdeutschen – nicht überfordern.

Biedenkopf sieht gerade die Chance, daß die Einheit nicht nur den
Osten, sondern die gesamte Republik erschüttert und alle vermeint-
lich endgültigen Antworten in Frage stellt.

• Kohl sieht den Einheitsprozeß im wesentlichen als Angleichung
der ostdeutschen Lebensverhältnisse an die westdeutschen und hielt
dies zumindest bis 1991/92 auch in einer relativ kurzen Zeit für möglich.

Biedenkopf veranschlagte spätestens ab 1991 eher einen Zeitraum von 10 bis 15 Jahren, bis die ostdeutschen Länder etwa die
wirtschaftliche Leistungsfähigkeit der westdeutschen erreicht haben.
In seiner Vorstellung sollen sie dann aber der moderner organisierte
teil Deutschlands sein – von den Hochschulen über die Privatisierung bislang öffentlicher Dienstleistungen bis zu den Sozial-
systemen – das Modell für die Lösung verschleppter Probleme der
gesamten Republik sein könnte.

• Kohl hatte gegenüber West- wie Ostdeutschen darauf verzichtet,
eindringlich über die Schwierigkeiten und den Veränderungsdruck
für alle Gesellschaftsgruppen zu sprechen, der auch, aber nicht ausschließlich mit der deutschen Einheit verbunden ist.

Biedenkopf weist immer wieder darauf hin, daß er 1990 in Sachsen
ausdrücklich nicht von blühenden Landschaften gesprochen hatte:
Im Wahlkampf sagte er seinen Zuhörern bei Dutzenden Veran-
staltungen: »In zwei, drei Jahren werdet ihr vielleicht vor der Staatskanzlei stehen und demonstrieren, weil ihr die Belastungen nicht
mehr aushaltet.«

• Im Grunde in allen 12 Jahren seiner Regierungszeit, vor allem jedoch angesichts der kommenden Wahlkämpfe des Jahres 1994 setzt Helmut Kohl darauf, alle Themen, bei denen er eine Auseinandersetzung mit den verschiedensten Interessengruppen fürchtet, strikt zu vermeiden: Keine Debatte über eine Liberalisierung der Ladenschlußzeiten, keine Reform des Rentensystems, kein Rühren am Berufsbeamtentum, möglichst auch bis zum Ende der Legislaturperiode keine weitere Diskussion über die Pflegeversicherung.

Genau bei diesen Themen versucht Biedenkopf bundespolitische Debatten in Gang zu bringen, weil er die Auseinandersetzung mit den unterschiedlichen organisierten Interessen weniger fürchtet als die völlige Konturlosigkeit seiner Partei, die eben aus der ängstlichen Vermeidung dieser Auseinandersetzung herrührt. In einem Interview mit dem *Rheinischen Merkur* vom 18. Oktober 1991 klagte er 1991:

»Im Augenblick haben wir zwischen den beiden großen Volksparteien einen Wettbewerb, der darauf ausgerichtet ist, die Wirklichkeit zu tabuisieren. Es ist die Grundhaltung vor allem der Generation zwischen 35 und 50, die sich in der alten Bundesrepublik hervorragend eingerichtet hat.«

In einem Gespräch mit der *Woche* vom 2. Dezember 1993 meinte er: »Auf allen Gebieten haben sich die politischen Aussagen der beiden Volksparteien verändert, und zwar im Sinn einer Konvergenz. Diese Konvergenz ist Ausdruck der Tatsache, daß wir uns in einer Umbruchsituation befinden und beide großen Parteien weder die Dimensionen noch die Konsequenzen dieses Umbruchs verinnerlicht haben. Sie geben auf die neuen Fragen noch immer die alten Antworten.

Solche Erfahrungen bringen viele Menschen zu der Auffassung, es sei eigentlich Jacke wie Hose, wen man wählt, CDU oder SPD. Deshalb gewinnen die Bundestagswahlen hohen Zufälligkeitscharakter.«

• Spätestens seit September 1989 stärkt kein scharf profilierter Generalsekretär mehr das Gewicht der Partei gegenüber der absolut

190

dominierenden Figur des Kanzlers und Vorsitzenden. Seit dieser Zeit ist auch die programmatische Arbeit der Union im wesentlichen zum Erliegen gekommen. Biedenkopf knüpft geradezu demonstrativ an den programmatischen Status an, der vorlag, als er das Konrad-Adenauer-Haus verlassen hatte: die »Mannheimer Erklärung« von 1975 und das 1978 verabschiedete Grundsatzprogramm. Den Entwurf des CDU-Bundesvorstandes für ein neues Grundsatzprogramm, das in seiner Vagheit und Profillosigkeit eher einen Rückfall hinter das Jahr 1978 markiert, zerpflückte Biedenkopf genüßlich in seiner Streitschrift »Ein neues Grundsatzprogramm. Anmerkungen und Alternativen« vom Februar 1993:

»Der Entwurf eines neuen Grundsatzprogramms, der uns zur Diskussion vorliegt, hat die Einheit der Nation nicht zum beherrschenden Thema gemacht. Er folgt vielmehr dem inhaltlichen Aufbau des Grundsatzprogramms von 1978. Seine Fragestellungen unterscheiden sich nicht wesentlich von denen, die wir 1978 beraten haben, auch wenn sein Text zum geltenden Programm 78 keine erkennbare Beziehung herstellt.

Bei der Neufassung unseres Grundsatzprogramms sollten wir deshalb nicht der methodischen und inhaltlichen Vorlage des Entwufs folgen. Wir sollten uns für eine Alternative entscheiden. Sie sollte auf dem Programm von 1978 aufbauen und dessen Grundsätze auf die neuen Herausforderungen anwenden. Methodisch könnte sie sich an der ›Mannheimer Erklärung‹ 1975 orientieren.«

Bei allen Unterschieden gleicht die Verfassung der Union von heute erstaunlich der orientierungslosen Phase in den sechziger Jahren und Anfang der siebziger, wobei die wesentliche Differenz darin liegt, daß die politischen Prozesse heute weitaus schneller ablaufen. 1949 in der West-Republik und 1990 im vereinigten Deutschland hatte die Union das Privileg des ersten Zuges – sie wurde jeweils in einer Umbruchphase mit der Regierungsverantwortung betraut. In der Wirtschaftswunder-Zeit wie im Jahr 1990 traf die Union die richtigen Grundsatzentscheidungen, die von der SPD so nicht zu erwarten gewesen waren, und für die Union mit hohen Wahlerfolgen belohnt wurde: Damals die Durchsetzung der sozialen Marktwirtschaft und der Westbindung, 1990 die schnelle staatliche Einheit mit sofortiger Wirtschafts-, Währungs- und Sozialunion.

Nach der Aufbauphase der sechziger Jahre wie nach der Herstellung der staatlichen Einheit wurde offensichtlich, daß die Union keine langfristigen Vorstellung über Gestaltung der Verhältnisse hatte, an deren Einrichtung sie doch so tatkräftig und mit Fortune beteiligt war. In den sechziger Jahren war die Union eine in einer langen Regierungszeit erstarrte Partei ohne ein Programm, das das heraufziehende Ende einer Ära widergespiegelt hätte: Eine überalterte Partei, in der die jungen Generationen kaum vertreten waren, und die im Schlagschatten eines übermächtigen Kanzlers und Vorsitzenden stand, dessen Autorität jedoch schon zu bröckeln begann.

Die Parallelen zum heutigen Zustand der Union drängen sich geradezu auf.

DOKUMENTATION

UNSERE POLITIK FÜR DEUTSCHLAND
MANNHEIMER ERKLÄRUNG
(1975)
Erklärung des Bundesvorstandes der CDU

Auf dem 23. Bundesparteitag der Christlich Demokratischen Union Deutschlands wurde die »Mannheimer Erklärung« des Bundesvorstandes der CDU von den Delegierten einstimmig zustimmend zur Kenntnis genommen. Die auf diesem Parteitag vorgetragenen Stellungnahmen und Anregungen wurden dem Bundesvorstand mit der Maßgabe zugeleitet, sie in den Text des Dokuments einzuarbeiten. Diese endgültige Fassung der »Mannheimer Erklärung« ist vom Bundesvorstand der CDU am 12. November 1975 verabschiedet worden.

Präambel

Die CDU hat nach dem Zweiten Weltkrieg in Regierungsverantwortung unter Führung von Konrad Adenauer, Ludwig Erhard und Kurt Georg Kiesinger die politische Grundordnung der Bundesrepublik Deutschland entscheidend gestaltet und die Voraussetzungen für den Wiederaufbau unseres Landes und seine Aufnahme in die Gemeinschaft freier Völker geschaffen. Ihre Politik hatte das Ziel, eine freiheitliche und demokratische Grundordnung aufzubauen und zu sichern und eine freiheitliche und sozialverpflichtete Ordnung, die Soziale Marktwirtschaft, zur Grundlage und zum Maßstab der Wirtschafts- und Gesellschaftspolitik zu machen. Die Politik der CDU brachte inneren und äußeren Frieden, Freiheit, Sicherheit, soziale Gerechtigkeit und wirtschaftlichen Wohlstand.

Die veränderten Verhältnisse in der Welt und politische Fehlentwicklungen in unserem Lande gefährden heute das Erreichte. In diesen Veränderungen liegen jedoch auch Chancen, wenn es uns gelingt, auf die Herausforderungen unserer Zeit neue und zukunftsweisende Antworten zu geben. Die CDU sieht ihren politischen Auftrag darin, gemeinsam mit allen zur Verantwortung bereiten Kräften die Ziele des freien Teils Deutschlands zu bestimmen und politisch zu verwirklichen.

Unverzichtbare Grundlage für diese Politik ist unsere freiheitlich-demokratische Grundordnung, die es zu sichern und zu erhalten gilt.

Die CDU versteht die Demokratie als eine dynamische, fortzuentwickelnde politische Ordnung, die die Mitwirkung der Bürger gewährleistet und ihre Freiheit durch Verteilung und Kontrolle der Macht sichert und deren Mißbrauch verhindert. Diese Ordnung muß für den einzelnen durchschaubar sein. Sie kann nur verwirklicht werden, wenn sich die Bürger für ihre Gestaltung verantwortlich fühlen und sich aktiv und opferbereit daran beteiligen. Die CDU will den gesellschaftlichen Fortschritt fördern und die Bedingungen für eine freie Selbstentfaltung der Person schaffen. Diese Politik für Deutschland geht aus von der nüchternen Bestandsaufnahme der Situation in unserem Land und in der Welt. Vor diesem Hintergrund vertreten wir eine Politik, die es dem einzelnen auch unter veränderten Lebensbedingungen ermöglicht, sich in der Gemeinschaft zu entfalten, seine persönlichen Lebensziele zu verwirklichen und zum Wohle des Ganzen beizutragen.

Grundaussagen unserer Politik
1. Die tiefgreifenden Veränderungen der politischen und wirtschaftlichen Situation, bedingt durch
– die Verschiebung der politischen Machtverhältnisse,
– die Verschärfung von internationalen Verteilungskonflikten,
– die zunehmende ideologische Ost-West-Konfrontation,
– die wachsende Bedrohung unserer äußeren Sicherheit,
– die neue Rolle der Entwicklungsländer und
– die neuen Probleme im Inneren,
stellen die Bundesrepublik Deutschland im außen- und innenpolitischen Bereich vor neue und große Herausforderungen. Die Bewältigung dieser Herausforderungen erfordert neue Ideen, eindeutige Prioritäten und entschlossenes politisches Handeln. Die CDU orientiert sich bei der Bewältigung dieser Herausforderungen an den Grundwerten einer freiheitlichen und sozial gerechten Politik.
2. Die neuen politischen, wirtschaftlichen und gesellschaftlichen Herausforderungen können nur bewältigt werden, wenn wir in unserer Politik dem unauflösbaren Zusammenhang von Innen- und Außenpolitik Rechnung tragen. Spannungen und Konflikte im Inneren beeinträchtigen unsere Fähigkeit und Bereitschaft, Freiheit und Unabhängigkeit gegen alle Angriffe zu verteidigen. Umgekehrt kann aber auch eine frei-

heitliche, wirtschaftlich gesunde und sozial gerechte Gesellschaft ohne wirksame Außen- und Sicherheitspolitik auf Dauer nicht bestehen.

3. Ziel unserer Deutschlandpolitik ist die Erhaltung der Einheit der Nation und die Erringung von Freiheit und Einheit für das ganze deutsche Volk. Unserer Deutschlandpolitik liegt die Entscheidung des Bundesverfassungsgerichtes zum Grundvertrag und die gemeinsame Resolution aller Fraktionen des Deutschen Bundestages vom 17. Mai 1972 zugrunde. Die Bundesrepublik Deutschland mit West-Berlin als freier Teil Deutschlands ist Treuhänder der Selbstbestimmung, einer freiheitlichen Verfassung sowie der menschlichen und politischen Grundrechte für alle Deutschen.

4. Voraussetzung für den Bestand der Bundesrepublik Deutschland in Freiheit ist ein freies und geeintes Europa. Nur durch ein geeintes und damit handlungsfähiges Europa können wir unsere eigene nationale Handlungsfähigkeit wiedererlangen, die wir in wichtigen Bereichen verloren haben. Die Einigung Europas erfordert die alsbaldige Schaffung einer freien und sozialen europäischen Wirtschafts- und Gesellschaftsordnung. Wir leisten unseren Beitrag hierzu auf der Grundlage der Sozialen Marktwirtschaft. Der Ausbau der deutsch-französischen Zusammenarbeit ist ein wichtiger Schritt auf dem Wege zur europäischen Einigung.

5. Frieden und Freiheit müssen gegen militärische Bedrohung gesichert werden. Die Bundesrepublik Deutschland und das freie Europa können ihre Sicherheit und ihre Unabhängigkeit nur im Bündnis mit den Vereinigten Staaten bewahren. Deshalb müssen die Leistungsfähigkeit und Verteidigungskraft des Atlantischen Bündnisses gestärkt werden. Zugleich müssen wir zur Gewährleistung unserer eigenen außenpolitischen Handlungsfähigkeit die Existenz und Handlungsfähigkeit aller jener Völker sichern, mit denen wir zusammenarbeiten.

6. Ein beständiger Friede verlangt eine Politik der internationalen Solidarität und Partnerschaft.

Aufwendungen für die Entwicklungspolitik sind eine Investition in die Zukunft aller. Unsere Entwicklungspolitik ist die Voraussetzung für unsere Mitwirkung bei der Neugestaltung einer freien Weltwirtschaftsordnung.

7. Ziel unserer Ostpolitik sind die Sicherung des Friedens in Europa

und die Aufrechterhaltung unserer politischen Unabhängigkeit, Handlungsfähigkeit und Souveränität gegenüber den Staaten Osteuropas. Diese Ziele sind bei der Gestaltung unserer politischen, wirtschaftlichen und kulturellen Beziehungen mit diesen Staaten konsequent zu berücksichtigen. Wir wünschen Frieden mit allen Völkern, auch mit der Sowjetunion. Eine politische Verständigung zwischen Deutschland und der Sowjetunion wird dann dauerhaft sein, wenn sie auf der gegenseitigen Achtung aufbaut und frei ist von Streben nach Hegemonie.

8. Die Bewältigung des Wandels in Freiheit ist für uns eine zentrale politische Aufgabe. Im Bereiche der Wirtschafts- und Gesellschaftspolitik gewährleistet die Soziale Marktwirtschaft besser als jede andere Wirtschafts- und Gesellschaftsordnung die notwendigen Anpassungen an die veränderten Umweltbedingungen. In der gegenwärtigen Lage ist das wichtigste Ziel unserer Wirtschaftspolitik die Wiederherstellung des gesamtwirtschaftlichen Gleichgewichts. Es ist gestört durch Inflation, Arbeitslosigkeit und die Überschuldung der öffentlichen Haushalte. Wir verwirklichen unser Ziel durch
– die Wiederherstellung des Vertrauens der Bürger in die Soziale Marktwirtschaft,
– die Verbesserung der Investitionskraft der deutschen Wirtschaft,
– die Ausrichtung der Geldmenge der öffentlichen Haushalte und der Lohn- und Gehaltssteigerungen am volkswirtschaftlichen Leistungsvermögen.

9. Oberstes Ziel unserer Gesellschaftspolitik ist die Stärkung der Stellung des einzelnen in der Gesellschaft. Unsere Politik im Bereich der Mitbestimmung, der Vermögensbildung, der beruflichen Bildung, der Humanisierung im Arbeitsleben und des Unternehmensrechts dient diesem Ziel. Durch unsere Familien- und Bildungspolitik schaffen wir wesentliche Voraussetzungen für die Entfaltung des einzelnen in der Gesellschaft. Wir orientieren uns dabei an den gesellschaftlichen Anforderungen und Möglichkeiten. Zugleich wenden wir uns der Neuen Sozialen Frage zu, die durch den veränderten Konflikt zwischen organisierten und nichtorganisierten Interessen und die unausgewogene Verteilung sozialer Lasten und Leistungen entstanden ist. Wir werden die Interessen der Bedürftigen und Schwachen in unserer Gesellschaft noch stärker als bisher vertreten.

10. Vorrangige Aufgabe des Staates ist es, die öffentlichen und privaten Rechte des Bürgers zu schützen. Deshalb ist die Fähigkeit von Staat und Gesellschaft, die ihnen gestellten Aufgaben zu erfüllen, zu verbessern.

Dabei hat der Staat nicht die Aufgabe, für die Bürger eine Unzahl wirtschaftlicher Dienstleistungen zu erbringen. Vielmehr hat er die politischen Ziele der Gemeinschaft zu bestimmen, das Gemeinwesen nach den Grundsätzen der Freiheit und sozialen Gerechtigkeit zu gestalten und weiterzuentwickeln, gegen Angriffe und Bedrohungen von außen zu schützen und im Inneren Freiheit, Sicherheit und den Rechtsfrieden zu wahren. Wir sind davon überzeugt, daß viele Aufgaben, die heute vom Staat wahrgenommen werden, besser und billiger durch private Träger gelöst werden können. Wir bauen auf die Dynamik privater Initiativen.

Ausgangslage

1. Veränderungen der weltpolitischen und weltwirtschaftlichen Lage

1.1 Veränderung der politischen Machtverhältnisse

Die politischen Machtverhältnisse in der Welt haben sich in den letzten Jahrzehnten von Grund auf verändert. Die europäischen Staaten haben ihre frühere politische Stellung verloren. Sie sind heute auf die Rolle von Klein- und Mittelmächten beschränkt. Westeuropa ist nur noch gemeinsam und in vielen Bereichen nur im Rahmen des Atlantischen Bündnisses in der Lage, seine lebenswichtigen Interessen angemessen zu wahren. Zwischen den militärischen Supermächten, den USA und der Sowjetunion, besteht ein nukleares Patt. China ist als Großmacht in die Weltpolitik eingetreten. Mit dem Rückzug der Vereinigten Staaten aus Indochina hat sich das machtpolitische Gleichgewicht im Fernen Osten verändert.

Die Spannungen im Nahen Osten und das Kartell der erdölproduzierenden Staaten bedrohen die Lebensfähigkeit der westeuropäischen Wirtschaft. Die wirtschaftliche und politische Bedeutung der Entwicklungsländer wächst.

Die tiefgreifende Veränderung der weltpolitischen Machtverhältnisse stellt die europäischen Staaten vor neue Herausforderungen. Die Erfüllung ihrer internationalen Aufgaben und ihre außenpolitische

Sicherung erfordert von ihnen den Einsatz eines wesentlichen Teils ihrer wirtschaftlichen und politischen Kräfte.

Diesem Erfordernis sind die Westeuropäer bisher nur unzureichend nachgekommen. Ihre Politik ist noch immer häufig von der Annahme geprägt, ihre Stellung in der Welt sei unangreifbar. Ihre außen- und sicherheitspolitischen Interessen haben sie aufgrund dieser Fehleinschätzung nicht so wahrgenommen, wie dies erforderlich und möglich gewesen wäre. Ihr tatsächlicher Aufwand für außen- und sicherheitspolitische Aufgaben steht in keinem angemessenen Verhältnis mehr zur außenpolitischen Verantwortung und zum sicherheitspolitischen Risiko Westeuropas. Für den Ausbau ihrer internen Verteilungssysteme und für die Befriedigung innenpolitischer Bedürfnisse haben die westeuropäischen Staaten einen vergleichsweise hohen Aufwand geleistet. Aber die Früchte ihrer Sozial- und Gesellschaftspolitik sind gefährdet durch die Vernachlässigung der außen- und sicherheitspolitischen Interessen. Die Außen- und Sicherheitspolitik der westeuropäischen Staaten gerät zunehmend in Widerspruch zur tatsächlichen weltpolitischen Lage.

1.2 Verschärfung von Verteilungskonflikten

Das starke Wirtschaftswachstum der Industrieländer, darunter großer Teile Westeuropas, hat das weltweite Ungleichgewicht bei der Verteilung wichtiger Lebensgüter verstärkt. Davon sind vor allem diejenigen Entwicklungsländer betroffen, die weder über eine eigene leistungsfähige Wirtschaft noch über exportierbare Rohstoffe und Energieträger verfügen.

Die ungleiche Verteilung von Lebensgütern hat vorhandene weltweite Verteilungskonflikte verschärft; neue Verteilungskonflikte sind entstanden. Mit der drastischen Verteuerung und künstlichen Verknappung von Rohöl und einiger wichtiger Rohstoffe versuchen die rohstofferzeugenden Entwicklungsländer, diese Konflikte zu ihren Gunsten zu entscheiden.

Die westlichen Industrieländer sind auf diese Auseinandersetzung nur ungenügend vorbereitet. Es ist ihnen bisher nicht gelungen, die Rohstoffproduzenten daran zu hindern, wichtige Weltmärkte zu schließen, wirtschaftliche Lasten weltweit neu zu verteilen und ihre wirtschaftliche

Macht zunehmend auch zur Durchsetzung militärischer und macht-politischer Ziele einzusetzen. Die Eingriffe in den freien Welthandel werden jedoch schon in absehbarer Zeit die weltweiten Wirtschafts-abläufe entscheidend verändern. Diese Entwicklung stellt vor allem für die westeuropäischen Staaten eine Bedrohung dar. Sie eröffnet ihnen aber auch die Möglichkeit, als Partner der Entwicklungsländer bei der Gestaltung einer gerechten und stabilen Weltordnung mitzuwirken.

Diese Mitwirkung ist deshalb nicht nur ein Gebot der Menschlich-keit, sondern in erster Linie ein Akt der politischen Vernunft. Ihr Ziel muß es sein: die wirtschaftlichen Möglichkeiten der Entwicklungs-länder zu entfalten, den Lebensstandard ihrer Völker zu heben, die Ent-wicklung stabiler und menschenwürdiger Ordnungen zu fördern und damit den langfristigen Bedrohungen zu begegnen, die den westlichen Industrieländern aus weltweiten Verteilungskonflikten erwachsen.

Darüber hinaus verpflichtet uns unser wirtschaftlicher Wohlstand zur Solidarität mit den Hungernden und Bedürftigen in der Welt. Die Völker in den Entwicklungsländern nehmen uns heute nach unseren eigenen Grundsätzen sozialer Gerechtigkeit und Menschenwürde in Pflicht.

Die Förderung der Wirtschaft in den Entwicklungsländern verlangt von unserer eigenen Wirtschaft langfristige und tiefgreifende struktu-relle Veränderungen. Im Bereich traditioneller Technologien werden den Industrienationen in Entwicklungsländern ernstzunehmende Kon-kurrenten erwachsen. Die Wirtschafts- und Gesellschaftspolitik der Industrienationen muß sich auf diese Entwicklung einstellen.

1.3 Anhaltende Konfrontation zwischen Ost und West
Die Außenpolitik des Westens ist seit Jahren um Entspannung bemüht, insbesondere die Politik der USA gegenüber der Sowjetunion. Eine wirkliche Sicherung des Friedens in Europa haben diese Bemühungen jedoch nicht bewirkt. Das Militärpotential der Sowjetunion und ihrer Verbündeten hat sich vielmehr erheblich vergrößert. Das militärische Ungleichgewicht in Europa ist gewachsen. Die militärische Macht der Sowjetunion wirft einen politischen Schatten auf Westeuropa.

Die gemeinsamen Verteidigungsanstrengungen der Westeuropäer ha-ben deshalb nichts von ihrer besonderen Bedeutung verloren. Sie sind für die unmittelbare eigene Sicherheit ebenso entscheidend wie für die langfristige Leistungskraft der Atlantischen Allianz. Die Bundesrepublik Deutschland leistet ihren Beitrag zu den gemeinsamen Verteidigungsanstrengungen der Westeuropäer vor allem durch die Bundeswehr. Die Bundeswehr nimmt damit eine Aufgabe wahr, die für die Sicherheit unseres Landes und des westlichen Bündnisses unverzichtbar ist.

Die sowjetische Politik ist auf der einen Seite an einer Zusammenarbeit mit dem Westen interessiert. Sie verspricht sich davon wirtschaftliche und technologische Vorteile. Andererseits verfolgt sie die Absicht, den Weg zur Einigung des Westens zu verlegen und die westlichen Gesellschaften von innen her aufzuweichen. Die ideologische Auseinandersetzung zwischen Ost und West hat nichts von ihrer Schärfe eingebüßt. »Friedliche Koexistenz« ist auch nach amtlicher sowjetischer Interpretation die Fortsetzung der Auseinandersetzung antagonistischer Gesellschaften mit anderen, insbesondere ideologischen Mitteln. Sowjetische Politik ist bemüht, diese Konfrontation bis tief in die westlichen Gesellschaften hineinzutragen. Ihr Ziel ist es nicht, die materielle Substanz Westeuropas zu zerstören, sondern sein wirtschaftliches, wissenschaftliches und geistiges Potential allmählich zu neutralisieren oder auf die eigene Seite herüberzuziehen und die USA damit von Europa zu isolieren. Insgesamt bleibt sowjetische Politik durch einen langfristig angelegten Expansionskurs gekennzeichnet. Militärische Stärke dient dabei in erster Linie dem Zweck, den eigenen politischen Zielen Nachdruck zu verleihen.

Unsere Antwort auf diese Bedrohung erfordert eine Politik, die ihrer Werte gewiß ist und ihre politischen Ziele mit Festigkeit verfolgt. Wir leben mit der Sowjetunion auf einem Kontinent. Wir sind entschlossen, diese Nachbarschaft so friedlich und normal wie möglich zu gestalten. Daher sind wir zum Ausbau wirtschaftlicher, kultureller und wissenschaftlicher Beziehungen bereit. Erste Schritte auf diesem Wege sind getan.

Friedliche Nachbarschaft und Normalisierung haben aber, wenn sie nicht in Unterwerfung enden sollen, zwingende Voraussetzungen. Notwendig ist ein Gleichgewicht der Kräfte, das nicht einseitig zugunsten des Ostens verändert wird. Es muß für alle erkennbar auf der Grundlage unserer Fähigkeit und Entschlossenheit beruhen, unsere freiheit-

lichen Gemeinwesen gegen jeden Angriff und jeden Einmischungs-
versuch zu schützen.

1.4 Europäische und internationale Zusammenarbeit

Die Bundesrepublik Deutschland ist von den genannten Entwicklungen in besonderem Maße betroffen. Mit ihrer hohen Bevölkerungs-
dichte, ihrer Abhängigkeit von Nahrungsmitteleinfuhren, ihrer Armut
an unverzichtbaren Bodenschätzen und ihrer geographischen Lage hängt
ihr Wohlergehen entscheidend von der fruchtbaren Zusammenarbeit
mit anderen Völkern ab. Dies gilt für ihre innere Stabilität und Sicherheit, für die Lösung außenpolitischer Probleme und für die Verteidigung der Bundesrepublik im Falle eines militärischen Konflikts. Zur Erfüllung aller dieser Aufgaben hat sich die Bundesrepublik Deutschland
in freier Selbstbestimmung fest mit der westlichen Gemeinschaft verbunden.

Die allgemeine weltpolitische Entwicklung zwingt jedoch nicht nur
die Bundesrepublik Deutschland, sondern alle Länder Westeuropas und
des Atlantischen Bündnisses zu enger Zusammenarbeit. In den Bereichen der Wirtschafts- und Verteidigungspolitik wirken sie bereits seit
geraumer Zeit zusammen. Aber dieses Zusammenwirken hat bisher
nicht zu einer gemeinsamen außen- und wirtschaftspolitischen Strategie geführt. Voraussetzung dafür ist die politische Integration des freien
Europas, vordringlich der Mitgliedstaaten der Europäischen
Gemeinschaft. Nur auf diesem Wege kann der politische Handlungsspielraum der freien Staaten Europas wiedergewonnen werden, den sie
zur Mitgestaltung einer neuen Weltordnung benötigen.

Die Einigung des freien Europas ist unverzichtbar, wenn die Mit-
gliedsländer auf Dauer in der Lage sein wollen, gegenüber den Welt-
mächten, den Erdöl- und Rohstoffproduzenten, den Entwicklungsländern und den Herausforderungen der Weltpolitik ihre eigenen
berechtigten Ansprüche zu erheben. Gleichzeitig wäre ein geeintes
Europa ein Beispiel für die Welt, wie Völker mit unterschiedlicher
Geschichte, Sprache und Kultur im Rahmen einer freiheitlichen und
rechtsstaatlichen Ordnung zusammen leben und ihre Probleme
gemeinsam bewältigen können.

2. Veränderungen innerhalb der Bundesrepublik Deutschland

2.1 Allgemeine politische Lage

Die allgemeine politische Lage unseres Landes ist nach wie vor durch die Spaltung Deutschlands entscheidend geprägt. Innerhalb der Bundesrepublik bekennt sich heute die große Mehrheit der Bevölkerung zu unserer freiheitlichen, sozialen, rechtsstaatlichen und demokratischen Staats- und Gesellschaftsordnung. Die Stabilität dieser Ordnung hängt ab: von der engen Verbindung unseres Landes mit der freien Welt, von der Festigung unseres freiheitlichen Staats- und Gesellschaftsverständnisses, von der Aufrechterhaltung der inneren und äußeren Sicherheit, von wirtschaftlichem Wohlstand und sozialer Gerechtigkeit, von der politischen Arbeit aller demokratischen Parteien und Organisationen, von dem Bekenntnis zu unserer Geschichte und von unserer Liebe zu unserem Land, die unseren Willen zur Einheit in Freiheit umfaßt.

Im Bereich von Staat und Gesellschaft sind seit Gründung der Bundesrepublik Deutschland die Mitbestimmungs- und Mitwirkungsrechte der Bürger erheblich erweitert worden. Diese Rechte der Bürger sind eine solide Grundlage für das Wirken jeder demokratisch gewählten Regierung. Für die staatlichen Organe sind die Voraussetzungen geschaffen, die Interessen des Staates und aller Bürger wirkungsvoll nach innen und außen zu vertreten. Die demokratische Legitimation der Parlamente, Regierungen und Parteien verpflichtet diese, ihre politische Führungsaufgabe uneingeschränkt wahrzunehmen, die gemeinsamen Interessen aller zu wahren und auch gegenüber Sonderinteressen zu behaupten.

Die Einstellung vieler Bürger zum Gemeinwesen ist widersprüchlich. Einerseits werden sie immer wieder dazu verleitet, jeden nur denkbaren Anspruch an das Gemeinwesen zu stellen und dieses zu überfordern. Andererseits wissen sie, daß der Staat, ebenso wie ein privater Haushalt, auf Dauer nicht mehr ausgeben kann als er einnimmt. Die Bürger sind grundsätzlich bereit, dieser Einsicht zu folgen, sofern sie darauf angesprochen werden. Die große Mehrheit der Bevölkerung ist heute bereit, Entscheidungen, die das öffentliche Wohl betreffen, auch persönlich mitzutragen, wenn ihr diese Entscheidungen einsichtig sind.

Unsere Wirtschafts- und Gesellschaftsordnung ist von der Sozialen Marktwirtschaft geprägt. Die Soziale Marktwirtschaft, wie sie von Ludwig Erhard und der Union durchgesetzt worden ist, hat sich als die beste aller denkbaren Formen einer freiheitlichen Wirtschafts- und Gesellschaftsordnung und damit des wirtschaftlichen und gesellschaftlichen Zusammenlebens der Menschen in einem freien Lande erwiesen. Sie ist ein wirtschafts- und gesellschaftspolitisches Programm für alle. Ihre Grundlagen sind Leistung und soziale Gerechtigkeit, Wettbewerb und Solidarität, Eigenverantwortung und soziale Sicherung, dezentrale Steuerung durch Märkte und Tarifautonomie, Machtkontrolle durch Gewaltenteilung und staatliche Aufsicht, Freiheitssicherung durch das Angebot von Alternativen und die Teilhabe des einzelnen am gesellschaftlichen und wirtschaftlichen Fortschritt. Sie sichert durch den Wettbewerb die Freiheit zur Entfaltung des Leistungswillens in allen Lebensbereichen und stellt wirtschaftliche Kraft in den Dienst des Menschen. Sie gewährleistet über den Markt die Entscheidung der Bürger über Güter und Dienstleistungen und die bestmögliche Nutzung unserer wirtschaftlichen Mittel. Die Soziale Marktwirtschaft ist die notwendige Entsprechung einer demokratischen, sozialen und freiheitlichen Staatsordnung. Durch die Soziale Marktwirtschaft war es möglich, wirtschaftliche Dynamik und soziale Sicherheit in bisher einzigartiger Weise miteinander zu verbinden. Aus dieser Verbindung erwuchs ein hohes Maß an sozialem Frieden.

Seit der Regierungsübernahme der SPD/FDP-Koalition im Herbst 1969 wurden die politischen Voraussetzungen der Sozialen Marktwirtschaft, die Voraussetzung unserer modernen, freiheitlichen und sozialen Industriegesellschaft, allerdings nur noch unzureichend erfüllt. Die SPD-FDP-Koalition weckt bei den Bürgern in verantwortungsloser Weise Hoffnungen und Erwartungen, die die Kluft zwischen den Ansprüchen des einzelnen und der organisierten Gruppen und der Leistungsfähigkeit des Ganzen ständig vergrößert. Die Ansprüche vieler gesellschaftlicher Gruppen verfehlen heute nicht nur das wirtschaftlich Mögliche, sondern zunehmend auch das sozial Notwendige. Leidtragende sind regelmäßig die sozial Schwachen.

Im Bereich der Wirtschaft ist es der Koalition nicht gelungen, die Ziele des Stabilitätsgesetzes zu verwirklichen. Ihr Verhältnis zur Sozialen Marktwirtschaft ist gebrochen. Die Angriffe der Regierungskoalition auf die private Wirtschaftsverfassung lähmen die unternehmerische Initiative.

Verfehlte und gescheiterte Reforminitiativen im Bereich der Gesellschaftspolitik führten zu ordnungspolitischer Unsicherheit.

Die Überforderung der Leistungsfähigkeit der Wirtschaft schwächte ihre Investitionskraft. Die wirtschaftliche Entwicklung ist gegenwärtig im Inneren durch zunehmende strukturelle Spannungen gekennzeichnet, während sich gleichzeitig aus der veränderten internationalen Wirtschaftslage erhöhte Anforderungen an die Leistungskraft unserer Wirtschaft ergeben. Nachhaltige Störungen in den Wirtschaftsabläufen sind die Folge. Die Koalition hat sich als unfähig erwiesen, Wachstum und wirtschaftliche Dynamik zu erhalten. Arbeitslosigkeit, fehlende Ausbildungsplätze und Inflation sind die Kennzeichen ihres Scheiterns.

Die Verschuldung der öffentlichen Haushalte von Bund, Ländern und Gemeinden wächst infolge der übermäßigen Ansprüche und Erwartungen außerordentlich rasch. Der Zwang, wichtige Zukunftsaufgaben wegen fehlender Geldmittel zurückstellen zu müssen, ist Ausdruck einer verfehlten Finanzpolitik. Die Finanzpolitik der SPD/FDP-Koalition hat die Anpassungsfähigkeit der Gesellschaft in wichtigen Bereichen geschwächt und zu einer weitgehenden Reformunfähigkeit geführt.

2.2 Staat und Gesellschaft

Staat und Gesellschaft wurden seit Gründung der Bundesrepublik von der fortschreitenden Verwirklichung einer freiheitlichen und sozialen Gesellschaftsordnung und dem ständigen Ausbau der rechtsstaatlichen Demokratie bestimmt. Der einzelne kann heute seine Rechte und Freiheiten mit größerer Aussicht auf Erfolg wahrnehmen als jemals zuvor in der deutschen Geschichte.

Diese Entwicklung hatte im allgemeinen eine Verfeinerung und Vervollkommnung der gesellschaftlichen Institutionen und Systeme zur Folge. Sie stellt aber auch in allen Bereichen von Staat und Gesellschaft höhere Anforderungen an die Fähigkeit zu führen. Die ständige, aktive Mitwirkung einer umfassend informierten und zu verantwortlichem Engagement bereiten Bevölkerung an den gesellschaftlichen Planungs- und Entscheidungsprozessen ist für die Erhaltung unserer heutigen Ordnung unverzichtbar. Es ist eine wesentliche Aufgabe von Bildung und Erziehung, die Voraussetzungen für diese Mitwirkung zu schaffen.

Die schwieriger gewordenen Aufgaben im Inneren wie im internationalen Bereich, die hochgradige Arbeitsteilung in einer modernen Industriegesellschaft, die hohen Ansprüche der Bürger an die Gemeinschaft und die vermehrte Verantwortlichkeit des Staates und der Gesellschaft haben aber auch zu einer zunehmenden Komplizierung der gesellschaftlichen und staatlichen Einrichtungen geführt. Die Kompliziertheit freiheitlicher Systeme in Verbindung mit den Anforderungen einer hochentwickelten Industriegesellschaft hat für viele Menschen zur Folge, daß sie trotz verbesserter Informationen wichtige Zusammenhänge in unserer Gesellschaft nur noch unzureichend durchschauen.

Hinzu kommt, daß undurchdachte Maßnahmen und Eingriffe in weiten Bereichen von Wirtschaft und Gesellschaft, ideologisch begründete Veränderungen bestehender und die Einrichtung immer neuer, vielfach überflüssiger oder unpraktikabler Institutionen und Organisationen zu einer zunehmenden Bürokratisierung weiter gesellschaftlicher Bereiche geführt haben.

Die Folge davon sind die Aushöhlung der Mitbestimmungs- und Mitwirkungsrechte der Bürger in Staat und Gesellschaft und ihre zunehmende Betreuung und Bevormundung. Wichtige Teilbereiche der Wirtschaft sowie des Bildungs- und Gesundheitswesens sind von dieser Entwicklung besonders betroffen. Die parteipolitische Ämterpatronage und die damit zunehmende Parteilichkeit wichtiger Ämter und öffentlicher Institutionen haben das Vertrauen der Bevölkerung in die Leistungsfähigkeit der staatlichen Verwaltung und ihrer dienenden Funktion geschwächt.

Der Einzelne vereinsamt trotz aller Kommunikationsmöglichkeiten. Sein menschliches Dasein wird dadurch zunehmend beeinträchtigt. Bürokratien und gesellschaftliche Institutionen übernehmen soziale Aufgaben, können aber die für das Wohl des einzelnen unverzichtbaren zwischenmenschlichen Beziehungen nicht ersetzen. So entsteht das unübersehbare Bedürfnis nach Orientierung und verständlichen Antworten zum Sinn und Ziel eines freien Bürgerdaseins. Der gemeinsame Wiederaufbau nach dem Krieg war eine solche Orientierung. Mit seinem Abschluß hat dieses Ziel seine Verbindlichkeit verloren. Heute müssen neue und weiterführende Ziele und Aufgabenstellungen entworfen werden, an denen sich auch die nachfolgende Generation ausrichten kann.

Die Entwicklung der letzten Jahre ist schließlich durch die spürbare

Beeinträchtigung der inneren Stabilität und äußeren Sicherheit unseres Gemeinwesens gekennzeichnet. Die allgemeinen weltpolitischen Veränderungen und die verfehlte Politik von SPD und FDP, wie die Neuauflage historisch überholter Klassenkampfvorstellungen, die Verschärfung des Generationenkonflikts durch gemeinschaftszerstörende Bildungsinhalte, die Verketzerung von Bevölkerungsgruppen durch Maßnahmen wie der Aktion »Gelber Punkt«, die Kampagnen zur Kontrolle wirtschaftlicher Investitionen und der bewußte Abbau des Leistungsgedankens, haben die Widerstandskraft der Gesellschaft und ihre Fähigkeit gemindert, den großen Herausforderungen der Gegenwart und Zukunft zu entsprechen.

2.3 Rolle der gesellschaftlichen Gruppen

Mit der Verwirklichung der freiheitlichen und demokratischen Ordnung in unserem Lande ist die Bedeutung der großen gesellschaftlichen Gruppen und Verbände ständig gewachsen. Sie gehören heute zu den unverzichtbaren, verfassungsrechtlich gesicherten Bestandteilen unserer offenen und pluralistischen Gesellschaft. Sie nehmen bestimmte Interessen unterschiedlicher Bevölkerungsgruppen wahr, bilden wirksame Gegengewichte gegen andere organisierte Interessen, die Ansammlung wirtschaftlicher Macht und gegenüber dem Staat. In ihnen vollziehen sich für die Funktion einer arbeitsteiligen Wirtschaft und Gesellschaft wesentliche Meinungs- und Willensbildungen. Damit strukturieren sie den Prozeß gesellschaftlicher Willensbildung und vermitteln zugleich zwischen den staatlichen Institutionen und dem Bürger.

Die für die Wohlfahrt des Landes erheblichen Interessen und Ansprüche werden allerdings nicht durch die organisierten Interessenvertretungen erschöpft. Weite Interessenbereiche werden durch Verbände oder Organisationen nicht ausreichend vertreten. Alte und junge Menschen, Kranke und Behinderte, aber auch wichtige Rollenfunktionen, wie die des Sparers oder des Bürgers im Verhältnis zur Verwaltung, finden häufig keine organisierte Fürsprache. Ihre Interessen sind im Konzert der organisierten Sonderinteressen benachteiligt. Sie angemessen zur Geltung zu bringen, ist eine wichtige Aufgabe des Staates und der politischen Parteien als Organe politischer Willensbildung.

Die großen gesellschaftlichen Gruppen und Verbände, Unternehmensverbände und Gewerkschaften, Großunternehmen, Interessenverbände und Selbstverwaltungsorganisationen verfügen, wenn sie wirksam sind, über gesellschaftliche Macht. Diese Macht ist notwendig, wenn die Gruppe ihre legitime Aufgabe erfüllen soll. Sie kann jedoch den gesellschaftlichen Machthaushalt auch nachhaltig stören und die Funktionsfähigkeit des Staates in bestimmten Teilbereichen beeinträchtigen. Dies gilt für die Auseinandersetzungen organisierter Gruppeninteressen untereinander ebenso wie für das Verhältnis der Gruppen zum Staat oder zur Allgemeinheit. Der Mißbrauch wirtschaftlicher Macht ist dafür ebenso Beispiel wie der Ausstand organisierter Spezialisten zum Nachteil der Allgemeinheit.

Von besonderer Erheblichkeit ist jedoch die Verbindung organisierter zu Lasten nicht organisierter Interessen. Beispielhaft dafür ist die Verbindung der gemeinsamen Interessen von Anteilseignern, Gewerkschaften und Management zu Lasten der Verbraucher und der Allgemeinheit. Dieser Konflikt stellt die Politik vor neue Aufgaben.

Mehr denn je gewinnt dabei die Aufgabe des Staates an Bedeutung, seine Gesamtverantwortung gegenüber den gesellschaftlichen Gruppen durchzusetzen und die Interessen der Allgemeinheit zu wahren. Dem demokratisch legitimierten Staat ist es aufgegeben, den Rahmen zu setzen, in dem die Gruppen sowohl im Inneren wie nach außen tätig werden.

Die Macht organisierter Interessen berührt nicht nur ihr Verhältnis zum Staat, sondern auch die Stellung des einzelnen zur organisierten Gruppe. Große gesellschaftliche Gruppen und Wirtschaftsorganisationen haben heute gegenüber dem einzelnen vielfach eine faktische Macht, die mit der hoheitlichen Macht des Staates vergleichbar ist. Im Gegensatz zu staatlichem Handeln unterliegt sie jedoch keiner wirksamen politischen oder rechtlichen Kontrolle. Daraus ergeben sich weitreichende Folgen für den einzelnen, den Staat, aber auch die Gruppe selbst.

2.4 Kirchen in Staat und Gesellschaft

Die Kirchen und Religionsgemeinschaften haben eine eigene und unverwechselbare Aufgabe. Ihre Unabhängigkeit und die Freiheit ihrer Verkündigung sind von der Verfassung garantiert. Ihr eigenständiges

Wirken ist für Staat und Gesellschaft unverzichtbar. Für die CDU sind sie Gemeinschaften von besonderem Rang; sie tragen zum notwendigen Wertkonsens unserer Gesellschaft entscheidend bei.

Sie nehmen lebenswichtige Aufgaben des Gemeinwohls wahr. Der Staat hat ihre Unabhängigkeit auch in diesem Bereich zu achten und partnerschaftliche Kooperation zu pflegen.

Die CDU braucht den intensiven und steten Dialog mit den Kirchen und Religionsgemeinschaften. Sie führt ihn im Bewußtsein der besonderen Bedeutung der Kirchen und Religionsgemeinschaften und ihrer Verantwortung für Gesellschaft und Staat.

Politische Aufgabe

Unsere Politik für die Bundesrepublik Deutschland geht aus von dem Menschenbild, das dem Grundgesetz und der Christlich Demokratischen Programmatik zugrunde liegt. Die CDU orientiert ihre Politik an den Grundsätzen christlicher Verantwortung. Christliche Wertvorstellungen sind Maßstab für das politische Handeln der Union.

Das Ziel unserer Politik ist, die Bedingungen zu schaffen und zu sichern, die es dem einzelnen ermöglichen, sich in der Gemeinschaft zu entfalten, seine persönlichen Lebensziele zu verwirklichen und zum Wohle des Ganzen beizutragen. Dafür muß der Bestand und die Wohlfahrt der Bundesrepublik Deutschland als freiheitliche, soziale und rechtsstaatliche Demokratie gesichert werden. Diese Aufgabe umfaßt das gesellschaftliche und staatliche Ganze und nicht nur die Summe von Individual- und Gruppeninteressen. Ihre Erfüllung ist ohne die Bereitschaft zu Dienst und Opfer für die Gemeinschaft nicht möglich.

Die Bundesrepublik Deutschland wurzelt in der Geschichte unseres Volkes, in unserer Kultur und in der Liebe der Menschen zu ihrem Vaterland. Aus dieser Verwurzelung erwächst die politische Kraft, die eine offene, freie und demokratische Gesellschaft erhält und ihr die notwendige Orientierung gibt. Wir sind bereit, Verantwortung für die Vergangenheit zu tragen, und wir haben den Willen, die Zukunft zu meistern.

Die Sicherung unserer nationalen Existenz in Freiheit hängt ab von der Entfaltung der politischen Grundwerte: Die Freiheit des einzelnen, der sich der Gemeinschaft verpflichtet weiß, die Gerechtigkeit und die

Chancengleichheit für jedermann sowie die Solidarität aller Bürger, die auf der Eigenverantwortung der Person aufbaut. Diese Grundwerte sind Auftrag und Grenze unseres politischen Handelns. Mit ihrer Verwirklichung erfüllen wir das oberste Gebot aller Politik: die Wahrung der Würde des Menschen. Sie ist Ausgangs- und Zielpunkt unserer Politik.

Die Grundwerte: Freiheit, Gerechtigkeit und Solidarität bedingen und begrenzen einander. Politisches Handeln, das der Würde des Menschen verpflichtet ist, muß stets an allen Grundwerten gemessen werden.

Entscheidend für den Inhalt praktischer Politik ist deshalb nicht nur die Verwirklichung der Grundwerte als solche, sondern die Ausgestaltung ihres Verhältnisses zueinander. Dieses Verhältnis ist stetigem Wandel unterworfen. Neue Bedingungen und Notwendigkeiten führen zu veränderten Prioritäten und Dringlichkeiten in der Verwirklichung der Grundrechte. Zeiten der Krise erfordern ein anderes Gleichgewicht von Freiheit, Gerechtigkeit und Solidarität als Zeiten anhaltender ungestörter Entwicklung. Die Einschätzung dieser Prioritäten und Dringlichkeiten ist der eigentliche Gegenstand politischer Auseinandersetzung. In der richtigen Gestaltung des Verhältnisses der Grundwerte zueinander bewährt sich der politische Auftrag zu ihrer Verwirklichung. Die Grundsatzprogrammkommission der CDU hat die Aufgabe, die Grundlagen für die Durchführung dieses Auftrages zu schaffen. Unsere Politik für Deutschland geht aus von der unlösbaren Verbindung von Innen- und Außenpolitik. Außen- und Innenpolitik bedingen einander in ihren Voraussetzungen und Folgen. Wir können unseren Beitrag zur Friedenssicherung, zur Gestaltung einer neuen Weltordnung und damit zur Lösung der Probleme in der Welt nur leisten, wenn wir durch unsere Innenpolitik den inneren Frieden sichern, Wirtschaft und Gesellschaft leistungsfähig erhalten und Freiheit und soziale Gerechtigkeit verwirklichen. Spannungen und Konflikte im Inneren beeinträchtigen die Bereitschaft und die Fähigkeit, Freiheit und Unabhängigkeit nach außen zu schützen. Umgekehrt ist die beste Sozial- und Wirtschaftsordnung, die gerechteste Gesellschaft lebensunfähig ohne eine wirksame und leistungfähige Außen- und Sicherheitspolitik.

Neben der Verwirklichung der Grundrechte im eigenen Land verleihen die Aufgaben, die uns in der Gemeinschaft der Völker gestellt sind, unserem politischen Handeln langfristig Zweck und Richtung. Sie liefern den Maßstab für den politisch richtigen Einsatz der Kräfte unseres Staates, der Wirtschaft, der gesellschaftlichen Einrichtungen und der Bürger selbst. Sie sind wesentlich mitbestimmt durch unser nationales Interesse. Ohne die Bestimmung dieses Interesses wiederum lassen sich keine eindeutigen innenpolitischen Prioritäten entwickeln, die mehr sind als das Ergebnis des jeweiligen Kräfteverhältnisses unter den gesellschaftlichen Gruppen.

Für die Strategie der CDU hat deshalb weder die Außen- noch die Innenpolitik Vorrang, sondern die Entwicklung eines an unseren nationalen Interessen ausgerichteten Gleichgewichts von Außen- und Innenpolitik. Dieses Gleichgewicht muß seinen Ausdruck auch in unserer Bereitschaft finden, unsere wirtschaftliche und gesellschaftliche Leistungsfähigkeit dienstbar zu machen dem Schutz unseres Landes vor äußerer Bedrohung und der Überwindung von Not, Elend und bedrohlichen Ungerechtigkeiten in der weltweiten Verteilung von Gütern und Chancen. Beides dient der Sicherung unserer Freiheit.

Besondere Probleme ergeben sich für unsere Außenpolitik aus dem internationalen Wettbewerb mit Staaten, die bei ihren außenpolitischen Entscheidungen nur in geringem Maße auf die innenpolitischen Auswirkungen ihres Handelns Rücksicht nehmen müssen und deshalb einen weiten außenpolitischen Handlungsspielraum haben. Ihnen müssen wir durch die Sicherung einer breiten Zustimmung der Bevölkerung zu unseren außenpolitischen Zielsetzungen und durch eine Strategie des solidarischen Handelns in der Gemeinschaft der freien Völker, insbesondere eines freien Europas begegnen.

Die außenpolitische Handlungsfähigkeit unseres Staates erfordert somit unter den gegenwärtigen Bedingungen, daß
– das nationale Interesse eindeutig formuliert,
– die nationale Identität gestärkt,
– der politische Konsensus über unsere außenpolitischen Ziele erweitert
– und die Einsicht in die Notwendigkeit gesichert wird, die gesellschaftlichen Interessen und Bedürfnisse den Gesamtinteressen auch insoweit unterzuordnen, als sie durch die Bedingungen der außenpolitischen und außenwirtschaftlichen Handlungsfähigkeit bestimmt werden.

Unsere einheitliche Gesamtstrategie im außen- und innenpolitischen Bereich verlangt, daß wir das Verhältnis der öffentlichen Ausgaben für den sicherheitspolitischen, außenwirtschaftlichen und den sozial- und gesellschaftspolitischen Bereich überprüfen. Das Ergebnis dieser Überprüfung muß der größeren Bedeutung außen- und sicherheitspolitischer Aufgaben Rechnung tragen. Ihre Finanzierung berührt weniger bestehende Verpflichtungen und gesetzliche Zusagen als vielmehr die Zuweisung des künftigen Zuwachses der Einnahmen im Rahmen der öffentlichen Haushalte. Die Sicherung eines solchen Zuwachses durch angemessenes Wachstum der eigenen Volkswirtschaft ist somit auch aus Gründen der außenpolitischen Handlungsfähigkeit unerläßlich.

1. Deutschland und die Welt

Unsere wichtigste außenpolitische Aufgabe ist die Sicherung unserer nationalen Existenz in Freiheit durch unseren aktiven Beitrag zum Frieden in der Welt.

Wir leisten diesen Beitrag durch
– die Verteidigung der Freiheit und Menschenwürde,
– den Kampf für die Menschenrechte,
– den Abbau von Spannungen und Konflikten im innerdeutschen Verhältnis und im Ost-West-Verhältnis,
– unsere Mitarbeit bei der Einigung Europas,
– unsere Mitwirkung bei der Sicherung und Festigung des Atlantischen Bündnisses,
– unsere Teilnahme bei der weltweiten, wirtschaftlichen und politischen Zusammenarbeit aller Völker,
– unser Engagement in den Entwicklungsländern.

1.1 Deutschland- und Ostpolitik

Das Ziel unserer Deutschlandpolitik ist: Freiheit und Einheit für das ganze deutsche Volk zu erringen. Bis das deutsche Volk in freier Selbstbestimmung über seine Einheit entschieden hat, ist die Bundesrepublik mit West-Berlin als freier Teil Deutschlands Treuhänder einer freiheitlichen Verfassung auch für die Menschen im unfreien Deutschland. Deshalb muß die deutsche Frage rechtlich und politisch offengehalten werden. Um die Einheit der Nation zu erhalten und zu bestätigen, unterstützen und fördern wir die Aufrechterhaltung aller geistigen, kulturellen und historischen Gemeinsamkeiten. Diesem Ziel dient insbesondere auch die Verbesserung der zwischenmenschlichen Beziehungen zwischen den Teilen Deutschlands.

Die Heimatvertriebenen und Flüchtlinge wirken aufgrund ihrer persönlichen Erfahrung mit besonderer Intensität für die Einheit unseres Volkes in politischer, menschlicher und kultureller Hinsicht. Die CDU steht in Solidarität zu ihnen und ihren Rechten. Sie wird die Sachkunde der vertriebenen Deutschen bei ihrem gerechten Ausgleich mit unseren östlichen Nachbarn in Anspruch nehmen.

Als Hauptstadt eines in Freiheit geeinigten Deutschlands bleibt das freie Berlin der sichtbare Ausdruck gesamtdeutscher Hoffnungen für die in Unfreiheit lebenden Deutschen. Deshalb behält Berlin auch in Zukunft seine besondere Bedeutung. Aus diesem Grund halten wir an der Viermächteverantwortung für ganz Berlin fest. West-Berlin muß frei sowie wirtschaftlich, geistig und kulturell lebensfähig bleiben. Die Verantwortung für die Lebensfähigkeit West-Berlins trägt die Bundesrepublik Deutschland. Dieser Verantwortung ist durch Lippenbekenntnisse und finanzielle Leistungen allein nicht Genüge getan. Die Bindungen West-Berlins an die Bundesrepublik Deutschland müssen vielmehr umfassend gesichert und fortentwickelt werden. Berlin muß davor bewahrt werden, in das Abseits politischer Gleichgültigkeit zu geraten.

Für die Rechtslage Deutschlands und der Deutschen, insbesondere für das Verhältnis zwischen der Bundesrepublik Deutschland und der DDR, ist entscheidend, was das Bundesverfassungsgericht in seiner Entscheidung zum Grundvertrag und alle Fraktionen des Deutschen Bundestages in ihrer gemeinsamen Resolution vom 17. Mai 1972 als Auftrag der Bundesrepublik Deutschland formuliert und als Grenzen vertraglicher Regelung festgestellt haben. In diesem Rahmen ist es das Ziel unserer Politik: Spannungen abzubauen; der Aufrechterhaltung ideologisch bestimmter Feindbilder in der DDR entgegenzuwirken; im Wettstreit der Systeme unsere freiheitliche Demokratie offensiv zu verteidigen; für die Deutschen, denen die Menschenrechte versagt werden, einzutreten; unser geistesgeschichtliches Erbe und unsere Geschichte vor ideologischer Verfälschung zu schützen sowie den Gedanken der Einheit lebendig zu erhalten.

Gegenüber den Staaten Osteuropas sind wir trotz aller ideologischen Gegensätze zu fairer Zusammenarbeit bereit. Wir respektieren ihre unterschiedlichen nationalen Interessen und Entwicklungen. Wir sind bereit, die in der Vergangenheit geschlossenen Verträge mit Leben zu erfüllen. Dabei müssen Leistung und Gegenleistung in einem angemessenen Verhältnis zueinander stehen.

Im Verhältnis zu den Staaten Osteuropas müssen wir trotz unserer Bemühungen um eine Entspannung von der Verschärfung der ideologischen Konfrontation ausgehen. Die Staaten Osteuropas verstehen unter Entspannung etwas grundsätzlich anderes als wir. Wir müssen deshalb in der ideologischen Auseinandersetzung klare Positionen beziehen. Bei der Gestaltung unserer politischen, wirtschaftlichen und kulturellen Beziehungen mit den Staaten Osteuropas muß unseren sicherheitspolitischen Bedürfnissen uneingeschränkt Rechnung getragen werden.

In unserer Außenpolitik treten wir für die Verwirklichung der Menschenrechte in der ganzen Welt ein. Dies gilt auch gegenüber den Staaten Osteuropas und der Sowjetunion.

1.2 Europapolitik

Unsere Europapolitik ist getragen von der Überzeugung, daß die Erhaltung der Bundesrepublik Deutschland in Freiheit und Wohlstand nur in einem freien und geeinten Europa möglich ist. Dabei liegt die Sicherung unserer Freiheit nicht nur in unserem eigenen Interesse. Sie wird auch vom Auftrag unserer Verfassung gefordert, die Voraussetzungen für die Wiedervereinigung Deutschlands in Freiheit zu sichern.

Unser Beitrag zur Einigung Europas liegt im materiellen wie im geistigideellen Bereich. Wir sind bereit, für die Aufrechterhaltung, Stärkung und Sicherung der freiheitlichen Ordnung in den freien Staaten Europas Leistungen zu erbringen und einen Teil unserer Wirtschaftskraft einzusetzen.

Ebenso wie für unsere eigene freiheitliche Ordnung ist auch für eine freiheitliche Ordnung des vereinten Europas die Mitwirkung der gesellschaftlichen Gruppen unerläßlich. Unsere Politik schafft die Voraussetzungen dafür, daß die gesellschaftlichen Gruppen bei der Einigung Europas ihren Beitrag leisten können. Zu diesem Zweck wirken wir darauf hin, daß sich bei den verschiedenen Gruppen gemeinsame Grundauffassungen in den entscheidenden Fragen entwickeln und sich die europäischen Ziele zu eigen machen.

Voraussetzung für die Weiterentwicklung und Stärkung der europäischen Handlungsfähigkeit ist die Weiterentwicklung und Stärkung der Europäischen Gemeinschaft. Die Europäische Gemeinschaft ist das Zentrum der europäischen Einigungsbewegung. Sie ist die Grundlage eines freien und geeinten Europas. Voraussetzung für den Ausbau der Gemeinschaft ist die Intensivierung der deutsch-französischen Zusammenarbeit. Aus dieser Zusammenarbeit müssen der Gemeinschaft die unerläßlichen Impulse für ihr gemeinsames Handeln erwachsen.

Zu den vordringlichen Aufgaben gemeinsamen europäischen Handelns gehören im gegenwärtigen Zeitpunkt die Herausforderungen, die sich aus den Entwicklungen in Südeuropa und der Türkei ergeben. Ziel unserer Politik ist, dazu beizutragen, diese Staaten enger als bisher in den europäischen Verbund einzubeziehen und das wirtschaftliche und soziale Nord-Süd-Gefälle in Europa im Rahmen angemessener Entwicklungspläne abzubauen. Zur Verwirklichung dieses Ziels müssen die wirtschaftlichen Möglichkeiten der Bundesrepublik Deutschland direkt und durch die Organe der Europäischen Gemeinschaft verstärkt bereitgestellt werden. Wir leisten damit einen Beitrag für die Stabilität Europas als Voraussetzung seiner politischen Handlungsfähigkeit. Wirtschaftliche Leistungen der Bundesrepublik, die dazu dienen, die politische Handlungsfähigkeit Europas zu sichern, haben Vorrang vor Leistungen gegenüber anderen Drittländern einschließlich der Länder des Ostblocks. Mit der Sicherung der Handlungsfähigkeit Europas leisten wir zugleich einen unverzichtbaren Beitrag für die Dauerhaftigkeit der Atlantischen Allianz.

1.3 Das Atlantische Bündnis

Die Aufgaben, die uns in der Atlantischen Allianz gestellt sind, sind bisher nur unzureichend gelöst worden. Die Verteidigungskraft, Wirksamkeit und Leistungsfähigkeit der Atlantischen Allianz müssen dringend gestärkt werden. Ein wichtiger Beitrag dazu ist die weitgehende Vereinheitlichung der Waffensysteme. Die ständig zunehmende Last der Verteidigungskosten kann nur durch eine Standardisierung der militärischen Ausrüstungen gemindert werden. Dabei muß dem Interesse Europas an der Aufrechterhaltung einer leistungsfähigen Rüstungsindustrie Rechnung getragen werden.

Unbeschadet aller militärischen und sicherheitspolitischen Erfordernisse hängt der dauerhafte Bestand der Allianz davon ab, daß die Staaten, die sie tragen, in ihren grundlegenden Zielen und Werten übereinstimmen. Die Sicherung und Erhaltung dieser Übereinstimmung innerhalb der Allianz ist ein wichtiges Ziel unserer Politik.

Die Zusammenarbeit der atlantischen Partner darf sich jedoch nicht in der Verteidigung unserer Freiheit erschöpfen. Daneben ist heute den Herausforderungen zu begegnen, die aus dem raschen Wandel und den ständig wachsenden Abhängigkeiten in der Welt herrühren. Diese Herausforderungen können wir Europäer nur gemeinsam mit unseren atlantischen Partnern umfassend und nachhaltig lösen. Sie erfordern, daß wir unsere bisherige Zusammenarbeit in einer Vielzahl von Bereichen intensivieren. Dazu gehört die weitere Gestaltung und Entwicklung unserer freiheitlichen und demokratischen Strukturen auf der Grundlage unseres gemeinsamen politischen, kulturellen und religiösen Erbes.

1.4 Außenwirtschaftspolitik

Unsere außenpolitische Handlungsfähigkeit ist jedoch nicht nur bestimmt durch unsere eigene nationale Handlungsfähigkeit und die Handlungsfähigkeit Europas sowie des Atlantischen Bündnisses. Sie ist auch abhängig von der Handlungsfähigkeit aller jener Völker, mit denen wir zusammenarbeiten oder mit denen wir bei der Lösung der weltweiten Wirtschafts- und Verteilungsprobleme im Wettbewerb stehen.

Die Handlungsfähigkeit dieser Völker zu sichern und zu stärken liegt deshalb in unserem eigenen Interesse. Wenn das Ausland unsere Exporte nicht mehr bezahlen kann, verlieren wir im eigenen Land Arbeitsplätze. Wenn Entwicklungsländer ohne Rohstoffe und Energiebasis ihre Menschen nicht mehr ernähren können, wird eine beschleunigte weltweite Radikalisierung die Folge sein. Sie wird nicht nur die Sicherheit der betroffenen Länder, sondern auch unsere Sicherheit bedrohen.

Bei der Abwehr dieser Bedrohung spielt unsere eigene Außenwirtschaftspolitik sowie unsere Mitwirkung bei der europäischen Außen-

216

wirtschaftspolitik eine wichtige Rolle. Als stärkste Wirtschaftsmacht der Europäischen Gemeinschaft und als eine führende Welthandelsnation muß die Bundesrepublik Deutschland ihre außenwirtschaftlichen Interessen im Zeichen internationaler Verantwortung wahrnehmen.

1.5 Entwicklungspolitik

Die Entwicklungspolitik hat eine doppelte Aufgabe zu erfüllen. Sie muß zum wirtschaftlichen und sozialen Fortschritt der Entwicklungsländer beitragen und dadurch deren Chance verbessern, ihre Probleme in Zukunft selbst meistern zu können. Gleichzeitig muß sie einen Beitrag zur Sicherung unserer eigenen Existenz leisten.

Entwicklungspolitik ist eine Investition in die Zukunft aller. Zugleich ermöglicht sie unsere Mitwirkung bei der Neugestaltung der Weltwirtschaftsordnung. Durch diese Mitwirkung wollen wir erreichen, daß die Grundsätze des freien Welthandels aufrechterhalten und weiter ausgebaut werden. Wir sind bereit, unsere Märkte den Entwicklungsländern zu öffnen. Gleichzeitig müssen wir aber auch sicherstellen, daß unser Zugang zu den Energie- und Rohstoffquellen und den neuen Märkten der Entwicklungsländer gesichert bleiben.

Zur Verwirklichung unserer Ziele muß die deutsche Entwicklungspolitik stärker in die Gesamtpolitik eingeordnet werden. Sie ist eng mit der Außenpolitik, der Außenwirtschaftspolitik, der Sicherheitspolitik und der auswärtigen Kulturpolitik zu koordinieren. Dabei entspricht es den deutschen Interessen, wenn für die Durchführung unserer Entwicklungspolitik europäische Einrichtungen benutzt werden. Darüber hinaus ist die Entwicklungspolitik ein Bereich, in dem stärker als bisher europäische Initiativen zu entfalten sind.

In Anbetracht der unterschiedlichen Entwicklungen in der Dritten und Vierten Welt ist auch in der Entwicklungspolitik zu differenzieren. Gegenüber den Ländern der Vierten Welt, die um ihr Überleben ringen, muß die Hilfe überproportional gesteigert werden. Es müssen Mittel und Wege gefunden werden, neben finanzieller Hilfe auch die Arten von Dienstleistungen bereitzuhalten, die zum Aufbau einer leistungsfähigen Infrastruktur in diesen Ländern notwendig sind. Unser Bildungssystem muß unsere Fähigkeit sichern, solche Dienstleistungen zu erbringen.

Gegenüber den weiter fortgeschrittenen Ländern der Dritten Welt muß an die Stelle der Hilfe weitgehend der Handel treten. Auch hier müssen Leistungen erbracht werden, die über den Rahmen des rein Wirtschaftlichen hinausgehen und die langfristigen wirtschaftlichen und politischen Beziehungen zu diesen Ländern sichern (Ausbildung, Berufsbildung, Technologie, Forschung und Entwicklung). Unsere Fähigkeit, entsprechende Leistungen unter Berücksichtigung der politischen, kulturellen und historischen Besonderheiten der Entwicklungsländer anzubieten, wird langfristig über unsere eigene Rolle in der Welt und damit auch unsere Wohlfahrt entscheiden. Sie zu sichern und auszubauen, muß eine vorrangige Aufgabe unseres Bildungswesens werden.

Im Rahmen der Entwicklungshilfe sollten solche Länder Vorrang genießen, die uns und der Europäischen Gemeinschaft politisch oder wirtschaftlich besonders verbunden sind.

2. Aufgaben innerhalb der Bundesrepublik Deutschland

Schwerpunkte unserer Politik sind
– die Wiedergewinnung wirtschaftlicher Stabilität und die Erhaltung und Steigerung der Leistungsfähigkeit unserer Wirtschaft,
– die Lösung gesellschaftspolitischer Aufgaben und die Neue Soziale Frage,
– die Verbesserung der Handlungsfähigkeit von Staat und Gesellschaft.

2.1 Wirtschafts- und Finanzpolitik

Wichtigstes Ziel einer freiheitlichen Wirtschaftspolitik ist die Wiedergewinnung und langfristige Erhaltung der gesamtwirtschaftlichen Stabilität. Von den wichtigsten Zielen der Wirtschaftspolitik – Vollbeschäftigung bei Stabilität, angemessenes Wachstum und außenwirtschaftliches Gleichgewicht – ist zur Zeit keines verwirklicht. Inflation, Stagnation und Arbeitslosigkeit führen zu schweren Nachteilen für den einzelnen und zu sozialen Ungerechtigkeiten. Sie gefährden die politische Stabilität unseres Landes.

Die Hauptaufgabe einer erfolgreichen Stabilitätspolitik ist die Beseitigung der Inflation. Sie ist die entscheidende Ursache für die wirtschaftliche Stagnation und Arbeitslosigkeit. Die gewaltige Erhöhung des privaten und öffentlichen Verbrauchs ging zu Lasten der Investitionen und damit zu Lasten des Wachstums der Wirtschaft und der Sicherheit der Arbeitsplätze. Darüber hinaus hat die Investitionsbereitschaft der deutschen Wirtschaft unter der investitionsfeindlichen Politik der SPD/FDP-Koalition gelitten. Die Wiedergewinnung von Stabilität, Wachstum und Arbeitsplatzsicherheit setzt eine kräftige Wiederbelebung der privaten und öffentlichen Investitionstätigkeit und eine wirtschaftliche Ausnutzung vorhandener Mittel – vor allem im öffentlichen Bereich – voraus.

Unsere Politik zur Wiedergewinnung und dauerhaften Sicherung der Stabilität hat folgende Ziele:

– Wiederherstellung des Vertrauens der Bürger in eine konsequente Politik der Sozialen Marktwirtschaft;

– Verbesserung der Investitionskraft der deutschen Wirtschaft durch die Wiederherstellung des Gleichgewichts zwischen ihrer Leistungsfähigkeit und Belastbarkeit sowie die Erweiterung der Möglichkeiten breiter Bevölkerungskreise, sich an der Unternehmensfinanzierung zu beteiligen;

– Ausrichtung der Geldmenge, der öffentlichen Haushalte und der Lohn- und Gehaltssteigerungen am volkswirtschaftlichen Leistungsvermögen.

Entscheidend für die Wiedergewinnung der Stabilität ist die Wiederherstellung des Vertrauens der Bürger in eine konsequente Politik der Sozialen Marktwirtschaft. Die Soziale Marktwirtschaft gewährleistet besser als jede andere Wirtschafts- und Gesellschaftsordnung die notwendige Anpassung der Gesellschaft an die veränderten Umweltbedingungen und ermöglicht die Bewältigung des Wandels in Freiheit. Die Unterlassung notwendiger Anpassungsprozesse verschärft die sozialen Konflikte von morgen. Die Bewältigung des Wandels in Freiheit gehört zu unseren zentralen politischen Aufgaben. Ihre Erfüllung erfordert die Bereitschaft der Bevölkerung, an den notwendigen strukturellen Veränderungen mitzuwirken, auch unpopuläre Entscheidungen hinzunehmen und soweit wie möglich sozialen Konflikten vorzubeugen.

Die Soziale Marktwirtschaft gewährleistet die für die Anpassungsfähigkeit der Wirtschaft erforderlichen Marktstrukturen. Wichtig ist hierbei vor allem die Sicherung einer gesunden mittelständischen

Wirtschaft. Mittelständische Unternehmen können sich oft besser auf rasche Veränderungen der Marktlage einstellen als Großunternehmen. Erfindungsgeist und Initiative, Bereitschaft zum unternehmerischen Risiko und die Erschließung neuer Möglichkeiten sind bei vergleichbarem Aufwand in der mittelständischen Industrie oft höher entwickelt als in Großunternehmen. Die mittelständischen Unternehmen in Handwerk, Gewerbe und Handel erfüllen deshalb eine unverzichtbare Aufgabe in einer sich wandelnden Gesellschaft. Ziel unserer Politik ist deshalb, die Leistungsfähigkeit der mittelständischen Unternehmen zu stärken, ihre Chancengleichheit im Markt zu sichern, geeignete Instrumente zur Beschaffung von Haftungskapital bereitzustellen, steuerrechtliche Benachteiligungen abzubauen und durch eine konsequente Wettbewerbspolitik die Gefährdung ausgewogener Marktstrukturen zu verhindern.

Übermäßige Unternehmenskonzentrationen sind freiheitsgefährdend und erschweren die notwendigen Anpassungsprozesse. Ihnen ist durch entschlossene Anwendung der Wettbewerbsgesetze zu begegnen. Soweit erforderlich, ist die Wettbewerbsgesetzgebung, vor allem im Bereich der Fusionskontrolle, zu verbessern. Durch eine europäische Wettbewerbspolitik ist sicherzustellen, daß der für die Marktwirtschaft unverzichtbare Wettbewerb auch bei multinationalen Unternehmen gewährleistet ist.

Die Grundsätze der Sozialen Marktwirtschaft sind jedoch nicht auf den Bereich der gewerblichen Wirtschaft beschränkt. Sie sind auch in Bereichen, wie dem Gesundheits- und Bildungswesen, dem Umweltschutz oder der Energieversorgung anwendbar. Zwar kann das Angebot in diesen Bereichen nicht wie bei industriellen Gütern und Dienstleistungen über Märkte organisiert und gesteuert werden. Die Güter und Leistungen dieser Bereiche können jedoch ebenso wie industrielle Güter und Dienstleistungen dezentralisiert, leistungsbezogen und im Wettbewerb erbracht werden. Unsere Politik erstrebt freiheitliche und soziale Lösungen auch in jenen Bereichen von Wirtschaft und Gesellschaft, die nicht ausschließlich über Märkte gesteuert werden können.

Die Verwirklichung dieses Ziels erfordert Initiativen vom einzelnen und von den Verbänden, freien Trägern und genossenschaftlichen Organisationen. Unsere Politik sichert den notwendigen Freiraum für

Initiative und verschafft den Grundsätzen der Subsidiarität, Selbstverwaltung und Selbsthilfe auch in der nachindustriellen Gesellschaft Geltung. Diese Politik steht im Gegensatz zur sozialistischen Strategie, die unsere Wirtschafts- und Gesellschaftsordnung durch die Übertragung immer größerer Wirtschafts- und Dienstleistungsbereiche auf den Staat und öffentliche Einrichtungen von Grund auf verändern will. Nach dieser Strategie soll der Staat zum größten Anbieter von Gütern und Dienstleistungen werden.

Durch die Übernahme eines wesentlichen Teils der Dienstleistungen durch den Staat wird dessen Finanzkraft sowie seine Leistungs- und Steuerungsfähigkeit überfordert. Noch schwerer wiegt, daß dem Staat auf diese Weise wirtschaftliche und gesellschaftliche Macht zuwächst, die zu einer zunehmenden Abhängigkeit des einzelnen von staatlichen und öffentlichen Einrichtungen und damit zu einer Abnahme individueller Freiheit führt. Dabei ist der Bürger, der in allen Lebensbereichen vom Staat betreut wird, außerstande, diesen Staat politisch noch wirksam zu kontrollieren.

Die Durchsetzung einer freiheitlichen Ordnungspolitik ist in der nachindustriellen Dienstleistungsgesellschaft eine politische Herausforderung, die mit der Durchsetzung der marktwirtschaftlichen Ordnung nach der Währungsreform im Jahre 1948 verglichen werden kann. Unsere Politik zielt darauf ab, so wie damals auch heute die Initiative des einzelnen zu mobilisieren und die Bereitschaft der Bevölkerung zu eigener Leistung und zur Mitwirkung zu wecken. Individuelle Initiative und Leistung sind für die Bewältigung der vor uns liegenden Probleme unerläßlich.

Um die Investitionskraft der deutschen Wirtschaft als Voraussetzung der Vollbeschäftigung wiederherzustellen, muß ein mittelfristiges, einkommenspolitisches Konzept mit dem Ziel entwickelt werden, eine stabilitätsgerechte Lohn- und Gehaltspolitik im gewerblichen und öffentlichen Bereich zu sichern. Voraussetzung für die Verwirklichung eines solchen Konzeptes ist die Gewährleistung von Verteilungsgerechtigkeit bei Einkommen und Vermögen. Die Wiederherstellung der Investitionskraft der deutschen Wirtschaft darf nicht zu Verteilungsungerechtigkeiten im Bereich der Vermögensbildung führen. Die von der CDU angestrebte Vermögensbildung in Arbeitnehmerhand dient diesem Ziel. Der Staat soll im wirtschaftlichen Bereich grundsätzlich nicht selbst investieren. Er kann durch eine Rückführung der globalen Belastung auf die reale Leistungsfähigkeit der Wirtschaft, durch die Forderung technologischer Entwicklungen und durch die Verbesserung der Instrumente des Kapitalmarktes die privatwirtschaftliche Initiative und Risikobereitschaft fördern. Soweit staatliche Investitionen ausnahmsweise erforderlich sind, soll die Möglichkeit erhalten bleiben, sie zu privatisieren. Auf diese Weise wird der Ballung wirtschaftlicher Macht in den Händen der öffentlichen Verwaltung entgegengewirkt.

Für die CDU ist eine leistungs- und wettbewerbsfähige Land-, Forst- und Ernährungswirtschaft unverzichtbarer Bestandteil unserer freiheitlichen Wirtschafts- und Gesellschaftsordnung. Die Land-, Forst- und Ernährungswirtschaft dient der Erzeugung qualitativ hochwertiger Nahrungsmittel, der Sicherung einer angemessenen Nahrungsmittelversorgung aus eigener Produktion, der Erhaltung einer schönen und gesunden Umwelt und der Gewährleistung breitgestreuten Eigentums. Die bäuerlich strukturierte Landwirtschaft mit Voll-, Zu- und Nebenerwerbsbetrieben ist eine entscheidende Voraussetzung für die Leistungsfähigkeit ländlicher Räume.

Für die CDU ist die Agrarpreispolitik das entscheidende Einkommenselement für die Landwirtschaft. Sie ist zu ergänzen durch den weiteren Ausbau der sozialen Sicherung der Landwirte. Der Verbesserung der Lebens- und Arbeitsbedingungen der in der Landwirtschaft tätigen Menschen, vor allem der Bäuerinnen, ist besondere Aufmerksamkeit zu widmen. Der Strukturwandel in der Land-, Forst- und Ernährungswirtschaft ist durch die Agrarstrukturpolitik zu unterstützen; dabei sind die besonderen Förderungsbedürfnisse von Regionen und Betrieben entsprechend zu berücksichtigen.

Die Sanierung der öffentlichen Haushalte erfordert, finanzpolitische Prioritäten zu setzen und den Anteil der öffentlichen Investitionen gegenüber den laufenden Ausgaben zu vergrößern. Die ziellose Ausgabenwirtschaft der letzten Jahre kann nicht länger fortgesetzt werden. Sie hat zu einer schnell wachsenden Verschuldung und damit zu einer immer drückender werdenden Zinsbelastung der öffentlichen Hand geführt. Auf Dauer zerstört sie die Grundlagen unserer wirtschaftlichen und finanziellen Leistungsfähigkeit.

Zur Sanierung der öffentlichen Haushalte trägt bei

– die Entlastung des Staates im Dienstleistungsbereich durch nichtstaatliche Leistungsträger,

– die umfassende Reform der öffentlichen Verwaltung einschließlich der Überprüfung der einschlägigen Gesetzgebung mit dem Ziel, Personalkosten einzusparen,

– die Steigerung der Wirksamkeit und Gerechtigkeit des sozialpolitischen Aufwandes. Hierzu gehören die Überprüfung einkommensunabhängiger Vergünstigungen, die Überprüfung des Ausbildungsförderungsgesetzes und die Ausweitung der Darlehensfinanzierung bei der Stipendiengewährung,

– der Abbau von Subventionen, die Strukturanpassungen verhindern oder verzögern,

– die energische Rationalisierung von Bundesbahn und Bundespost unter Einschluß der Beseitigung überholter Vergünstigungen.

Zusammen mit der Wiederherstellung von Preisstabilität, Vollbeschäftigung und Wirtschaftswachstum muß dem Problem der Qualität des Wachstums Rechnung getragen werden. Wirtschaftliches Wachstum heißt nicht nur Vermehrung von Gütern und Dienstleistungen, sondern auch Steigerung des sozialen Wohlbefindens der Menschen durch menschengerechte Siedlungsstrukturen, Verbesserung des Umweltschutzes, nachhaltige Sicherung der Energieversorgung, Vermögensbildung und Humanisierung der Arbeitswelt. Besondere Bedeutung hat die gleichgewichtige Entwicklung aller Regionen unseres Landes. Während in den Ballungsräumen die Lebensbedingungen der Menschen durch die zu hohe Verdichtung von Bevölkerung und Produktionsstätten beeinträchtigt sind, fehlen in vielen ländlichen Gebieten die strukturellen Voraussetzungen für die freie Entfaltung der Bürger. Es ist daher notwendig, Raumordnungspolitik, Städtebau- und Wohnungsbaupolitik, regionale Wirtschaftspolitik sowie Agrar- und Verkehrspolitik stärker als bisher einzusetzen, um die Wachstumschancen der ländlichen und abgelegenen Regionen zu sichern und eine dezentrale Siedlungs- und Wirtschaftsstruktur zu gewährleisten. Wichtige Maßnahmen, die zur Verwirklichung dieser Ziele durchzuführen sind, hat die CDU bereits 1973 mit ihren gesellschaftspolitischen Beschlüssen auf dem Hamburger Parteitag aufgezeigt.

2.2 Gesellschaftspolitische Aufgaben und die Neue Soziale Frage

Im Bereich der Gesellschaftspolitik müssen

– die gesellschaftspolitischen Ziele weiter verwirklicht und ausgebaut werden, die durch die Soziale Marktwirtschaft, die bestehenden sozialen Einrichtungen und unsere Hamburger Parteitagsbeschlüsse aus dem Jahre 1973 vorgezeichnet sind,

– die neuen sozialen Probleme gelöst werden, die durch das veränderte Verhältnis zwischen organisierten und nichtorganisierten Interessen, die unausgewogene Verteilung sozialer Lasten und Leistungen und durch die Entstehung neuer sozial schwacher Gruppen entstanden sind; das bedeutet nicht in erster Linie Vermehrung, sondern die Verbesserung des Einsatzes und der Wirksamkeit der für die sozialen Aufgaben zur Verfügung stehenden Mittel,

– Eigenverantwortung und Solidarität gestärkt werden, um die sozialen Hilfen stärker als bisher auf die wirklich hilfsbedürftigen Fälle konzentrieren zu können.

Bei der Verwirklichung der gesellschaftspolitischen Ziele, die durch unsere freiheitliche und soziale Wirtschafts- und Gesellschaftsordnung vorgezeichnet sind, haben wir in der Vergangenheit wichtige Erfolge errungen. Vor allem in der Zeit nach dem Zweiten Weltkrieg wurde unter der politischen Führung der Unionsparteien der Konflikt zwischen Arbeit und Kapital erheblich entschärft. Dem berechtigten Anliegen der sozialen Bewegung, bessere Arbeits- und Lebensbedingungen für die breiten Schichten des Volkes zu schaffen, wurde in vielfältiger Weise Rechnung getragen. Die Arbeitnehmer sind dank unserer Politik heute besser denn je vor wirtschaftlichen Risiken geschützt.

Die umfassende Verbesserung der Arbeits- und Lebensbedingungen der breiten Schichten des Volkes war ein wichtiger Schritt auf dem Wege zu größerer sozialer Gerechtigkeit. Mit ihrem Programm der Verbesserung der beruflichen Bildung, dem Ausbau der Mitbestimmung und der Vermögensbildung in Arbeitnehmerhand setzt die CDU diesen Weg fort. Durch die Reform der beruflichen Bildung sollen für die heranwachsenden Generationen bessere Berufs- und Lebenschancen geschaffen werden. Durch den Ausbau der Mitbestimmung wird der persönliche Entscheidungs- und Verantwortungsbereich von Millionen

Arbeitern und Angestellten erweitert. Unsere Vermögenspolitik stärkt die wirtschaftliche Freiheit unserer Bürger. Sie macht aus wirtschaftlich Abhängigen Teilhaber der Wirtschaft. Durch alle diese Maßnahmen erstrebt die CDU eine weitere Stärkung der Stellung des Arbeitnehmers im Unternehmen und einen grundlegenden Wandel des Verhältnisses von Arbeit und Kapital. Arbeitnehmer, Kapitaleigner und Unternehmensleitung sollen künftig in einem partnerschaftlichen Verhältnis zueinander stehen. Die Verwirklichung dieses Ziels wurde bisher durch die Mehrheit der SPD/FDP-Koalition im Bundestag vereitelt.

Neben den bisherigen gesellschaftspolitischen Aufgaben sind in Zukunft aber auch noch andere drängende Probleme zu lösen. Zu dem Konflikt zwischen Arbeit und Kapital sind Konflikte zwischen organisierten und nichtorganisierten Interessen, zwischen Minderheiten und Mehrheiten, zwischen Stadt und Land und zwischen den Machtausübenden und Machtunterworfenen innerhalb der organisierten gesellschaftlichen Gruppen getreten.

Zu den Mächtigen in unserer Gesellschaft gehören heute nicht mehr allein die Kapitaleigner, sondern Kapitaleigner und Arbeitnehmer zusammen. Kapitaleigner und Arbeitnehmer sind heute in mächtigen Verbänden organisiert, die nicht nur die jeweiligen Sonderinteressen ihrer Mitglieder gegenüber der anderen Seite durchzusetzen versuchen, sondern die ebenso wirkungsvoll ihre Sonderinteressen gegenüber den nichtorganisierten Bevölkerungsgruppen behaupten. Die Nichtorganisierten, alte Menschen, Mütter mit Kindern oder die nicht mehr Arbeitsfähigen, sind den organisierten Verbänden in aller Regel unterlegen. Hier stellt sich die Neue Soziale Frage.

Die verbreitete Neigung, die mit ihr verbundenen Konflikte unbeachtet zu lassen, ist darauf zurückzuführen, daß in unserer Gesellschaft Interessenkonflikte zwischen Organisierten und Nichtorganisierten oder zwischen Erwerbstätigen und nicht mehr im Beruf Stehenden häufig zugunsten des Stärkeren und zu Lasten des Schwächeren entschieden werden. Die Politik der gegenwärtigen Bundesregierung beruht geradezu auf einem Bündnis der Starken gegen die Schwachen. Da die Schwachen – die Nichtorganisierten, die Alten und die Kinder – als Gruppe keine Mehrheit bilden, besteht für sie darüber hinaus die Gefahr, daß sie in unserer Gesellschaft auch politisch benachteiligt werden. Eine solche Entwicklung entspricht nicht unserem Verständnis von Solidarität und ist mit unserer Verfassung, insbesondere mit den in ihr verankerten Grundrechten und mit dem Sozialstaatsprinzip, unvereinbar.

Der Staat kann die neuen sozialen Fragen nur lösen, wenn er bereit und in der Lage ist, sich der wirklichen sozialen Probleme in unserem Land anzunehmen. Ein Sozialvertrag zwischen Staat, Wirtschaft und Gewerkschaften ist ungeeignet, den berechtigten Anliegen der Schwachen in unserer Gesellschaft Rechnung zu tragen.

Die bisherige Betonung des Konfliktes zwischen Arbeit und Kapital hat häufig die Probleme der wirklich Schwachen und Bedürftigen in unserer Gesellschaft verdeckt. Hierzu gehören die schwierige Stellung der Frau mit ihrer oft unerträglichen Mehrfachbelastung von Erwerbstätigkeit, Kindererziehung und Haushaltsführung, die Wahrung der Menschenwürde im Alter, die Lage der Gastarbeiter, die soziale Sicherung älterer Selbständiger, die Probleme der Kinder in einer Welt der Erwachsenen, die Frage der Erziehungsfähigkeit unserer Familien und die Schwierigkeiten von Behinderten und Alleinstehenden. Hinzu kommen Probleme wie die Zerstörung der Umwelt, inhumane Stadtplanungen, familienfeindliche Wohnungen und Krankheiten, die durch unsere Lebens- und Arbeitsverhältnisse mitbedingt sind.

Die neuen sozialen Probleme erfordern eine Fortentwicklung der Sozialpolitik. Dabei geht es in unserem Land, in dem die Bürger bereits 1975 300 Milliarden DM für soziale Aufgaben aufwenden, nicht in erster Linie um eine Erhöhung des Anteils am Sozialprodukt. Wichtiger ist vielmehr die Verbesserung der sozialen Wirksamkeit dieser Mittel und die Gewinnung ausreichender Bewegungsspielräume, um auch die Probleme der Neuen Sozialen Frage lösen zu können.

Zu den Bereichen, in denen ein verbesserter Einsatz finanzieller Mittel möglich ist, gehört die Familie. Die Familie ist als Lebens- und Erziehungsgemeinschaft der wichtigste Ort individueller Geborgenheit und Sinnvermittlung. Ihre Funktionsfähigkeit wird gegenwärtig geschwächt. Dazu gehört auch der Versuch, Aufgaben der Familie auf Staat und Gesellschaft zu verlegen. Die abnehmende Funktionsfähigkeit der Familie führt zu einer ständigen Zunahme von körperlichen und geistigen Störungen bei Kindern, Jugendlichen und Erwachsenen.

Ziel unserer Politik ist deshalb die Stärkung der Familie und – wo erforderlich – ihre Unterstützung bei der Erfüllung ihrer Aufgaben. Durch die Forderung der Entfaltung des Menschen, insbesondere der Kinder und Jugendlichen in der Familie, beugen wir zerstörerischen Entwicklungen vor, wie sie in Alkoholismus, Drogenkonsum und Kriminalität zum Ausdruck kommen. Die nachträgliche Beseitigung bereits eingetretener Schäden ist nicht nur inhuman, sondern auch unwirtschaftlich.

In engem Zusammenhang mit unserer Familienpolitik steht unsere Politik für die Frau. Die Gleichberechtigung von Mann und Frau ist in allen Bereichen des Lebens uneingeschränkt zu verwirklichen. Dabei ist die Stellung der Frau so zu gestalten, daß sie weder sozial noch gesellschaftlich, noch wirtschaftlich benachteiligt wird, wenn sie entweder vornehmlich in der Familie oder vornehmlich in einem Beruf tätig ist. Besondere Bedeutung hat dabei die Ausgestaltung der Alterssicherung der Frau. Die eigenständige soziale Sicherung der Frauen, die Gewährung von Erziehungsgeld und das familienpolitische Programm sind einige unserer Antworten auf die neuen sozialen Fragen in diesem Bereich. Ihre Verwirklichung hängt ab von der Wiedergewinnung wirtschaftlicher Stabilität.

Auch im Bereich der staatlichen Fürsorge für alte und hilfsbedürftige Menschen können die finanziellen Mittel besser als bisher eingesetzt werden. Umfassende Abhängigkeiten des einzelnen von der Gemeinschaft, wie sie heute häufig geschaffen werden, sind nur in besonderen Notlagen gerechtfertigt. In der Regel müssen staatliche Maßnahmen darauf hinwirken, die eigenständige Lebensführung und Entscheidungsfreiheit alter und hilfsbedürftiger Menschen soweit wie möglich zu erhalten und gegebenenfalls wiederherzustellen. Maßnahmen hierfür sind der Bau alten- und invalidengerechter Wohnungen, der Ausbau ambulanter sozialer Dienste und die Betreuung dieser Menschen in ihren angestammten Lebensbereichen. Besonders wichtig ist allerdings, daß die Bürger wieder stärker als bisher freiwillige soziale Dienste und Leistungen füreinander erbringen. Nur so kann einem der größten Probleme alter und hilfsbedürftiger Menschen, nämlich ihrer Vereinsamung, begegnet werden. Unsere Politik zielt darauf ab, die Bereitschaft der Bürger zum Dienst am Mitmenschen zu wecken und zu stärken.

Im Bereich des Gesundheitswesens ist ein besserer Einsatz der finanziellen Mittel besonders dringend erforderlich. In diesem Bereich steigen Kosten und Ansprüche außerordentlich schnell an. Künftig müssen wir Erwartungen, Leistungsvermögen und Leistungsbereitschaft besser als bisher miteinander in Einklang bringen, wenn unser Gesundheitswesen nicht schon in Kürze wegen finanzieller Schwierigkeiten zusammenbrechen soll. Unser Ziel ist die Bewahrung und der Ausbau der sozialen Sicherheit, insbesondere auch im Gesundheitswesen. Gerade deshalb können wir aber in unserer Gesundheitspolitik nicht auf den Gedanken der Wirtschaftlichkeit verzichten.

Um die soziale Wirksamkeit der Aufwendungen im Bereich des Gesundheitswesens zu erhöhen, müssen seine Strukturen verbessert werden. Alle Beteiligten, also Ärzte, Krankenhausträger, die Pharma- und medizinisch-technische Industrie und nicht zuletzt die Patienten, müssen zusammenwirken, um den rasch wachsenden Abstand zwischen den Ansprüchen, die sie an das System stellen, und seinen realen Möglichkeiten wieder zu verringern. Darüber hinaus muß der einzelne stärker als bisher bereit sein, Verantwortung für sich selbst und seine Umwelt zu tragen. Kein Gesundheitswesen der Welt kann auf Dauer Patienten helfen, die sich für ihre Gesundheit nicht verantwortlich fühlen.

Die Vertretung der Verbraucher in Verbraucherverbänden ist bisher noch nicht ausreichend, um ihre Interessen gegenüber den Produzenten angemessen wahrzunehmen. Ihre Interessenvertretung muß deshalb im Rahmen unserer freiheitlichen Marktwirtschaft verbessert werden. Besondere Bedeutung hat hierbei die individuelle Befähigung des Bürgers, seine Interessen zur Geltung zu bringen. Eine umfassende Verbraucheraufklärung und -information durch den Staat und durch öffentliche oder privatwirtschaftliche Einrichtungen dienen diesem Zweck. Verbraucheraufklärung und -information müssen deshalb verstärkt und ausgebaut werden.

Die Stärkung der Familie und die Verbesserung der sozialen Dienste, des Gesundheitswesens oder der Verbraucherpolitik ist ohne die Mitwirkung der Bürger nicht möglich. Diese Mitwirkung liegt im Interesse des einzelnen selbst. Sie zu fördern, ist Aufgabe der Bildungspolitik. Das Bildungswesen muß die Grundlagen für das Engagement des einzelnen in der Gemeinschaft schaffen und die individuelle Bereitschaft zu

Leistung, Solidarität und Verantwortung wecken. Die Vermittlung von Kenntnissen und Fertigkeiten, Einsichten und Wertvorstellungen ist eine unverzichtbare Voraussetzung für die Leistungsfähigkeit einer modernen Industriegesellschaft und den Bestand eines lebendigen demokratischen Staatswesens. Dabei gebietet die Unterschiedlichkeit der Menschen ein ausreichend differenziertes Bildungsangebot.

Ein vorrangiges Ziel unserer Bildungspolitik ist es, einen Beitrag zur Verbesserung der beruflichen Chancen der Jugendlichen zu leisten. Dazu gehören die Beseitigung des Lehrstellenmangels und die Milderung des Numerus Clausus an den Hochschulen. Es ist im Interesse der jungen Generation und der Zukunft unserer Gesellschaft unverantwortlich, im Bildungsbereich mehr zu sparen als in anderen Bereichen. Insbesondere die Änderung der Produktionsstruktur, die Zunahme des Dienstleistungssektors und des Freizeitbereiches erfordern eine weitere Verbesserung von Bildung und Ausbildung. Es ist notwendig, sich im Bildungsbereich, insbesondere an den Hochschulen, kostenbewußter zu verhalten und eine vollständige Ausschöpfung der Ausbildungskapazitäten zu erreichen.

Das einseitige Anspruchsdenken, das von der SPD/FDP-Koalition in den letzten Jahren in unvertretbarer Weise gesteigert wurde, ist keine geeignete Grundlage für die Lösung der vor uns liegenden Probleme. Wir müssen die Bürger wieder von der Notwendigkeit überzeugen, sich für das Wohl ihrer Mitbürger und des Gemeinwesens einzusetzen. Unser Leitbild ist der sozial engagierte und motivierte Bürger, der über den eigenen Interessen nicht die Bedürfnisse seiner Mitbürger und des Gemeinwesens vergißt. Was das Gemeinwesen für den Bürger leisten soll, kann es nur durch die Bürger leisten. Ein Gemeinwesen, das allen dient, muß auch alle – je nach ihren Kräften – in Pflicht nehmen.

2.3 Die Verbesserung der Handlungsfähigkeit von Staat und Gesellschaft
Die Handlungs- und Leistungsfähigkeit von Staat und Gesellschaft müssen gesteigert werden, wenn wir den zunehmenden Belastungen im Inneren und von außen auch in Zukunft erfolgreich standhalten wollen. Ziel unserer Politik ist deshalb
– die Leistungs- und Handlungsfähigkeit der Gesellschaft zu steigern,
– die Entscheidungs- und Durchsetzungsfähigkeit des Staates zu stärken,

– die Wirksamkeit und Wirtschaftlichkeit der öffentlichen Einrichtungen zu erhöhen,
– die Kontrolle staatlichen Handelns durch die Bürger und die von ihnen berufenen Organe zu verbessern.

Für die Steigerung der Handlungs- und Leistungsfähigkeit unserer Gesellschaft müssen ihre dezentralen und offenen Strukturen erhalten und weiter ausgebaut werden. Bei der Erfüllung dieser Aufgabe spielen die gesellschaftlichen Gruppen und Verbände eine wichtige Rolle. Durch ihre konstruktive Mitwirkung bei der Lösung wirtschafts- und gesellschaftspolitischer Aufgaben haben wir in der Bundesrepublik Deutschland besondere Erfolge erzielt.

Voraussetzung solcher Erfolge ist die Einordnung der gesellschaftlichen Gruppen und Verbände in das gesellschaftliche Ganze und das Gemeinwohl. Das ist Ausdruck des allgemeinen sozialstaatlichen Grundsatzes, nach dem alle von der Verfassung garantierte Autonomie den Anforderungen der Gemeinwohlverträglichkeit unterworfen ist. Mit der Verwirklichung des Sozialstaatsprinzips wurde der Gedanke der Sozialpflichtigkeit von Eigentum auf alle Formen gesellschaftlicher Machtpositionen erstreckt.

Zugleich ist die Einordnung der gesellschaftlichen Gruppen in das gesellschaftliche Ganze Ausdruck ihrer begrenzten Legitimation. Im Unterschied zum Staat, der von der Gesamtheit aller Bürger legitimiert ist, vertreten die gesellschaftlichen Gruppen gesellschaftliche Teilbereiche und deren Interessen. Aus dieser unterschiedlichen Legitimation folgt, daß ein Sozialvertrag zwischen Staat und autonomen Gruppen nicht möglich ist und daß der Staat seine Autorität nicht mit den Gruppen teilen kann.

Umgekehrt können die Gruppen Verletzungen ihrer verfassungsrechtlich gewährleisteten Autonomie durch den Staat zurückweisen. Das heißt allerdings nicht, daß der Staat die gesellschaftlichen Gruppen gänzlich sich selbst überlassen darf. Die veränderte Stellung des einzelnen in der Gruppe erfordert vielmehr, daß unsere Rechtsordnung auch hinsichtlich der demokratischen Gestaltung der Gruppen und des Verhältnisses der Verbände zu ihren Mitgliedern durchgesetzt wird. Dies gilt insbesondere in den Bereichen des Minderheitenschutzes, der Ver-

230

bandspublizität, der Schiedsgerichtsbarkeit und der Sicherung der demokratischen Willensbildung im Verband. Die berechtigten Interessen und Bedürfnisse des einzelnen müssen auch im Rahmen des Verbandes berücksichtigt werden.

Die Stärkung der Stellung des einzelnen innerhalb der gesellschaftlichen Gruppen und in der Gesellschaft ist eine grundlegende Voraussetzung für die Steigerung der Handlungsfähigkeit von Staat und Gesellschaft. Nur eine Gemeinschaft, die die Freiheit des einzelnen und seine wirtschaftlichen und sozialen Entfaltungsräume achtet und sichert, kann darauf bauen, daß der einzelne seine Fähigkeiten für ihre Erhaltung einsetzt und sich mit ihr solidarisch erklärt. Eine solche freiheitliche Gemeinschaft hat aber auch einen Anspruch auf die Solidarität und Mitwirkung ihrer Bürger. Erst die Verbindung von Freiheit und Solidarität ermöglicht der Gemeinschaft, ihre Aufgaben gegenüber dem einzelnen und nach außen zu erfüllen und damit der Verwirklichung des Menschen zu dienen.

Aus der Gemeinschaftsbezogenheit individueller Freiheiten und Entfaltungsmöglichkeiten folgt, daß sich die Gemeinschaft gegen den Mißbrauch individueller Freiheitsrechte zur Wehr setzen muß. Wer die freiheitliche Grundordnung als Ganzes bedroht, gefährdet die Freiheitsrechte des einzelnen. Der Staat hat die Pflicht, diese Bedrohung abzuwenden. Ziel unserer Politik ist ein Staat, der bereit und in der Lage ist, dieser Pflicht uneingeschränkt nachzukommen. Freiheitlichkeit und Autorität des Staates sind keine Gegensätze. Sie ergänzen einander. Der freiheitliche Staat, der sich nicht gegen seine Feinde verteidigt, verspielt die Freiheit seiner Bürger.

Die Auseinandersetzung mit politischen Extremisten und Terroristen muß deshalb offensiv geführt werden. Das politische Klima der letzten Jahre, in dem Extremismus und Terrorismus gedeihen konnten, muß von Grund auf geändert werden. Extremismus und Terrorismus sind anders als bisher mit allen rechtsstaatlichen Mitteln zu bekämpfen. Die Öffentlichkeit muß rückhaltlos über das Ausmaß der Gefahr sowie über die Ziele und Methoden der kriminellen Organisationen und Verfassungsfeinde unterrichtet werden. Wer die Gefährdung der inneren Sicherheit verharmlost, unterstützt die Feinde unserer Freiheit. Feinde unserer freiheitlichen Ordnung können öffentliche Ämter nicht ausüben.

Die Autorität, die der freiheitliche Staat zur Erfüllung seiner Aufgaben benötigt, beruht auf der bewußten und freiwilligen Anerkennung seines Handelns durch die Bürger. Die Entscheidungs- und Durchsetzungsfähigkeit des Staates hängt in der freiheitlichen Demokratie nicht in erster Linie von der verfassungsrechtlichen Stellung seiner Organe, sondern von der Zustimmung seiner Bürger ab. Ein Staat, der diese Zustimmung nicht findet, ist entweder nicht freiheitlich oder nicht handlungsfähig.

Der freiheitliche Staat kann die Zustimmung der Bürger nur erwarten, wenn das Leitbild seiner Politik eine freiheitliche, gerechte und solidarische Gesellschaft ist. Dazu gehören die unbedingte Wahrung von Rechtssicherheit und Rechtsgleichheit sowie das ständige Streben nach einem Höchstmaß sozialer Gerechtigkeit. In einer solchen Politik verbinden sich die Zielvorstellungen der vom Volk gewählten und legitimierten Vertreter mit der Bereitschaft der Bürger, die gemeinsamen Ziele zu tragen und zu verwirklichen.

Diese Bereitschaft zu wecken und zu erhalten, ist eine der Hauptaufgaben einer freiheitlichen Bildungspolitik. Die sozialdemokratische Bildungspolitik hat diese Aufgabe nicht erfüllt. Vielmehr hat sie die positive Einstellung der Bürger zu ihrer Geschichte und zu unserer Staats- und Gesellschaftsordnung geschwächt. Ziel unserer Politik ist die Stärkung eines richtig verstandenen Patriotismus, der eine notwendige Bedingung für die gemeinsame Bewältigung innerer und äußerer Schwierigkeiten ist.

Weitere Voraussetzung für die Zustimmung der Bürger zu staatlichem Handeln ist die wirksame leistungsgerechte und wirtschaftliche Erfüllung der Gemeinschaftsaufgaben. Diesem Erfordernis wird der Staat gegenwärtig nicht mehr gerecht. Durch die ständige Ausdehnung staatlicher Tätigkeit auf immer weitere Lebensbereiche werden durch die Regierungskoalition die Organe des Staates überlastet. Die übermäßige Ausweitung der staatlichen Aufgabenbereiche hat zu einer übermäßigen Bürokratisierung von Staat und Gesellschaft und zu dem ständigen Nachlassen der Leistungen des Staates in seinen eigentlichen Verantwortungsbereichen geführt. Diese Entwicklung wird vom Bürger als Schwächung des Staates empfunden. Er leidet unter der Reglementierung seines Daseins, die Initiative und Freiheit beeinträchtigt.

Nach unserem Staatsverständnis ist es nicht die vorrangige Aufgabe des Staates, für die Bürger eine Unzahl wirtschaftlicher und administrativer Dienstleistungen zu erbringen. Im Gegensatz zur SPD sind wir nicht der Auffassung, daß die Erweiterung der staatlichen Einflußnahme und des staatlichen Angebots an Dienstleistungen gleichbedeutend mit gesellschaftlichem Fortschritt ist. Die Befriedigung der Nachfrage nach Dienstleistungen ist für uns in erster Linie Aufgabe der gesellschaftlichen Einrichtungen: der Unternehmen, Verbände und freien Träger im sozialen Bereich. Die Aufgabe von Staat und Regierung ist es, die politischen Ziele der staatlichen Gemeinschaft zu bestimmen, das Gemeinwesen nach den Grundsätzen der Freiheit und sozialen Gerechtigkeit zu gestalten und zu entwickeln, gegen Angriffe und Bedrohungen von außen zu schützen und im Inneren Freiheit, Sicherheit und den Rechtsfrieden zu wahren.

Dabei dürfen sich auch die staatlichen Verwaltungen und Einrichtungen nicht der Notwendigkeit verschließen, sich den ständig verändernden Bedingungen anzupassen und so ihren Beitrag zur Bewältigung des Wandels in Freiheit zu leisten. Zur Verbesserung der Leistungs- und Anpassungsfähigkeit der staatlichen Einrichtungen gehören
– die Anpassung der öffentlichen Verwaltung an die veränderten Aufgabenstellungen und Bedürfnisse der Bevölkerung; der Verwaltungsapparat darf nicht weiter aufgebläht werden,
– die Dezentralisation der öffentlichen Verwaltung: Verwaltungs- und Planungsentscheidungen sollen möglichst bürgernah fallen; der Anonymität von Verwaltungs- und Planungsvorgängen ist entgegenzuwirken,
– die bessere Abstimmung von Planungen und Entscheidungen mit Mitteln, die einer weiteren Bürokratisierung entgegenwirken und die gegenwärtige Schwerfälligkeit von Planungsprozessen abbauen,
– die eindeutige Regelung von Zuständigkeitsfragen,
– die Vereinfachung der Gesetzgebung und die Verbesserung der Rechtspflege,
– die Stärkung der kommunalen Selbstverwaltung in den Städten, Gemeinden und Kreisen,
– der Ausbau der Informations-, Initiativ- und Mitwirkungsrechte der Bürger in allen öffentlichen Bereichen, insbesondere im Bereich der kommunalen Selbstverwaltung.

Eine Gemeinschaft wird nur mitgetragen von dem, der an ihr gestaltend mitwirken kann. Die aktive Beteiligung der Bürger am öffentlichen Leben und die umfassende demokratische Kontrolle staatlichen Handelns gewährleistet die Stabilität einer freiheitlichen Gesellschaft. Die Bürger müssen deshalb stärker als bisher die Möglichkeit erhalten, im öffentlichen Leben ebenso mitzuwirken und mitzubestimmen wie am Arbeitsplatz oder als Verbraucher. Hindernisse auf diesem Weg, wie die Verquickung von öffentlichen Interessen mit Parteiinteressen, sind konsequent zu beseitigen. Im Gegensatz zu sozialdemokratischer Politik dient unsere Politik weder den Interessen einer Gruppe noch der bloßen Machterhaltung der Partei. Unsere Politik steht im Dienste aller Bürger.

ZWISCHEN WIEDERVEREINIGUNG, EUROPÄISCHEM BINNENMARKT UND DER ZUSAMMENARBEIT MIT OSTEUROPA. WAS KANN DEUTSCHLAND LEISTEN?

Rede des sächsischen Ministerpräsidenten
Prof. Dr. Kurt Biedenkopf
am 18. März 1992 in Berlin
vor dem »Forum für Deutschland«

Zwei Jahre nach der Volkskammerwahl: ein guter Zeitpunkt, um zu fragen, was Deutschland zwischen Wiedervereinigung, europäischem Binnenmarkt und der Zusammenarbeit mit Osteuropa leisten kann – aber auch wird leisten müssen.

I.

Seit dem Fall der Mauer haben wir uns daran gewöhnt, mit historischen Ereignissen und umwälzenden Entwicklungen ebenso zu hantieren wie mit Milliardenbeträgen für Kosten und Investitionen. Aber weder die Politik noch die gesellschaftlichen Gruppen noch die Mehrheit der Bürger im Westen Deutschlands haben den Umfang der Aufgaben bisher wirklich aufgenommen und verinnerlicht, die sich aus den Veränderungen in Deutschland und Europa ergeben. Wir sprechen zwar viel über die Herausforderungen. Aber sie sind noch nicht bewußter Bestandteil unseres politischen Denkens geworden.

Das ist durchaus verständlich. Nicht nur im Osten, auch im Westen Deutschlands ist das Denken der Menschen durch die Teilung geprägt. Mehr als die Hälfte der deutschen Bevölkerung ist nach dem zweiten Weltkrieg geboren. Zwei deutsche Staaten bestimmen ihre Lebenserfahrung. Im Osten hatte die Mehrheit der Menschen den Staat und seine politische Ordnung nie angenommen, sondern als unvermeidlich akzeptiert. Sie blickten voller Sehnsucht auf den Westen, die Freiheit und den wachsenden Wohlstand. Die Aufmerksamkeit, die sie Westdeutschland schenkten, war groß. Für den Westen verschwand der Osten hinter Mauer und Stacheldraht. Die Westdeutschen interessierte Ostdeutschland, seine Entwicklung und sein Schicksal eher am Rande. Je länger die Teilung dauerte, umso weniger erschien ihnen der freie Teil Deutschlands als Provisorium, als unvollkommener Staat.

Diese Asymmetrie der Aufmerksamkeit ist mit der deutschen Einheit nicht verschwunden. Auch wenn die Deutschen beiderseits der früheren Grenze die Einheit mehrheitlich begrüßen: aus der Sicht der Westdeutschen sind die Ostdeutschen dem bewährten Staat Bundesrepublik »beigetreten«, wie die Verfassung es nennt. Sie haben damit eine Menge Unruhe erzeugt. Noch immer ist im Westen die Zustimmung zur Einheit größer als die Sorge, sie könne das eigene gewohnte Leben stärker beeinträchtigen. Aber die Zahl derer wächst, die wissen wollen, was ihnen die Einheit denn nun gebracht habe.

Zeiten des Umbruchs sind Zeiten, in denen Orientierungen verloren gehen. Die Bedrohungen, die vom Osten des geteilten Europas ausgingen und an denen sich vieles ausrichtete, sind verschwunden. Das statische Gleichgewicht der West-Ost-Konfrontation, übersichtlich und deshalb handhabbar, ist schnellem Wandel und Unordnung gewichen. Die alten Formeln stimmen nicht mehr. Neue sind noch nicht gefunden.

Die westdeutsche »Antwortgesellschaft«, wie Ulrich Lohmar sie beschrieb, hatte nach 40 Jahren auf alle Fragen eine Antwort gefunden. Beunruhigende Fragen wurden kaum noch zugelassen. Nun steht sie vor Fragen, auf die die bisherigen Antworten nicht passen. Versuche, die neuen Fragen deshalb zu ignorieren, werden nur vorübergehend erfolgreich sein. So folgt auf die Freude über die Offenheit der Grenzen die Angst vor der Offenheit der Entwicklung. Viele fühlen sich auch im Westen von unbekannten Herausforderungen überfordert. Kaum etwas verkraften wir schwerer als den Verlust des Gewohnten. Unseren Organisationen geht es nicht besser.

Aber nicht nur Deutschland, Europa und die Welt haben sich gewandelt. Mit der deutschen wurde auch die europäische Teilung überwunden. Die europäische Geschichte, eingefroren in den Strukturen des Kalten Krieges, kommt wieder in Bewegung. Die ordnende Rolle der Weltmächte in Europa ist beendet. Die Sowjetunion und ihr imperiales Kolonialreich sind verschwunden. Die Weltmacht hinterläßt ein ungeordnetes Erbe: ein Macht- und Ordnungsvakuum, in dem die neuen Staaten nach Formen der staatlichen Existenz suchen.

236

Die Vereinigten Staaten wenden sich nach innen. Die Jahrzehnte der politischen, militärischen und ideologischen Konfrontation haben sie nicht zerstört, aber geschwächt. Wichtige wirtschaftliche und kulturelle Substanz des Landes wurde verbraucht. Sie muß in einem längeren Prozeß innerer Reformen erneuert werden. Unsicherheit über die eigene Rolle im Bündnis und in der Welt sind die Folge. Was immer die Militärs auch an neuen Weltmachtansprüchen formulieren mögen, um ihre Budgetansprüche zu rechtfertigen: eine innenpolitische Basis haben sie nicht. Wenn der Wahlkampf zuverlässige Auskunft gibt über das, was das Land bewegt, dann sind Führungsleistungen einer Weltmacht von den Vereinigten Staaten in den nächsten Jahren eher nicht zu erwarten.

Das heißt: Europa ist stärker auf sich selbst verwiesen als in der Vergangenheit. Es tritt aus dem Schatten der Weltmächte und in eine neue Verantwortung. Sie umfaßt den ganzen Kontinent, den mittleren Osten und Nordafrika ebenso wie den Lebensraum von mehr als 300 Millionen Menschen im Osten.

Kein Land wird von dieser Veränderung mehr betroffen als Deutschland. Mit der Einheit ist ihm neue deutsche und europäische Verantwortung zugewachsen. Die sie einfordern, nehmen auf die Probleme der inneren Einheit Deutschlands wenig Rücksicht. Deutschland muß seine neue Rolle in Europa bestimmen und zugleich die deutsche Einheit vollziehen. Die Erwartungen sind enorm, die sich mit dieser neuen Rolle verbinden – noch ehe wir sie selbst definiert und angenommen haben.

Schon deshalb ist es notwendig, Klarheit darüber zu gewinnen, was wir leisten können und wie wir es leisten wollen. Sicher jedenfalls ist eines: die weltpolitische Nische, in der sich Westdeutschland in den letzten Jahrzehnten entwickeln konnte, relativ konfliktfrei und ohne wirkliche internationale Inanspruchnahme, gibt es nicht mehr. Die Zeiten, in denen wir wirtschaftlich ein Riese und politisch ein Zwerg sein konnten, sind zu Ende. Der Umbruch der alten Ordnung zwingt uns, politisch anzunehmen, was wir wirtschaftlich darstellen. Die wirtschaftliche und die politische Rolle müssen wieder übereinstimmen.

Die von uns selbst vorangetriebene europäische Entwicklung bringt nicht nur Europa der Einheit näher, ohne die es seiner neuen Verantwortung nicht entsprechen kann. Sie verändert auch die Strukturen im

Inneren unserer Republik. Europäische Währung bedeutet für unsere Bürger vor allem die Europäisierung ihrer Währung. Für viele ist dies gleichbedeutend mit der Europäisierung eines tragenden Elements westdeutschen – inzwischen zunehmend gesamtdeutschen – Selbstverständnisses. Selbst wenn damit keine wirklichen Identitätsverluste verbunden sind: mit dem Stolz über die wirtschaftliche Stärke und die Stabilität unserer Ordnung paart sich auch hier die Sorge vor dem Unbekannten.

In der politischen Ordnung geht es um die Frage nach der Zukunft des Bundesstaates: wie werden zwischen Bund und Ländern die Kosten der Einheit und die Souveränitätsverluste verteilt, die mit der Politischen Union Europas verbunden sind? Die Länder sind entschlossen, ihren Bestand und ihre Selbständigkeit auch im geeinten Europa zu sichern – und wie ich meine zu Recht. Sie machen ihre Zustimmung zu den Verträgen von Maastricht deshalb von einer entsprechenden Änderung der Verfassung abhängig. Diese wird weit mehr erfassen als nur die Beteiligung der Länder an Entscheidungen, die ihre Souveränität berühren. Sieht man diese Veränderungen zusammen mit jenen, die sich aus den Folgen der inneren Einheit selbst ergeben – wie die Neuordnung der Finanzverfassung –, so erledigt sich der Streit von 1990 um den Umfang einer Verfassungsreform aus Anlaß des Einigungsprozesses von selbst. Unsere gelebte Verfassung wird sich nachhaltig verändern. Die Republik Deutschland, die aus der Integration beider Teile Deutschlands entsteht, wird etwas anderes sein als eine vergrößerte alte Bundesrepublik.

II.

Das Selbstverständnis der neuen Republik, ihrer europäischen und internationalen Rolle und Verantwortung, wird entscheidend vom Verlauf und Ergebnis des inneren Einigungsprozesses bestimmt sein. Seine Gestaltung und politische Beherrschung vollzieht sich ohne die Hilfe historischer Vorbilder. Wir erleben ein politisches und gesellschaftliches Experiment, das uns zwingt, durch Handeln zu lernen. 1992 und 1993 werden dabei die eigentlich kritischen Jahre sein. In ihrem Verlauf werden von uns wichtige, die weitere Zukunft Deutschlands bestimmende Entscheidungen gefordert werden. Dabei können wir uns zwar schon auf erste Erfahrungen stützen. Sie müssen genutzt werden. Das Wesentliche jedoch müssen wir noch politisch neu gestalten. Dazu einige Erfahrungen und Einsichten, die wir in den letzten 18 Monaten gewonnen haben.

Zu den Voraussetzungen eines erfolgreichen Einigungsprozesses gehört, daß es gelingt, einen Konsens über die Ziele herzustellen, die wir gemeinsam verfolgen wollen. Nur wenn die Ziele gesellschaftlicher Anstrengung jedenfalls grundsätzlich geteilt werden, ist eine vor allem auf Zusammenarbeit beruhende Organisation der Gesellschaft möglich.

Bisher wurde als selbstverständlich angenommen, daß die Ostdeutschen die politischen und gesellschaftlichen Zielvorstellungen der Westdeutschen uneingeschränkt teilen. Obwohl es nicht an Indizien dafür fehlt, daß von einem weitgehenden Zielkonsens nicht ohne weiteres ausgegangen werden kann, wird er von der praktischen Politik unterstellt. Dies gilt insbesondere für die Ziele Wachstum, Wohlstandsmehrung, soziale Sicherheit und Leistungsgesellschaft. Ebenso selbstverständlich wird angenommen, daß die ostdeutsche Bevölkerung entschlossen ist, den westdeutschen Lebensstandard möglichst bald zu erreichen, durch den in Westdeutschland Lebensqualität definiert wird. Man geht, mit anderen Worten, davon aus, daß die Ostdeutschen die Ziele westdeutscher Politik nicht nur übernehmen, sondern in einer beispiellosen »Aufholjagd« darüber hinaus den westdeutschen Lebensstandard möglichst schnell einholen wollen. Daß auch Ostdeutschland wieder ein blühendes Land werden möge: diese politische Zielvorgabe wird eindeutig dahin verstanden, daß es möglichst bald den westdeutschen Lebensstandard erreicht haben möge.

Politische Zielvorgaben sind nur sinnvoll, wenn sie realistisch sind. Unerreichbare Ziele sind keine realistischen Ziele. Ist das Ziel, möglichst bald den Lebensstandard Westdeutschlands zu erreichen, ein realistisches Ziel? Zweifel sind angebracht.

Ostdeutschland trägt derzeit mit rund 20 Prozent der deutschen Bevölkerung rund 7 Prozent zum gesamtdeutschen BSP bei. Jeder Ostdeutsche leistet damit rund ein Drittel des Beitrages zum BSP, den der Westdeutsche durchschnittlich leistet. Soll der Wohlstand im Osten nicht auf Dauer durch hohe Transferleistungen gestützt werden – was schon an der fehlenden Bereitschaft der Mehrheit im Westen scheitert

– dann muß Ostdeutschland etwa die gleiche Wirtschaftsleistung erbringen wie Westdeutschland. Es ist das erklärte Ziel der Politik, dies in kürzester Zeit zu erreichen.

Diese »Aufholjagd«, zu der Ostdeutschland ermutigt wird, ist jedoch in den bisher diskutierten zeitlichen Dimensionen kaum aussichtsreich. Unterstellt, in den 90er Jahren liegt das reale Pro-Kopf-Wachstum in Westdeutschland nur bei durchschnittlich 1,5 Prozent jährlich, dann müßte das Pro-Kopf-Wachstum in Ostdeutschland jährlich 16 Prozent betragen, wenn das ostdeutsche BSP das westdeutsche bis zum Jahre 2000 erreichen soll. Ein solches Wachstumstempo ist völlig unwahrscheinlich.

Selbst wenn das Pro-Kopf-BSP in Ostdeutschland Ende der 90er Jahre bei nur 75 Prozent des dann in Westdeutschland erwirtschafteten Prof-Kopf-BSP liegen soll, müßte die durchschnittliche jährliche Wachstumsrate immer noch reichlich 12 Prozent betragen. Auch ein solches Wachstum ist wenig wahrscheinlich.

Unter realistischen Annahmen wird das im Jahre 2000 in Ostdeutschland erwirtschaftete BSP pro Kopf der Bevölkerung kaum mehr als 50 Prozent des westdeutschen Niveaus ausmachen. Voraussetzung wäre ein durchschnittliches jährliches Wachstum von annähernd 7,5 Prozent. Auch ein solches Wachstum wäre noch immer deutlich höher als das während der wachstumsstarken 50er Jahre in Westdeutschland. Das Pro-Kopf-BSP würde sich in Ostdeutschland innerhalb von nur neun Jahren fast verdoppeln.

Soll die Angleichung der Lebensverhältnisse in Ost- und Westdeutschland nicht innerhalb einer, sondern innerhalb zweier Dekaden erreicht werden, müßte sich bis zum Jahre 2010 das Pro-Kopf-BSP in Ostdeutschland mehr als vervierfachen oder jährlich um reichlich acht Prozent zunehmen. Es ist offensichtlich, daß sich Wachstumsraten von jährlich acht Prozent über einen Zeitraum von 19 Jahren kaum aufrechterhalten lassen.

Realistisch erscheint deshalb im Jahre 2010 in Ostdeutschland eher ein BSP, das pro Kopf im Durchschnitt 75 Prozent des dann in Westdeutschland erwirtschafteten Pro-Kopf-BSP beträgt. Hierzu wäre ein durchschnittliches jährliches Wachstum von 6,5 Prozent notwendig. Auch ein solches Wachstum liegt noch deutlich höher, als es in der

40jährigen Geschichte der alten Bundesrepublik während der 19 wachstumsstärksten Jahre erzielt wurde.

Die Modellrechnungen zeigen, daß eine baldige Angleichung der ökonomisch definierten Lebensverhältnisse in Ost- und Westdeutschland objektiv nicht erreichbar ist. Der Versuch wäre aber auch nicht sinnvoll. Es ist völlig unbekannt, wie eine Bevölkerung reagiert, die innerhalb von knapp einer Dekade eine wirtschaftliche Entwicklung durchlaufen soll, für die der westliche Teil Deutschlands 30 bis 40 Jahre Zeit hatte. Sicher ist, daß eine derartige wirtschaftliche Anstrengung tiefgreifende Veränderungen aller Lebensbereiche erfordert und bewirkt. Eine Gesellschaft, die gezwungen ist, sich wirtschaftlich derartig dynamisch zu entwickeln, verliert in gewisser Weise ihre bisherige Identität.

Selbst wenn es möglich wäre, über einen längeren Zeitraum einen derartig hohen Zuwachs des BSP zu erwirtschaften, müßte dies mit einer Konzentration aller politischen und gesellschaftlichen Kräfte auf dieses Ziel erkauft werden. Für andere wesentliche gesellschaftliche Aufgaben, für Kunst und Kultur, allgemeiner: für die »immateriellen Werte« des Lebens blieben kaum Ressourcen und Energien übrig. Dies würde nicht nur eine Verarmung des politischen und gesellschaftlichen Lebens bedeuten. Die einseitige Konzentration auf im wesentlichen ökonomisch definierte Ziele beeinträchtigt auch die Fähigkeit der Gesellschaft, den einmal erreichten wirtschaftlichen Standard zu sichern. Denn diese Fähigkeit beruht zu einem wesentlichen Teil auf den immateriellen Grundlagen, die durch eine einseitige Konzentration auf das ökonomische Ziel vernachlässigt würden.

Viele Menschen in Ostdeutschland spüren diese Gefahr. Das erklärt, warum sie zunehmend einen Widerspruch empfinden, den sie nicht auflösen können: den Widerspruch zwischen ihrem Wunsch, wie im Westen zu leben, und dem Wunsch, ihre Identität zu bewahren. Nicht ohne Grund stellt sich ihnen deshalb die Frage nach dem eigentlichen Sinn ihrer Anstrengungen, Entbehrungen und Opfer.

III.

Was heißt dies für unsere politischen Zielbestimmungen? Zum Ersten müssen wir die Bedeutung des Zieles relativieren, den Westen schnell wirtschaftlich einzuholen. Die Zeiträume, in denen dies möglich ist, müssen realistischer definiert werden. Zum Zweiten müssen wir Vorstellungen davon entwickeln, wie ein anderer »Mix« von ökonomischen und nichtökonomischen Zielvorgaben für Politik und Gesellschaft aussehen kann. Dazu gehört, daß die Förderung des wirtschaftlichen Aufschwungs im Osten nicht nur kraftvoll, sondern zugleich sensibel und zukunftsorientiert erfolgt. Im Osten Deutschlands sollten tragfähige Strukturen erhalten und nach Möglichkeit ausgebaut werden. Beispiele sind gewachsene Städte, Verkehrssysteme, namentlich Nahverkehrssysteme; vor allem aber familiäre und nachbarschaftliche, also kleine Lebenskreise, die Bereiche personaler Solidarität. Wir dürfen sie nicht einer überhasteten wirtschaftlichen Entwicklung opfern. Soziale Marktwirtschaft kann auch in diesem Sinne verstanden werden.

Die konsequente Berücksichtigung qualitativer, zukunftsorientierter Aspekte bei der Organisation von Wirtschaft und Gesellschaft könnte die Lebensqualität in den neuen Bundesländern spürbar erhöhen, ohne daß sich dies in vollem Umfang in der volkswirtschaftlichen Gesamtrechnung niederschlagen würde. Damit würde ein quantitativ meßbarer Leistungsabstand zwischen beiden Teilen Deutschlands bestehen bleiben, obwohl sich die Lebensqualitäten beider Regionen einander angenähert hätten. Zugleich würden die Grenzen der herkömmlichen, in jeder Beziehung expansiven Wirtschaftsweise, eines allein materiell definierten Fortschrittsbegriffs und ihrer quantitativ ausgerichteten Erfolgsmaßstäbe deutlich sichtbar gemacht.

Unterschiedliche Zielvorstellungen können wir nur praktisch umsetzen, wenn wir akzeptieren, daß mit einer stärkeren Regionalisierung der wirtschaftlichen und sozialen Prozesse auch die Unterschiede zwischen den Regionen größer werden. Dies wird sich zum einen auf den horizontalen Finanzausgleich unter den Ländern auswirken. Er wird die unterschiedliche Leistungsfähigkeit der verschiedenen Regionen ebenso berücksichtigen müssen wie ihre unterschiedlichen sozio-kulturellen Bedingungen. Dies bedeutet, daß das in den Regionen erwirtschaftete BSP zwar ein wichtiges, aber kein alleiniges Kriterium für die Höhe der Transferleistungen sein kann.

Die Akzeptanz regionaler Unterschiedlichkeiten muß auch für die Organisation der Sozialsysteme gelten. Das Verhältnis zwischen kollektiver und personaler Solidarität innerhalb des Systems muß ebenso regional verschieden gestaltet werden können wie die Wechselbeziehung zwischen Solidarität und Subsidiarität.

Denn: je zentralistischer das Sozialsystem organisiert ist, je nachhaltiger damit auch die Leistungen vereinheitlicht werden, umso weniger kann es sich regionalen Unterschieden anpassen, umso geringer sind die Möglichkeiten, örtliche oder regionale Verantwortung zur Begrenzung der Ansprüche und Erwartungen zu mobilisieren, umso stärker sind deshalb die Wachstumszwänge, die vom System ausgehen. Wenn jedoch das umfassende Sozialsystem zur Vereinheitlichung zwingt, dann ist es – angesichts seiner Bedeutung für die große Mehrheit der Bürger – kaum möglich, im übrigen regional stark unterschiedliche Lebensstile und -entwürfe zu verwirklichen. Eine von Westdeutschland jedenfalls vorübergehend abweichende Zielvorgabe läßt sich deshalb nur entwickeln und politisch umsetzen, wenn alle wesentlichen gesellschaftlichen Strukturen regionalisiert werden. Da wir in Ostdeutschland aus den genannten Gründen andere politische Zielvorgaben entwickeln müssen, um unser politisches und gesellschaftliches Handeln an realistischen Zielen ausrichten zu können, und dies wiederum nur möglich ist, wenn die von den bestehenden sozialen Strukturen ausgehenden Vereinheitlichungszwänge verringert werden, ist die dafür notwendige Regionalisierung eine Bedingung des deutschen Einheitsprozesses.

Kommt es zu Zielbestimmungen, die von den westlichen – jedenfalls auf Zeit – abweichen, so hat dies Folgen für die Brauchbarkeit westlicher Erfahrungen im östlichen Aufbauprozeß. Sie sind nur bedingt auf die Verhältnisse im Osten übertragbar.

So wird die Möglichkeit, westliche Erfahrungen uneingeschränkt auf östliche Sachverhalte zu übertragen, dadurch eingeschränkt, daß sich in ihnen in besonderer Weise der gegenwärtige Entwicklungsstand der alten Bundesrepublik widerspiegelt. Die Sachverhalte, auf die sich westliche Erfahrungen beziehen, sind häufig weit von den Sachverhalten entfernt, mit denen wir es in Ostdeutschland zu tun haben. Die Komplexität westlicher Regelungen übersteigt vielfach unsere Bedürfnisse, sie übersteigt aber auch die Fähigkeit, sie zu beherrschen. Sie sind Ausdruck einer jahrzehntelangen Entwicklung, die sich nicht einfach überspringen läßt. Mitarbeiter aus dem Westen müssen sich dieser Unterschiede stets bewußt sein, wenn sie ihr Wissen und Können mit Erfolg in den Aufbau der ostdeutschen Länder einbringen wollen.

Weil westdeutsche Erfahrungen und Methoden nur begrenzt übertragbar sind, ist es notwendig, Alternativen zu entwickeln, die den besonderen Bedingungen der neuen Bundesländer besser entsprechen. Dazu ist man nur in der Lage, wenn man sich von bisher gewohnten Verfahrensweisen lösen und sich für neue Wege offenhalten kann.

IV.

Die bisherigen Erfahrungen mit dem Aufbau in den ostdeutschen Bundesländern lehren uns, daß die ursprünglichen Annahmen über die Kosten der deutschen Einheit – besser über den Umfang der Investitionen und Transferleistungen – überprüft werden müssen. Sie müssen durch eine realistische Einschätzung der möglichen Entwicklungen ersetzt werden. Die Einschätzung muß im Rahmen eines Gesamtstatus: Wirtschafts- und finanzpolitische Dimensionen der Einheit, erfolgen. Er muß gesamtdeutsch, das heißt gemeinsam erarbeitet werden. Der Osten darf nicht länger mit der Aufgabe alleingelassen werden, zu sagen, was für die Einheit notwendig ist.

Seit die ostdeutsche Volkswirtschaft mit der westdeutschen vereint und in die europäische Wirtschaftsordnung einbezogen ist, wird deutlich, wie groß die Rückstände in allen Wirtschaftsbereichen sind, die uns die Kommandowirtschaft des SED-Regimes hinterlassen hat. Zum einen muß sich die ostdeutsche Wirtschaft von einer Beschäftigungswirtschaft zu einer Leistungswirtschaft wandeln. Dies ist mit einem dramatischen Abbau der Beschäftigungsquote verbunden. In der DDR waren gut 90 Prozent der erwerbsfähigen Bevölkerung beschäftigt. In der westdeutschen Wirtschaft beträgt die Beschäftigungsquote einschließlich der Arbeitslosen weniger als 70 Prozent. In der DDR waren 89 Prozent der erwerbsfähigen Frauen beschäftigt; in der westdeutschen Wirtschaft sind es 55 Prozent. Mit dem Wandel von der Beschäftigungs- zur Leistungswirtschaft wird auch die Erwerbsquote in den ostdeutschen Bundesländern sinken. Von den rund 10 Millionen erwerbsfähigen Bürgerinnen und Bürgern werden nach Beendigung der Umstrukturierung etwa noch 6,5 Millionen in Beschäftigungsverhältnissen arbeiten. Die damit verbundenen Veränderungen gehen weit über den

Arbeitsmarkt hinaus. Sie erfassen die gesamte Sozialstruktur der Gesellschaft. Arbeitslosigkeit West ist deshalb mit Arbeitslosigkeit Ost nicht vergleichbar.

Neue Arbeitsplätze müssen wettbewerbsfähige Arbeitsplätze sein. Ihre Einrichtung oder Erneuerung erfordert umfangreiche Investitionen. Bei unseren mittelfristigen Überlegungen gehen wir davon aus, daß in den ostdeutschen Bundesländern etwa 2,5 Millionen Arbeitsplätze geschaffen und etwa 4 bis 4,5 Millionen Arbeitsplätze saniert oder erneuert werden müssen. Rechnet man für den neuen Arbeitsplatz eine durchschnittliche Kapitalausstattung von rund DM 200.000 und für die Modernisierung bestehender Arbeitsplätze eine durchschnittliche Investition von rund DM 100.000, so ergibt dies eine Gesamtinvestition von 900 bis 950 Milliarden DM. Der Investitionsaufwand in der westdeutschen Wirtschaft betrug im Jahre 1991 pro Beschäftigten rund DM 20.000, die Investitionsquote etwa 23 Prozent, das Investitionsvolumen rund 600 Milliarden. Überträgt man die Investition pro Beschäftigten auf die ostdeutschen Bundesländer, so müßten im Jahr rund 130 Milliarden DM investiert werden. Tatsächlich rechnet man m Jahre 1992 mit einem Investitionsvolumen von insgesamt rund 80 Milliarden DM.

Alle Erfahrungen sprechen dafür, daß sich die Investitionsquote einer Volkswirtschaft nicht beliebig steigern läßt. Geht man davon aus, daß die ostdeutsche Volkswirtschaft allenfalls eine Investitionsquote von 30 Prozent verkraften kann, dann lassen sich die insgesamt notwendigen Investitionen nicht unter 15 bis 20 Jahren durchführen. Bei der Einschätzung der möglichen Investitionsvolumen müssen weitere Restriktionen berücksichtigt werden:

1. Die objektive Aufnahmefähigkeit der ostdeutschen Volkswirtschaft. Wird sie durch das Investitionsvolumen überfordert, sprengt man sie und erzeugt Effekte, die den Nutzen der Investitionen gefährden.

2. Die subjektive Aufnahmefähigkeit der Bevölkerung. Durch eine Übersteigerung des Investitionstempos wird die Fähigkeit der Bevölkerung überfordert, sich der Veränderung der Volkswirtschaft anzupassen. Dies muß ebenfalls zu Gegenreaktionen führen, die den Wert der Investitionen beeinträchtigt.

3. Die Leistungsfähigkeit und -bereitschaft der westlichen Volkswirtschaft, die notwendigen Mittel zur Verfügung zu stellen. Selbst wenn

die objektive Leistungsfähigkeit nicht überfordert wäre, wird sich die fehlende Bereitschaft der westlichen Gesellschaft als Begrenzung auswirken, die mit den Transfers verbundenen Umschichtungen und Prioritätsänderungen zu verkraften.

Wenn es nicht möglich ist, die Leistungsfähigkeit der ostdeutschen Volkswirtschaft in wenigen Jahren auf das Niveau der westdeutschen Volkswirtschaft anzuheben, kann auch nicht damit gerechnet werden, daß die Steuerkraft der ostdeutschen Wirtschaft in wenigen Jahren der der westdeutschen entspricht. Das heißt, daß die ostdeutschen Bundesländer noch auf längere Zeit auf Transferleistungen aus dem Westen angewiesen sein werden. Zwar müssen diese Transferleistungen nicht auf Dauer das Volumen der Jahre 1991 oder 1992 erreichen. In jedem Fall sollten werden wir uns jedoch auf eine längere finanzielle Unterstützung der ostdeutschen Bundesländer einrichten.

Dies hat erhebliche Konsequenzen für die Neuordnung des horizontalen Finanzausgleichs. Diese Neuordnung ist notwendig, weil die neuen Bundesländer 1995 nicht in den gegenwärtigen horizontalen Finanzausgleich einbezogen werden können – wie der Einigungsvertrag dies vorsieht –, ohne daß dies eine Verfassungskrise auslöst. Selbst wenn man bereit wäre, die Haushalte der neuen Bundesländer real nicht wesentlich über das Niveau von 1991 ansteigen zu lassen, was bereits angesichts der in Aussicht genommenen Anhebung der Gehälter im öffentlichen Dienst auf westliches Niveau bis Ende 1994 mit erheblichen Schwierigkeiten verbunden wäre, müßten im Rahmen des horizontalen Finanzausgleichs 1995 an die ostdeutschen Bundesländer rund 26 Milliarden Mark gezahlt werden. Allein auf ein Land wie NRW würden davon etwa 7 Milliarden DM oder rund zehn Prozent seines heutigen Landeshaushaltes entfallen. Die Länder werden sich außerstande sehen, aus ihren ohnehin angespannten Haushalten derartige Beträge zur Verfügung zu stellen. Hinzu kommt, daß alle westdeutschen Länder zahlende Länder würden, auch diejenigen, die heute Empfängerländer sind.

Die Neuordnung muß deshalb bis Ende 1994 abgeschlossen sein. Da nach allgemeiner Auffassung im Wahljahr 1994 weitreichende politische Entscheidungen kaum möglich sein werden, bedeutet dies in praxi, daß wir über die Neuordnung des horizontalen Finanzausgleichs bis Ende 1993 entschieden haben müssen.

Will man nicht den Bund für die zusätzlichen Leistungen in Anspruch nehmen und damit zugleich seine Stellung im föderalen System wesentlich stärken, dann muß ein Weg gefunden werden, wie sich ein Finanzausgleich durchführen läßt, der die Altbundesländer nicht überfordert. Ein solcher Weg kann nur gefunden werden, wenn wir bereit sind, mehr Ungleichheit unter den Ländern zu akzeptieren. Nicht gleiche Lebensbedingungen zu sichern, kann dann das verfassungsrechtlich vorgegebene Ziel sein, sondern die Gewährleistung vergleichbarer Lebensverhältnisse. Was vergleichbar ist, muß entsprechend der akzeptierten größeren Ungleichheit bestimmt werden.

Größere Ungleichheiten innerhalb der föderalen Struktur wiederum sind politisch nur akzeptabel, wenn die Einheiten, die sich unterscheiden, eine gewisse Selbständigkeit aufweisen. Sie müssen eine betonte Identität besitzen; eine Identität, die die Vergleichbarkeit der Regionen reduziert und es damit leichter macht, Ungleichheiten zu akzeptieren. Eine betonte Regionalisierung ist damit Voraussetzung für eine größere Ungleichheit unter den Ländern als Folge einer Neuordnung der Finanzverfassung, insbesondere des horizontalen Finanzausgleichs.

Die Neuordnung des horizontalen Finanzausgleichs ist nicht nur für den Einigungsprozeß, sondern auch für die Zukunft der bundesstaatlichen Ordnung von zentraler Bedeutung. Sollten die Länder dem Bund die wesentliche Last des innerdeutschen wie des europäischen Finanzausgleichs überlassen, haben ihre Bemühungen um die Stärkung ihrer Kompetenzen kaum eine Chance.

Soll sich der innere Ausgleich zum wesentlichen Teil auf Länderebene vollziehen, stellt sich die Frage nach der Leistungskraft der Länder. Sie ist nicht ohne Diskussion über eine Neugliederung der Länder zu beantworten. Eine Neugliederung wird auf Dauer notwendig sein, wenn Deutschland auch in Zukunft ein wirklicher Bundesstaat bleiben soll – was im deutschen wie im europäischen Interesse liegt.

Als ersten Schritt könnten wir im Zuge der Neuordnung des Finanzausgleichs Regionen bilden – unter Aufrechterhaltung der Länder – in denen ein Rregionaler Finanzausgleich erfolgt. Sie sollten sich um die urbanen Zentren gruppieren, soweit die bestehenden Länder nicht bereits ausreichend leistungsstark sind. Der bundesweite Finanzausgleich könnte sich dann auf den Ausgleich unter den Regionen beschränken.

Der Bund wäre im übrigen für den Europäischen Finanzausgleich zuständig.

Die bisherigen Feststellungen führen uns erneut zu der Frage, was das Gebot unserer Verfassung, gleiche Lebensverhältnisse zu verwirklichen, für den Einigungsprozeß praktisch bedeutet. Daß es sich dabei nicht nur um die Sicherung des gleichen BSP pro Kopf der Bevölkerung handeln kann, ist eine nicht nur für den deutschen, sondern auch für den europäischen Einigungsprozeß wichtige Einsicht. Welches sind jedoch die Kriterien, die neben dem meßbaren BSP Berücksichtigung finden können? Wie lassen sie sich zum Zwecke der Vergleichbarkeit objektivieren? Zumal dann, wenn es sich um subjektive Befindlichkeiten handelt, deren Verschiedenheit in kulturellen oder sozialen Wertvorstellungen begründet ist.

Offenbar sind solche Verschiedenheiten weder quantifizierbar noch mit bürokratischen Mitteln zu erfassen. Auch hier zeigt sich wieder: praktisch läßt sich das Problem nur lösen, wenn man in größeren regionalen Differenzen im Bruttosozialprodukt auch den Ausdruck unterschiedlicher sozio-kultureller Befindlichkeiten sieht und sie deshalb als gleichwertige Bedingungen akzeptiert. Welche Unterschiede im Sinne von regionalen Andersartigkeiten akzeptabel erscheinen, ist eine politische Frage. Sie ist wiederum umso einfacher zu entscheiden, je deutlicher die Regionen sich selbst tragen können, also auf Unterstützung von außen nicht angewiesen sind; je deutlicher die Regionen auch mit feststellbaren unterschiedlichen Vorstellungen von Lebensqualitäten übereinstimmen.

Zu den regionalen Verschiedenheiten wird im Osten auch die besondere Situation des Aufbaus gehören. Sie vermittelt Erfahrungen und Lebensqualitäten, die im Westen Deutschlands heute nicht mehr anzutreffen sind, das Leben der Menschen im Westen aber in den 50er und 60er Jahren ebenfalls bestimmt haben. Dies jedenfalls dann, wenn der Aufbau eine eigenständige Leistung ist, seine Ergebnisse also auch durch die Handschrift der Menschen in Ostdeutschland geprägt sind, sie also nicht zu Kopisten reduziert werden, zu ständigen Nachzüglern des Westens.

Ohne die Möglichkeit eigenständiger Gestaltung wurden die Menschen jedoch gerade der Kraft- und Motivationsquelle beraubt, auf die sie für die Aufbauleistung angewiesen sind und aus der sich auch die Aufbauleistung im Westen gespeist hat. Daß es diese Aufbau-Motivation im Osten gibt, wird uns von allen Investoren in Sachsen immer wieder bestätigt. Sie sind überrascht vom Einsatz der Menschen, ihrer Freude an sinnvoller Arbeit und am sichtbaren Erfolg ihres Tuns.

Mit der Berücksichtigung immaterieller Kriterien bei der Bewertung der Vergleichbarkeit der Lebensverhältnisse würden wir zugleich zur Überwindung der »Ökonomisierung« der Lebensqualität beitragen, die in Westdeutschland in den zurückliegenden Jahren ständig zugenommen hat. Bei aller Freude am steigenden Lebensstandard wird diese »Ökonomisierung«, das heißt die Konzentration auf im wesentlichen meßbare wirtschaftliche Fortschritte, von den Menschen in den östlichen Bundesländern als ein Phänomen empfunden, mit dem sie sich nur schwer vertraut machen können. Seine »Rationalität«, die westliche Politik vielfach als die Antwort auf »Sachzwänge« erscheinen läßt, wo es doch um Folgen politischer Entscheidungen geht, ist ihnen nur bedingt zugänglich.

V.

Neue Ziele vorgeben, die Begrenzungen der gegenwärtigen Situation im Osten Deutschlands akzeptieren, eigene Verfahren und Methoden entwickeln: das heißt in vieler Hinsicht, aus der Not eine Tugend machen. Falls wir bereit sind, so zu handeln, kommt uns eine weitere Lebensweisheit zur Hilfe: Not macht erfinderisch. Eine Tugend wäre die Knappheit im Osten dann, wenn sie zu Innovation und Erfindungsreichtum beim Einsatz knapper Mittel, also zur Entwicklung von Methoden führen würde, mit geringeren Mitteln einen höheren Wirkungsgrad zu erzielen. Zugleich kann dies ein wichtiger Beltrag sein, den wir im Osten zur Modernisierung unseres Landes und der ganzen Republik leisten. Auf die Frage: Was bringt Ihr ein? können wir antworten: Wir bringen Ideen ein!

In der Tat werden wir unsere gegenwärtige, eher krisenhafte Situation nur dann als Chance begreifen können, wenn wir sie als Aufforderung verstehen, mit Fantasie, Erfindungsreichtum, durch Improvisation und Offenheit für neue Wege und im Wettbewerb der Ideen die bestehenden Schwierigkeiten zu überwinden.

Allerdings setzt dies voraus, daß uns im Rahmen der gemeinsamen Rechtsordnung der notwendige Handlungsspielraum gewährt wird. Die Rechtsordnung, die jetzt für alle Deutschen gilt, darf nicht dazu mißbraucht werden, in Westdeutschland entstandene und mit Blick auf den westdeutschen Wohlstand tragbare Besitzstände vor Veränderung oder »Bedrohung« durch Alternativen zu schützen.

Ein Beispiel ist die Organisation der Hochschulen in Deutschland. Sie wird entscheidend durch das Hochschulrahmengesetz bestimmt. Dieses Gesetz hat in der alten Bundesrepublik zu einer Hochschullandschaft geführt, die man schlecht als optimal bezeichnen kann. Die Hochschulen sind überfüllt. Rund 40 Prozent der Studenten verlassen sie ohne Abschluß. Der Mangel an Studienplätzen wird planwirtschaftlich verwaltet. Auf die Probleme, die in den 70er und 80er Jahren entstanden sind, wird mit der Expansion des bestehenden, nicht mit der Entwicklung neuer Systeme geantwortet. Die Folge ist eine enorme Vergeudung von Ressourcen, der Einsatz wertvoller Kräfte und Fähigkeiten an der falschen Stelle und für die falschen Aufgaben und die inzwischen längsten Studienzeiten aller modernen Industrienationen – eine unverantwortliche Verschwendung der Lebenszeit unseres Nachwuchses.

Dutzende von Anläufen, dies zu ändern, sind am politischen Beharrungsvermögen, beruflichen Besitzständen und der schlichten Unfähigkeit gescheitert, ein wichtiges gesellschaftliches Problem angemessen zu lösen. Inzwischen hat sich in Deutschland eine Ausbildungsstruktur entwickelt, die einen Überschuß an akademisch Ausgebildeten und ein Defizit an Facharbeitern produziert. Daß dies die Leistungsfähigkeit unserer Wirtschaft und der Verwaltung noch nicht stärker beeinträchtigt, ist allein auf die große Zahl junger Menschen aus den geburtenstarken Jahrgängen zurückzuführen. Wenn sie durch die geburtenschwachen Jahrgänge abgelöst werden, wird sich die Fehlentwicklung voll auswirken. Bereits im vergangenen Jahr gab es in Deutschland zum ersten Mal mehr Studenten als Lehrlinge. Falls sich im Ausbildungssystem nichts ändert, wird dies zur Regel werden.

In den ostdeutschen Bundesländern haben wir die Chance, Alternativen zu entwickeln – vorausgesetzt, man läßt uns! Mit der Erneuerung der Universitäten ist es möglich, auch die Aufgaben im tertiären Bildungsbereich neu zu ordnen. Fachhochschulen können einen wesentlichen Teil der Ausbildungslast übernehmen. Die Universitäten können wieder zur wirklichen Kombination von Forschung und Lehre finden. Adäquate Organisationsformen für die moderne Universität können ebenso entwickelt werden wie eine neue Gestaltung ihrer Haushalte. Da es an den alten Strukturen in den ostdeutschen Bundesländern keine Besitzstände gibt, die Reformen verhindern könnten, ist der notwendige Gestaltungsraum vorhanden. Er kann aber nur genutzt werden, wenn die einschlägigen Gesetze dies durch entsprechende Öffnungsklauseln möglich machen. Würden sie vorgesehen, so könnten wir mit der Neuordnung dieses Bereiches zugleich einen wichtigen Beitrag zur Regionalisierung unserer Universitätslandschaft leisten. Die Vergleichbarkeit der Abschlüsse könnte auf ähnliche Weise gesichert werden wie in der Europäischen Gemeinschaft. Niemand denkt dort daran, das deutsche Universitätssystem zu übernehmen, um die Vergleichbarkeit von Abschlüssen zu gewährleisten. Mit der Regionalisierung käme ein Wettbewerb zustande, der wiederum in den alten Bundesländern Reformen erleichtern würde. Die deutsche Einheit wäre als Chance einer Modernisierung der Hochschullandschaft ganz Deutschlands genutzt.

Regionalisierungen werden auch im Bereich der Tarifpolitik notwendig werden. Obwohl Tarifverträge nach weit verbreiteter Praxis auf Länder- oder Tarifbezirksebene abgeschlossen werden, hat sich eine weitgehende Zentralisierung der Tarifabschlüsse entwickelt. Die Vereinheitlichung wird auch mit dem Grundsatz »Gleicher Lohn für gleiche Arbeit« begründet. In den ostdeutschen Bundesländern ist dieser Grundsatz auf absehbare Zeit nur um den Preis hoher Arbeitslosigkeit zu verwirklichen. Ein solcher Preis ist nicht akzeptabel. Andererseits besteht ein berechtigtes Interesse daran, die Einkommen der arbeitenden Bevölkerung anzunähern und so der Tatsache Rechnung zu tragen, daß sich in Deutschland für viele Tätigkeiten ein einheitlicher Arbeitsmarkt entwickelt hat oder entstehen wird. Eine stärkere Regionalisierung ist deshalb bei den Monats- oder Jahreseinkommen der Arbeitnehmer nur in Grenzen möglich.

Dagegen lassen sich größere Differenzierungen im Bereich der Arbeitszeit denken, in der das jeweilige Einkommen erarbeitet wird. Voraussetzung ist dafür, daß die Tarifparteien im Osten auch für Arbeiter Monats- oder Jahreseinkommen vereinbaren. Der Unterschied zwischen

West- und Ostdeutschland, mit dem auch der unterschiedlichen Produktivität Rechnung getragen würde, bestünde dann weniger im Monatseinkommen als in der Zeit, in der es erarbeitet wird. Vereinbarungen über längere Maschinenlaufzeiten könnten getroffen werden, die sich ebenfalls als Standortvorteil auswirken. Den unterschiedlichen Qualifikationen der Arbeitskräfte – und damit auch den unterschiedlichen Abwanderungsgefahren – könnte durch eine stärkere Lohndifferenzierung entsprochen werden. Durch die Beteiligung der Arbeitnehmer am Produktionsvermögen könnten weitere Differenzierungen erfolgen.

Von den Unterschiedlichkeiten, die sich – jedenfalls auf Zeit – als eine notwendige Folge des Einigungsprozesses ergeben, kann auch das Sozialsystem nicht ausgenommen werden. Hier kommt es vor allem auf die Möglichkeit an, das Verhältnis von Solidaritäts- und Subsidiaritätsprinzip abweichend von westlicher Praxis zugunsten des letzteren zu verändern. Regionalisierung in diesem Bereich setzt an sich eine grundlegende Reform des Sozialsystems voraus. Auch hier erwarte ich von der europäischen Integration zusätzliche Impulse. Regionale Verschiedenheiten kann das Sozialsystem nur berücksichtigen, wenn es darauf verzichtet, die Gesamtleistungen zentral zu regeln. Es muß statt dessen Möglichkeiten eröffnen, die es erlauben, regionalen Unterschiedlichkeiten zu entsprechen. In diesem Rahmen besteht dann die Möglichkeit, unterschiedliche Verhältnisse von kollektiver und subsidiärer privater Vorsorge festzulegen je nach den sozialen und gesellschaftlichen Vorstellungen der Region.

Zu den wichtigsten Aufgaben einer Reform gehört die Neugestaltung des Krankenhauswesens. In Westdeutschland sind bisher alle Versuche praktisch gescheitert, zur gegenwärtigen Krankenhausfinanzierung Alternativen zu entwickeln. Dies gilt für die Vergütung von Krankenhausleistungen durch die Kassen ebenso wie für die Anwendung von Systemen, die einen effizienteren Betrieb der Krankenhäuser belohnen. Beides trägt dazu bei, daß das Krankenhauswesen eine Domäne der öffentlichen Hand geblieben ist. Privatinvestitionen und damit unternehmerisches Engagement im Krankenhausbereich sind die Ausnahme.

Wollten wir uns in Ostdeutschland auf die Übernahme der westdeutschen Strukturen beschränken – und derzeit deutet alles darauf hin, daß dies der Fall sein wird –, dann werden wir die Erneuerung der Krankenhäuser im wesentlichen aus öffentlichen Mitteln finanzieren müssen. Mit den Möglichkeiten, die uns aus gegenwärtiger Sicht zur Verfügung stehen, werden wir dafür etwa 20 Jahre benötigen. Gelänge es, private Investoren zu gewinnen, könnten wir diese Frist wesentlich verkürzen und zugleich öffentliche Mittel einsparen oder für andere Investitionen einsetzen. Voraussetzung ist allerdings eine Reform des Krankenhauswesens. In Westdeutschland wird sie auf die vereinten Besitzstände der Länder, Kommunen, Chefärzte, Standesorganisationen und Kassen stoßen – also kaum gelingen. In Ostdeutschland haben diese Organisationen und Interessen bisher wenig Einfluß.

Insbesondere die Ärzte wären für unternehmerische Modelle zu gewinnen. Voraussetzung ist auch hier, daß sich die Bundesgesetzgebung für entsprechende Strukturen öffnet und uns damit Gelegenheit bietet, sie in Ostdeutschland zu verwirklichen. Auch hier wird es erheblich auf den regionalen Aspekt ankommen. Er verringert die Vergleichbarkeit und damit die präjudizielle Wirkung alternativer Strukturen für den Westen.

Es gibt viele Bereiche, in denen unterschiedliche Wege zu einer Belebung der politischen Entwicklung und zur sachgerechten und ortsnahen Gestaltung wichtiger Sachverhalte führen können, ohne den Zusammenhang der Republik zu gefährden. So die praktische Erfahrung mit der Neugestaltung der kollektivierten Landwirtschaft, daß ein Neubeginn, der nicht durch »ideologische« Vorgaben beeinflußt ist, zu neuen Organisationsformen in der Landwirtschaft führen kann. Der bäuerliche Familienbetrieb ist eine wichtige, aber keineswegs die einzige Organisationsform landwirtschaftlicher Produktion. Möglichkeiten eröffnen sich auch für eine Neugestaltung des Verhältnisses von Primärproduktion zur Weiterverarbeitung und zum Handel. Ähnliches gilt für das Verhältnis von Landwirtschaft und Landschaftspflege. Seine Organisation muß auch auf regionaler Ebene möglich sein. So kann sich ein Wettbewerb um die besten Organisationsformen entwickeln. Ohne einen solchen Wettbewerb wird es überhaupt keine Entwicklung geben.

Im Wohnungsbau steht uns eine umfassende Privatisierung des kommunalen Wohnungsbesitzstandes bevor. Daneben müssen neue Wohnungen erstellt werden. Allein in Sachsen gibt es 810.000 Wohnungen im kommunalen Besitz. Ihre Privatisierung und der Wohnungsneubau erfordern neue Wege. Wir müssen prüfen, ob nicht statt der Objektförderung der Weg der Subjektförderung beschritten werden sollte. Er würde es erlauben, einkommensschwache Bevölkerungsschichten mit der notwendigen Kaufkraft auszustatten, um im Markt Wohnungen nachzufragen. Zugleich würden die Fehlentwicklungen vermieden, die uns in Westdeutschland z. B. zur Fehlbelegungsabgabe gezwungen haben; einem Instrument, das die Ungerechtigkeit der Wohnungsverteilung eher unterstreicht als mildert.

Der Aufbau und die Erneuerung der Wasserwirtschaft sind angesichts der gewaltigen Kosten für Trinkwasserversorgung und Abwasser- und Kläranlagen (in Sachsen allein rund 40 Mrd. DM) nur mit Hilfe privater Investoren möglich. Städte und Gemeinden müssen sich ihrer bedienen können. Sie dürfen nicht durch westliche Berater und Praxis daran gehindert werden.

Im Schulbereich gibt es bereits Neuerungen, die ihren Weg in den Westen gefunden haben. Das Abitur nach 12 Schuljahren und die Mittelschule als Fortentwicklung von Haupt- und Realschule gehören ebenso dazu wie das Zentralabitur.

So sehr ich um die Notwendigkeit eigener Wege zum Aufbau des östlichen Teils Deutschlands weiß, so sehr bin ich mir auch der Schwierigkeiten bewußt, die dafür notwendigen Freiräume zu gewährleisten. Wie schwer es uns im geeinten Deutschland fällt, den ostdeutschen Ländern ein Stück Eigenständigkeit zu belassen, zeigt die Diskussion über den grünen Pfeil. Seine verkehrspolitische Bedeutung sollte man nicht überschätzen. Aber die Frage, ob der grüne Pfeil, der das Rechtsabbiegen auch bei roter Ampelstellung gestattet, beibehalten werden kann, hat symbolische Bedeutung für die Chance des Ostens, einen eigenen Beitrag zu leisten. Zwar hat der Bundesrat das Verkehrszeichen schließlich zugelassen. Aber die Mehrheit der Länder, unter Einschluß unserer beiden Partnerländer Bayern und Baden-Württemberg, waren gegen die Stimme des Freistaates Sachsen der Meinung, man müsse die Beibehaltung dieser »Errungenschaft« erschweren. Diese Einschränkungen müssen bei uns den Eindruck erwecken, wir seien unfähig, selbst einfache Sachverhalte eigenständig zu regeln. Die Tendenz zur Bevormundung, die in der Regelung objektiv zum Ausdruck kommt, kann ein größeres Hindernis für den inneren Vollzug der deutschen Einheit sein, als mancher wirtschaftliche Nachteil.

VI.

Der deutsche Einigungsprozeß beschränkt sich nicht auf die wirtschafts- und finanzpolitische Dimension. Es geht auch nicht nur um die Neuordnung der staatlichen Institutionen, des Bund-Länder-Verhältnisses oder der Strukturen der verschiedenen gesellschaftlichen Bereiche.

Der Vollzug der inneren Einheit Deutschlands verlangt von uns auch eine Neubestimmung unseres Selbstverständnisses als Nation und unseres neugewonnenen Verhältnisses zu unseren Nachbarn.

Als Folge der nationalen Katastrophen in der ersten Hälfte unseres Jahrhunderts und der deutschen Teilung hat sich ein deutsches Nationalgefühl nicht entwickelt. Ein den Franzosen oder Briten vergleichbares Empfinden für nationale Identität und die überragende Bedeutung nationaler Ziele hat es in der deutschen Geschichte ohnehin nicht gegeben. Der Deutschen Sehnsucht nach nationaler Einheit ist weit weniger rational oder historisch als emotional begründet. Sie wird von Gefühlen getragen, die wenig strukturiert sind. Sie wurden immer wieder von den deutschen Realitäten einer wechselnden staatlichen Vielfalt, grenzüberschreitender Orientierungen und den politischen und militärischen Sonderinteressen enttäuscht, die die geschichtliche Entwicklung des deutschen Raumes in Europa kennzeichnen.

Eine nationale Sehnsucht ohne die Substanz realer historischer Erfahrung ist nicht besonders belastbar. Im Falle der Deutschen kommt hinzu, daß die bisherigen Versuche ihrer nationalstaatlichen Verwirklichung beide Male zu nationalen Katastrophen geführt haben. Deshalb können wir kaum davon ausgehen, daß die erneute Möglichkeit, nationale Einheit zu verwirklichen, in der Bevölkerung besondere Kräfte freisetzen wird. Zwar haben die Menschen die gewonnene Einheit freudig begrüßt – und niemand wird diese Freude geringschätzen wollen. Aber Gefühle dieser Art bieten für sich genommen keine stabile Grundlage für langfristige politische und wirtschaftliche Belastungen. Diese Grundlage muß vielmehr erst noch gelegt werden. Dies ist die wahrscheinlich schwierigste politische Aufgabe im Vollzug der deutschen Einheit. Mit ihrer Bewältigung haben wir kaum begonnen.

Da es an einer nationalen Identität fehlte, auf der die Legitimation der alten Bundesrepublik von Anfang an hätte gegründet werden können, haben sich in der Nachkriegszeit in Westdeutschland andere Legitimationsmuster entwickelt. Das Wichtigste ist, wie Untersuchungen von Klages zeigen, die Legitimation als Sozialstaat. Praktisch bedeutet diese Legitimation der Bundesrepublik, daß staatsbürgerliche Loyalität gegenüber dem Staat abhängig ist von der Art und Weise, wie sozialpolitische Erwartungen eingelöst werden.

Die Erfahrungen der vergangenen Jahrzehnte lehren uns, daß die Loyalität zum Sozialstaat gefährdet wird, wenn die sozialpolitischen Erwartungen nicht angemessen bedient werden. Auch darin liegt eine der Ursachen für die vermeintliche Abhängigkeit der Bundesrepublik vom ausreichenden Wachstum des Bruttosozialprodukts. Nur wenn es wächst, können neue Erwartungen befriedigt werden, ohne in sozialpolitische Besitzstände eingreifen zu müssen. Umgekehrt ist der politische Handlungsspielraum des Staates wegen der Bedeutung eben dieser Besitzstände für die praktische Unterstützung staatlichen Handelns durch die Bevölkerung außerordentlich eng.

Deshalb kann neuen Herausforderungen, denen sich der Staat gegenübersieht, auch nur in begrenztem Umfang entsprochen werden.

Genau dies zeigt sich gegenwärtig in Deutschland. Die Kosten für die deutsche Einheit konkurrieren in politisch höchst wirksamer Weise mit staatlichen Ausgaben für Kindergärten, den Ausbau der westdeutschen Städte und des Schulsystems und neuen sozialen Programmen wie der Pflegeversicherung. Wie diese Prioritäten zugunsten einer Finanzierung der deutschen Einheit aus dem laufenden Steuereinkommen oder dem Zuwachs des Bruttosozialprodukts verändert werden können, ist unklar.

Umgekehrt wird diese Legitimation des Staates kaum als Grundlage des geeinten Deutschlands ausreichen. Würde die Sozialpolitik auch in Zukunft als wichtigste Basis staatsbürgerlicher Loyalität angesehen oder die Bevölkerung des geeinten Deutschlands geradezu ermutigt, den Staat vor allem als Sozialstaat zu begreifen, dann wäre die deutsche Einheit nicht finanzierbar. Die Auswirkungen, die dies wiederum auf die Sozialpolitik selbst haben müßte, wären kaum abzusehen. Der für den inneren Zusammenhalt der Gesellschaft so wesentliche soziale Konsens wäre gefährdet.

Deutschland war immer ein Land der regionalen Vielfalt. Seine unterschiedlichen Strukturen lassen sich nicht unter eine alles umfassende nationale Identität zwingen. Zum einen wehren sich die Regionen gegen den Verlust ihrer eigenen Identität. Zum anderen fehlt es an der nationalstaatlichen Tradition Deutschlands. Deutschland ist in der Mitte Europas zugleich für unsere Nachbarn ein Durchgangsland und muß es auch sein. Es hat neun Nachbarn, germanischen, slawischen und romanischen Ursprungs. Sie sind über Deutschland miteinander verbunden. Die bisherigen Versuche, die unterschiedlichen Regionen in einem Nationalstaat zusammenzufassen, und diesen gegen die Nachbarn in einer für Nationalstaaten charakteristischen Weise abzugrenzen, haben stets in europäischen Katastrophen geendet. Sie widersprechen der regionalen Struktur Deutschlands ebenso wie seiner zentraleuropäischen Lage. Sie könnten, wenn überhaupt, nur unter der Bedingung einer deutschen Hegemonie erfolgreich sein. Dies widerspricht unserem eigenen politischen Willen, der europäischen Geschichte und auch dem Selbstverständnis unserer Nachbarn.

Voraussetzung für eine historisch und politisch verträgliche Einordnung Deutschlands in Europa ist deshalb einmal der Verzicht auf eine Nationalstaatlichkeit im Sinne Frankreichs oder Großbritanniens. Zum anderen müssen die deutschen Regionen Kontakt nach außen haben können. Sie müssen ihre Nachbarn unmittelbar erleben können. Die Regionen und ihre Nachbarn müssen sich in grenzüberschreitender Weise gegenseitig kulturell, wirtschaftlich und geistig befruchten können. Damit »vernetzen« die Regionen zugleich Deutschland mit seinen Nachbarn und tragen so zur Stabilität der binnen-europäischen Strukturen bei. Jede Region muß deshalb, soweit sie zugleich Grenzregion ist, sowohl Binnen- wie Außenbindungen unterhalten können.

Die Republik Deutschland als ein föderativer Bundesstaat besitzt dafür gute Voraussetzungen. Durch den Prozeß der politischen Einigung Europas werden sie zusätzlich gestärkt. Einmal wird ein erheblicher Teil der bisher national verwalteten Souveränitätsrechte auf das politische Europa übergehen. Zum anderen werden wichtige Regierungsfunktionen im Zuge der Dezentralisation an die Regionen zurückfallen. Sie werden zahlreiche Fragen selbst regeln können, die im Zuge zunehmender Zentralisation in Deutschland während der letzten Jahrzehnte von der Bundesregierung wahrgenommen wurden. Eine entsprechende Neuordnung der Zuständigkeitsverteilungen zwischen Bund und Ländern gehört zu den wichtigsten Aufgaben der anstehenden Verfassungsreform. Die Reformkommission des Bundesrates hat dafür bereits wertvolle Vorarbeiten geleistet.

Wie in anderen Bereichen zeigt sich damit auch hier, daß eine erfolgreiche Verwirklichung der deutschen Einheit im Grunde nur möglich sein wird, wenn wir den Prozeß zugleich nutzen, um in Gesamtdeutschland Reformen in Gang zu setzen, deren Notwendigkeit vielfach offensichtlich ist, die aber bisher an bestehenden Besitzständen gescheitert sind. Generell wird gelten: Der Vollzug der deutschen Einheit ist ein gesamtdeutsches Reformwerk. Beide Teile Deutschlands müssen sich ändern, damit ein neues, zukunftsfähiges Gemeinwesen entstehen kann.

Dabei wird die Evolution im Osten durch die allgemein akzeptierte Erkenntnis vorangetrieben, daß die alte Ordnung überwunden werden muß. Die Bereitschaft zu tiefgreifenden Veränderungen ist die Frucht der friedlichen Revolution gegen das Regime der Unfreiheit und Unmenschlichkeit. Im Westen muß die Evolution ihre Kraft aus der Erkenntnis gewinnen, daß sich ein geeintes Deutschland nur entwickeln kann, wenn auch im Westen Deutschlands diejenigen Strukturen und Ordnungsformen weiterentwickelt oder durch neue ersetzt werden, die mit den Erfordernissen des Integrationsprozesses nicht vereinbar sind oder deren konkrete Ausformung ebenfalls der deutschen Teilung geschuldet ist.

Viel wird dabei davon abhängen, wie sehr Westdeutschland auf die Westausrichtung festgelegt ist und wie weit es bereit sein wird, diese Orientierung zugunsten einer stärkeren gesamtdeutschen Ausrichtung zu verändern. Anpassungszwänge werden sich aus dem europäischen wie aus dem deutschen Einigungsprozeß ebenso ergeben wie zusätzliche Kosten und neue Herausforderungen.

Wie wir zwischen der bekannten europäischen und der neuen gesamtdeutschen Entwicklung zu einem neuen Gleichgewicht finden und dessen Umsetzung als eine gesamtdeutsche Entwicklungsaufgabe annehmen, wird viel über unsere neue Identität als geeintes Land aussagen.

Nach 40 Jahren praktisch ungestörter Entwicklung der alten Bundes-republik bietet uns die Einheit die Möglichkeit, das ganze Land in den Revolutionsprozeß einzubeziehen, den die Ostdeutschen in ihrem Teil Deutschlands mit der Überwindung des SED-Regimes ausgelöst haben und der in größerem Zusammenhang ganz Europa verändert hat. Diese Revolution – im Sinne tiefgreifender Veränderungen, vor allem unseres Denkens – muß ganz Deutschland erfassen. Beide Teile Deutschlands müssen die Folgen der Trennung überwinden. Im Osten ist diese Not-wendigkeit offensichtlich. Sie besteht aber auch im Westen. Auch der Westen ist teilungsgeschädigt. Dazu gehört die Reduktion der Politik auf ihre ökonomische Dimension, die sich in den letzten Jahrzehnten vollzogen hat. Dazu gehört die Fixierung auf bewährte Antworten, die für das geeinte Deutschland nicht länger gültig sind, aber immer noch als Grundlage der inneren Ordnung und der Stabilität Deutschlands an-gesehen werden. Als Folge dieser Deformationen durch die Teilung wird die Einigung im wesentlichen als ein ökonomisches Problem begriffen, das man mit den vorhandenen Antworten bewältigen kann. Diese Be-schränkung auf die wirtschafts- und finanzpolitische Dimension verfehlt die »Seele der Einheit«.

Nur wenn auch Westdeutschland bereit ist, sich an dem »revolu-tionären Änderungsprozeß« zu beteiligen, werden wir auch im Westen die politischen und gesellschaftlichen Kräfte freisetzen können, ohne die die Einheit nicht gewonnen werden kann. Die jetzigen Strukturen im Westen führen häufig zur Unterforderung, lähmen die Innovation und erzeugen Unzufriedenheit. Wenn wir die neuen Fragen der deut-schen Einheit zulassen und uns ihnen stellen, werden wir die von vielen in Westdeutschland beklagten Verkrustungen und Stagnationen über-winden. Neue Aufgaben werden uns gestellt werden, an denen wir uns gemeinsam bewähren können.

Daß dies zu inneren Auseinandersetzungen in Deutschland führt, ist unvermeidlich. Aber diese Auseinandersetzungen werden um ein Ziel geführt, das sich für ganz Deutschland lohnt. Der Streit ist der Vater des Fortschritts, lehrt uns Heraklit. Der Streit um den richtigen Weg zur Einheit Deutschlands wird ganz Deutschland, wird die neue Repu-blik Deutschland, bereichern. Er wird uns helfen, unsere Zukunft zu sichern: Die Zukunft des europäischen Deutschland.

ANHANG

QUELLENNACHWEIS

1 Franz Böhm: Wirtschaftsordnung und Geschichtsgesetz, Tübingen 1974

2 Kurt Hans Biedenkopf: Die neue Sicht der Dinge. Plädoyer für eine freiheitliche Wirtschafts- und Sozialordnung, München und Zürich 1985

3 Heribert Knorr: Der parlamentarische Entscheidungsprozeß während der Großen Koalition 1966-69, Meisenheim am Glan 1975

4 Wulf Schönbohm: Die CDU wird Volkspartei, München und Wien 1979

5 Wolfgang Falke: Die Mitglieder der CDU. Eine empirische Studie zur Veränderung der Mitglieds- und Organisationsstruktur der CDU 1971-1977, Berlin 1982

6 Untersuchung vom Bremer Institut für Motivforschung GETAS, zitiert nach: Spiegel 7/1976

7 Untersuchung von Emnid, im Auftrag der Staatskanzlei des Freistaates Sachsen, Oktober 1993

Dokumentation:
• Mannheimer Erklärung, zitiert nach: Die Programme der CDU, hrsg. von der CDU-Bundesgeschäftsstelle, Konrad-Adenauer-Haus, Bonn 1978
• Rede von Professor Kurt Biedenkopf am 18. März 1992 in Berlin vor dem »Forum für Deutschland«, zitiert mit freundlicher Genehmigung der Staatskanzlei des Freistaates Sachsen, Abt. Öffentlichkeitsarbeit

262

PERSONENREGISTER

Adenauer, Konrad 28ff., 42, 44, 56, 73, 194

Ahlers, Conrad 32

Ahnert, Rudolf 171

Albrecht, Ernst 71, 85, 90

Ardenne, Manfred von 113

Arnold, Karl 72

, Augstein, Rudolf 32

Bahner, Dietrich 155

Bandmann, Volker 103, 174

Baring, Arnulf 154

Barzel, Rainer 26, 33, 38ff., 58, 72, 74, 90f.

Berghofer, Wolfgang 106f.

Berlinguer, Enrico 66

Biedenkopf, Sabine geb. Wäntig 178

Biedenkopf, Hermann 10

Biedenkopf, Ingrid 178ff.

Biedenkopf, Wilhelm 10ff.

Blessing, Karlheinz 142

Blüm, Norbert 37, 86, 95, 132

Böck, Willibald 172

Bohley, Bärbel 100

Böhm, Franz 7, 15ff., 26, 31, 51

Böttger, Martin 141

Brandt, Willy 20, 23, 31, 34, 39

Braun, Wolfgang 170

Breuel, Birgit 132

Browns, Lehmann 115

Carstens, Carl 40, 58, 64f.

Craig, Gordon 34

de Maiziere, Lothar 104ff., 116, 122f., 125, 135, 146, 147, 172f.

Diestel, Peter-Michael 105

Dohnanyi, Klaus von 119, 121, 149, 154

Dönhoff, Marion Gräfin 154

Dregger, Alfred 58

Dröscher, Wilhelm 37

Duchac, Josef 105, 126f., 170f.

Dufhues, Josef-Hermann 20, 26, 33, 36

Echternach, Jürgen 37

Eggert, Heinz 135, 138, 140, 166, 168

Ehmke, Horst 59

Emmerlich, Gunter 106

Engholm, Björn 164

Eppler, Erhard 92

Erhard, Ludwig 15, 26, 30, 32ff., 36, 56, 194

Eucken, Walter 17

Filbinger, Hans 62

Finck, Ulf 142

Fridrichs, Hans 60

Fuchs, Anke 125f., 140

Gaddum, Johann Wilhelm 37

Geisler, Hans 134f., 167, 171

Geißler, Heiner 37, 51, 55, 57, 70, 77f., 86, 91, 94f., 107f., 147, 178

Genscher, Hans Dietrich 57f., 60, 62, 66

Gies, Gert 105, 126f., 170ff.

Goerdeler, Carl 16

Gohlke, Rainer Maria 121

Goliasch, Herbert 110, 167ff., 171

Gomolka, Alfred 105, 126f., 171

Gormsen, Nils 179
Götting, Gerald 102, 127
Greeven, Heinrich 18
Gross, Johannes 80
Groß, Friedbert 135f.
Güttler, Ludwig 106
Hähle, Fritz 174
Heck, Bruno 30, 33, 36
Heinemann, Gustav 35, 71
Heitmann, Steffen 100, 133, 135
Henkel, Konrad 21ff., 27
Heuß, Theodor 32
Hirsch, Burkhard 80
Hochrebe, Jörn 94
Hottenroth, Eberhard 179
Huber, Erwin 159
Iltgen, Erich 141, 173
Jähnichen, Rolf 134f.
Jakovlev, Alexander 113
Junge, Friedrich-Wilhelm 106
Junkers, Hugo 11
Kasimier, Hans 71
Katzer, Hans 57, 91
Keller, Reinhard 156
Kiesinger, Kurt Georg 20, 34ff., 56, 194
Kiesl, Erich 63
Kissinger, Henry 66
Klarsfeld, Beate 35
Kohl, Helmut 10, 12, 22, 24, 26f., 37f., 40ff., 48, 55f., 60ff., 67, 71, 73ff., 80f., 84ff., 90f., 93f., 101f., 106, 108f., 115, 121, 125ff., 139, 144f., 147ff., 156, 162, 164, 166, 186, 188ff.
Kolbe, Manfred 173
Köppler, Heinrich 26, 72, 80f.,

87, 89, 91, 128, 155
Krause, Günther 99, 172
Krause, Rudolf 108, 110, 134, 136ff.
Kronstein, Heinrich 15, 18ff., 22
Kunckel, Karl-Heinz 138, 140, 142ff.
Lafontaine, Oskar 126, 164, 181
Lambsdorff, Otto Graf 122
Leisler Kiep, Walter 49, 58
Lohmar, Ulrich 111, 237
Lübke, Heinrich 32
Martens, Ina 133
Marx, Karl 17
Masur, Kurt 113
Matthäus-Maier, Ingrid 116
Mayer, Georg 113
Mayer, Hans Joachim 133ff., 141
Mayer, Kurt 155
Mayer-Vorfelder, Gerhard 154
Metz, Horst 174
Meyer, Günter 94, 133
Meyers, Franz 72
Miegel, Meinhard 20, 46, 77, 89, 109, 122, 181f., 188
Mielke, Erich 98
Milbradt, Georg 132, 134f.
Modrow, Hans 114ff.
Müller, Gottfried 171
Münch, Werner 159
Mundorf, Hans 23
Nannen, Henri 74
Nötzold, Günter 113
Prießnitz, Walter 106, 108, 123, 126
Pützhofen, Dieter 93ff.

264

Rau, Johannes 80, 89, 130, 138f., 176
Rau, Rolf 167f.
Rehm, Stefanie 134ff.
Reichenbach, Klaus 102ff., 123, 126, 167, 169ff.
Reinfried, Dieter 101f., 167f., 174
Ries, Fritz 12
Ries, Ingrid 12
Rink, Burkhard 173
Rohwedder, Detlev Karsten 121
Röller, Wolfgang 120f., 152
Rommel, Manfred 146
Rößler, Matthias 141, 173
Rühe, Volker 146, 150, 170ff.
Sagurna, Michael 93
Scharping, Rudolf 164, 187
Schäuble, Wolfgang 99, 138, 162f., 169
Scheel, Walter 39
Schelsky, Helmut 30
Schiller, Karl 146, 181
Schimpff, Volker 103, 141, 167f
Schleyer, Hanns-Martin 24
Schmidt, Helmut 58, 60, 62, 66
Schneider, Oscar 58
Scholl-Latour, Peter 24
Schommer, Kajo 133ff., 143, 182
Schönbohm, Wulf 31, 36
Schorlemmer, Friedrich 11
Schowtka, Peter 171
Schramm, Johannes 104
Schröder, Gerhard 164
Schulte zur Hausen, Wilhelm 27
Schwarz, Hans-Peter 33
Schwarz-Schilling, Christian 37

Sommer, Theo 154
Späth, Lothar 107ff., 114, 123, 146f., 150
Stoiber, Edmund 87
Stolpe, Manfred 128, 159, 176
Stoltenberg, Gerhard 59
Stoph, Willi 98
Strauß, Franz Josef 56, 58ff., 74, 80, 82ff., 90f., 139, 155, 178, 186
Streibl, Max 164
Stücklen, Richard 58, 64
Tandler, Gerold 58, 67, 87
Tegtmeier, Werner 132
Terp, Volker 103f.
Teufel, Erwin 102
Thierse, Wolfgang 136
Thoben, Christa 132
Tiedt, Friedemann 143
Ulbricht, Walter 124
Vaatz, Arnold 100ff., 104ff., 133ff., 138, 167f., 171f.
Viehweger, Axel 127
Vogel, Bernhard 37
Wagner, Herbert 100, 102, 167f., 171
Waigel, Theo 133, 146f., 149, 155ff., 163
Weber, Max 41, 49
Wefelscheidt, Dirk 179
Wehner, Herbert 20, 31
Weise, Karl 134, 136, 138, 175
Weizsäcker, Richard von 24, 45f., 50, 55, 57, 78
Windelen, Heinrich 37, 72, 76, 81, 91
Wissmann, Matthias 57, 86
Worms, Bernhard 91, 93

265

BIBLIOGRAPHISCHES VERZEICHNIS

- Biedenkopf, Kurt/Rudolf Callmann/Arved Deringer: Aktuelle Grundsatzfragen des Kartellrechts, Heidelberg 1957
- ders.: Vertragliche Wettbewerbsbeschränkung und Wirtschaftsverfassung. Die Ausschließlichkeitsbindung als Beispiel (zugleich Dissertation), Heidelberg 1958
- ders.: Unternehmer und Gewerkschaften im Recht der Vereinigten Staaten von Amerika. Eine arbeitsrechtliche Studie. Heidelberg 1961
- ders.: Grenzen der Tarifautonomie (zugleich Habilitation), Karlsruhe 1964
- ders.: Thesen zur Energiepolitik, Heidelberg 1967
- ders.: Wirtschaftsordnung ist Rechtsordnung! Bonn 1969
- ders.: Antworten zur Mitbestimmung. Schriftenreihe des Wirtschaftsrates der CDU, Bonn 1970
- ders.: Die Betriebsrisikolehre als Beispiel richterlicher Rechtsfortbildung. Vortrag vor der Juristischen Studiengesellschaft in Karlsruhe am 23.2.1970, Karlsruhe 1970
- ders.: Mitbestimmung. Beiträge zur ordnungspolitischen Diskussion, Köln 1972
- ders.: Die Politik der Unionsparteien – die Freiheitliche Alternative zum Sozialismus. Vortrag bei der Katholischen Akademie München am 9.12.1973, CDU-Bundesgeschäftsstelle, Abt. Öffentlichkeitsarbeit, Bonn 1973
- ders.: Fortschritt in Freiheit. Umrisse einer politischen Strategie, München und Zürich 1974
- ders.: Demokratische Gesellschaft. Konsensus und Konflikt, 2 Bde., München und Wien 1975
- ders.: Der Mensch ist wichtiger als die Sache, Referat auf dem Kongreß »Humanität im Arbeitsleben« am 6./7.12.1974 in München
- ders.: Solidarität und Subsidiarität in einer freien Gesellschaft. Vortrag beim Wirtschaftstag '74 in Bonn, CDU-Bundesgeschäftsstelle, Bonn 1974
- ders.: Verwaltungsmanagement in der Krise. Vortrag vor dem Industrieclub Düsseldorf, Düsseldorf 1975
- ders. (Mitarb.): Humanität im Arbeitsleben, 1975

- ders.: Über den Wandel der Gesellschaft am Beispiel des Unternehmensrechts, Düsseldorf und Wien 1975
- ders.: Stellungnahme zum Orientierungsrahmen 1985 der SPD, Bundesgeschäftsstelle der CDU, Bonn 1975
- ders.: Bildung und Wissenschaft – Stiefkinder der Nation? Referat auf der RCDS-Bundesdelegiertenversammlung am 7.3.1976 in Bonn, Bundesgeschäftsstelle der CDU, Bonn 1976
- ders.: Mehr Selbständigkeit. Die Tendenzwende in der Wirtschaftspolitik, Bonn 1976
- ders.: Führung in unserer Zeit, Bündener Rede, Bundesgeschäftsstelle der CDU, Bonn 1976
- ders.: CDU – Anwalt der Freiheit, Rede auf dem 24. Bundesparteitag der CDU vom 24.–26.5.1976 in Hannover, Bundesgeschäftsstelle der CDU , Bonn 1976
- ders./Rüdiger v. Voss: Staatsführung, Verbandsmacht und innere Souveränität. Von der Rolle der Verbände, Gewerkschaften und Bürgerinitiativen in der Politik, Stuttgart 1977
- ders.: Kann Entspannung zur Sicherheit beitragen? Rede auf der Wehrkundetagung des Verlages Europäische Wehrkunde GmbH in München am 12.2.1977, CDU-Bundesgeschäftsstelle, Bonn 1977
- ders.: Die CDU, ihre Arbeit, ihre Erfolge, ihre Aufgaben. Rede auf dem 25. Bundesparteitag der CDU vom 7.-9.März 1977 in Düsseldorf, Bundesgeschäftsstelle der CDU, Bonn 1977
- ders./Meinhard Miegel: Wege aus der Arbeitslosigkeit. Arbeitsmarktpolitik in der sozialen Marktwirtschaft, Stuttgart 1978
- ders.: Ausdruck einer Krise, in: Die Welt, 1. April 1978
- ders.: Danach fragen, was machbar ist, in: Aachener Volkszeitung, 29.April 1978
- ders.: Dynamik nach Maß, gezielte Bekämpfung struktureller Arbeitslosigkeit, in: Evangelisches Monatsblatt 7/1977
- ders.: Fehler korrigieren – Soziale Tabus hemmen nötige Reformen, in: Rheinischer Merkur, 20.1.1978
- ders.: Tarifpartner tragen jetzt entscheidende Verantwortung, in: manager magazin 1/1978
- ders.: Forschung zwischen den Stühlen, in: Süddeutsche Zeitung, 1.2.1978

- ders.: Ein soziales Mäntelchen umgehängt, in: manager magazin 3/1978
- ders.: Gezielte Hilfen statt globaler Maßnahmen, in: manager magazin 4/1978
- ders.: Was tun, damit das Netz hält?, in: aktiv, 27.5.1978
- ders.: Die Rolle der Unternehmen wird diskreditiert, in: manager magazin 5/1978
- ders.: Tarifautonomie – Verteilungskonflikt zwischen Gegenwart und Zukunft, Wirtschaftsrat der CDU, Bonn 1978
- ders.: Die Belastung der Bürger stößt an Grenzen, in: Rheinischer Merkur, 16.6.1978
- ders.: Herausforderung verlangt auch Opfer, in: manager magazin 7/1978
- ders.: Der Leistungswille des Einzelnen wird gedrosselt, in: manager magazin 8/1978
- ders.: Zerstört sich unsere Gesellschaftsordnung selbst, in: manager magazin 9/1978
- ders.: Schöner Schein nur auf Kredit, in: manager magazin 10/1978
- ders.: Viele Maßnahmen können abgebaut werden, in: manager magazin 11/1978
- ders.: Sinnvoller Einstieg, in: Wirtschaftswoche 10.11.1978
- ders.: Spekulation mit 5 Millionen Wohnungen, in: manager magazin 12/1978
- ders.: Mitarbeiterbeteiligung und Arbeitspartizipation, in: Norbert Horn (Hsg.), Beiträge zu einer arbeitsorientierten Unternehmensverfassung, Hanstein-Verlag 1978
- ders.: Reformen der Unternehmensverfassung zur Demokratisierung der Wirtschaft, in: Probleme der Wirtschaftspolitik, Darmstadt 1978
- ders.: Strukturwandel der Tarifautonomie, in: manager magazin 2/1979
- ders.: Großunternehmen in der Legitimationskrise, in: manager magazin 6/1979
- ders./Meinhard Miegel: Die programmierte Krise – Alternativen zur Staatlichen Schuldenpolitik, Stuttgart 1979
- ders.(Mitarbeit): Franz Böhm – Beiträge zum Leben und Wirken, Knoth 1980

- ders./Meinhard Miegel: Gutachten über die wirtschafts-, gesellschafts- und arbeitsmarktpolitische Bedeutung der Zeitarbeit im Auftrag des Bundesverbandes Zeitarbeit, IWG, Bonn 1981
- ders.: Von Euphorie zu Ernüchterung, communication, Oktober 1981
- ders.: Grundzüge einer freiheitlichen Wirtschafts- und Gesellschaftspolitik in den achtziger Jahren, in: Ost-West-Journal 2-3/1981
- ders.: Rückzug aus einer Grenzsituation, in: Die Zeit, 30.10. 1981
- ders.: Abbau der Bürokratie, in: Welt am Sonntag, 27.12.1981
- ders.: (Mitarb.) Ist Arbeitslosigkeit unser Schicksal? Baden-Baden 1981
- ders.: Das Land braucht Belebung durch eine neue Politik, in: Das Parlament, 1.5.1982
- ders.: Ein Gespenst, dem die Zukunft gehört – Neokonservatismus, in: Rheinischer Merkur, 23.7.1982
- ders.: The Future of the Welfare State, in: Zeitschrift für die gesamte Staatswissenschaft, September 1978
- ders.: Zeiten wachsenden Wohlstands sind langsam vorbei, in: Westfalenpost, 12.9.1983
- ders.: Aufgaben und Notwendigkeit der Wirtschaftspolitik, in: Orientierungen zur Wirtschafts- und Gesellschaftspolitik 18/1983
- ders.: Wege aus der nuklearen Grenzsituation, Die Zeit, 18.11.1983
- ders.: Sozialstaat im Test – Chancen der Krise? Die Zeit, 30.12.1983
- ders./Karl-Klaus Pullig(Hsg.): Erfolgskonzepte der Führung. Fallstudien aus Deutschland, Japan und den USA. Essen 1984
- ders.: Die neue Sicht der Dinge. Plädoyer für eine freiheitliche Wirtschafts- und Sozialordnung, München und Zürich 1985
- ders./Meinhard Miegel: Möglichkeiten zur Verbesserung der Beschäftigungslage im Rahmen des geltenden Arbeitsrechts, Institut für Wirtschaft und Gesellschaft, Bonn 1988
- ders.: Arbeitslosigkeit ist vermeidbar. Symposium der Bertelsmann-Stiftung am 11./12.12.1989, Gütersloh 1989
- ders.: Offene Grenzen, offener Markt. Gütersloh 1990
- ders.: Recht schafft Frieden, in: Die Zeit, 23.3.1990
- ders.: Zeitsignale. Parteienlandschaft im Umbruch, München 1990
- ders.: Neue Übersiedlerwelle, wenn wir die Deutschen in der DDR überfordern, in: Die Welt, 10.4.1990

- ders.: Der freie Volksvertreter – eine Legende?, in: Der Morgen, 7./8.Juli 1990
- ders.: Anmerkungen und Alternativen für ein neues Grundsatzprogramm der Union, Landesgeschäftsstelle der CDU, Dresden 1993
- ders.: Zur Verantwortung der Verbände, in: Bertelsmann-Studie 1992, Gütersloh 1992
- ders.: Zwischen Asyl und Einwanderung, Ost-West-Journal 1/1992
- ders.: Die Welt verschonen, in: Erwachsenenbildung 2/1992
- ders.: Für die Situation in Sachsen gibt es noch kein Lehrbuch, in: Leipziger Volkszeitung 1.3.1992
- ders.: Wir müssen mehr Ungleichheit akzeptieren, Wochenpost, 26.3.1992
- ders.: In der Herausforderung der Einheit gemeinsam bewähren, in: Leipziger Volkszeitung, 18.4.1992
- ders.: Der Osten kann das modernere Deutschland werden, Neue Zeit, 29.4.1992
- ders.: Die Vernunft gebietet: erst Aufbau Ost, dann Ausbau West, in: Leipziger Volkszeitung, 23.5.1992
- ders.: Gesellschafts- und wirtschaftspolitische Aufgaben der Wiedervereinigung, in: Raiffeisen Schriftenreihe 1992
- ders.: Soviel Markt wie möglich, so viel Staat wie nötig, Leipziger Volkszeitung, 15./16.8.1992
- ders.: Ostdeutschland im Zwiespalt. Leben wie im Westen oder Bewahren der eigenen Identität, in: Schweizer Journal, 8/9 1992
- ders.: Die geeinte Nation im Stimmungstief, in: Die Zeit, 2.10.1992
- ders.: Sachsen in der Mitte der Legislaturperiode. Regierungserklärung, 14.10.1992, Staatskanzlei des Freistaates Sachsen, 1992
- ders.: Der Solidarpakt, Bericht über die Klausurtagung der Regierungschefs der Länder mit dem Bund vom 11. bis 13. März 1993, Freistaat Sachsen, Staatskanzlei, Dresden 1993
- ders.: Wir brauchen weniger Staat, dafür mehr private Dienstleister, in: Leipziger Volkszeitung, 20.11.1993
- ders.: Tiefgreifende Änderung des Gewohnten, in: Das Parlament, 26.11.1993